Wilhelm Brambach

Metrische Studien zu Sophokles

Wilhelm Brambach

Metrische Studien zu Sophokles

ISBN/EAN: 9783744681810

Hergestellt in Europa, USA, Kanada, Australien, Japan

Cover: Foto ©ninafisch / pixelio.de

Weitere Bücher finden Sie auf **www.hansebooks.com**

AUTHOR:
BRAMBACH, WILHELM

TITLE:
METRISCHE STUDIEN
ZU SOPHOKLES

PLACE:
LEIPZIG

DATE:
1869

Master Negative #

92-80770-5

COLUMBIA UNIVERSITY LIBRARIES
PRESERVATION DEPARTMENT

BIBLIOGRAPHIC MICROFORM TARGET

Original Material as Filmed - Existing Bibliographic Record

8832
B73 Brambach, Wilhelm, 1841-1932.
Metrische studien zu Sophokles. Mit einer einleitung über die genetische entwicklung der antiken metrik und rhythmik. Leipzig, 1869.
xl, 199 p.

*Sophocles-Pros. [Lang.-Gr.]Pros. HCL 13-

Restrictions on Use:

TECHNICAL MICROFORM DATA

FILM SIZE: 35mm REDUCTION RATIO: 11x
IMAGE PLACEMENT: IA (IIA) IB IIB
DATE FILMED: 9-25-92 INITIALS WLE
FILMED BY: RESEARCH PUBLICATIONS, INC WOODBRIDGE, CT

METRISCHE STUDIEN

ZU

SOPHOKLES

VON

WILHELM BRAMBACH

MIT EINER EINLEITUNG ÜBER DIE GENETISCHE ENTWICKLUNG
DER ANTIKEN METRIK UND RHYTHMIK

LEIPZIG
DRUCK UND VERLAG VON B. G. TEUBNER.
1869

MEINEN FREUNDEN

A. KLETTE

J. STAENDER

ZUGEEIGNET

Inhalt.

Einleitung.

Die genetische Entwicklung der antiken Metrik und Rhythmik.

Einleitung.

Die genetische Entwicklung der antiken Metrik und Rhythmik.

"Der Rhythmus ist mit keinem rhythmisirten Stoffe identisch, sondern er gehört zu den einen Stoff ordnenden Principien, und zwar bildet er denselben nach Zeitabschnitten so oder so". Das sind die wichtigen Worte des Aristoxenus im zweiten Buche der rhythmischen Elemente (p. 270 Mor. G W), deren rechte Würdigung den gemeinschaftlichen Ausgangspunkt bei unseren Forschungen über Metrik und Rhythmik der Alten bilden muss. Zwar ist die Betrachtung des Rhythmus als eines formal ordnenden Princips uns auch ohne die Vorschrift des alten Theoretikers geläufig gewesen, und nicht sowohl die Richtigkeit der Definition verleiht den Worten des Aristoxenus ein so grosses Gewicht, als vielmehr die durch sie gegebene scharfe Fixirung des in der antiken Rhythmik massgebenden Standpunktes.

Aristoxenus scheint der erste gewesen zu sein, welcher den Rhythmus in seiner abstracten Selbständigkeit erfasste und erklärte. Man ging im Alterthum von der praktischen Frage aus: Welche Masseinheit liegt einem rhythmischen Stück zu Grunde? Diese Frage suchte man an der Hand der vorherrschenden Vocalmusik zu beantworten. Man betrachtete daher einen rhythmischen Text, um zunächst festzustellen, welche Masseinheit in seiner Anordnung herrsche. Als erste und auffälligste Maassbestimmung ergab sich die regelmässige Wiederkehr von Accentschlägen, welche beim Vortrag durch das Niedersetzen oder durch den Tritt des Fusses angezeigt wurden. Der erste, rohe Empirismus betrachtete

Einleitung.

Die genetische Entwicklung der antiken Metrik und Rhythmik.

'Der Rhythmus ist mit keinem rhythmisirten Stoffe identisch, sondern er gehört zu den einen Stoff ordnenden Principien, und zwar bildet er denselben nach Zeitabschnitten so oder so'. Das sind die wichtigen Worte des Aristoxenus im zweiten Buche der rhythmischen Elemente (p. 270 Mor. 6 W), deren rechte Würdigung den gemeinschaftlichen Ausgangspunkt bei unseren Forschungen über Metrik und Rhythmik der Alten bilden muss. Zwar ist die Betrachtung des Rhythmus als eines formal ordnenden Princips uns auch ohne die Vorschrift des alten Theoretikers geläufig gewesen, und nicht sowohl die Richtigkeit der Definition verleiht den Worten des Aristoxenus ein so grosses Gewicht, als vielmehr die durch sie gegebene scharfe Fixirung des in der antiken Rhythmik massgebenden Standpunktes.

Aristoxenus scheint der erste gewesen zu sein, **welcher** den Rhythmus in seiner abstracten Selbständigkeit erfasste und erklärte. Man ging im Alterthum von der praktischen Frage aus: Welche Masseinheit liegt einem rhythmischen Stück zu Grunde? Diese Frage suchte man an der Hand der vorherrschenden Vocalmusik zu beantworten. Man betrachtete daher einen rhythmischen Text, um zunächst festzustellen, welche Masseinheit in seiner Anordnung herrsche. Als erste und auffälligste Massbestimmung ergab sich die regelmässige Wiederkehr von Accentschlägen, welche beim Vortrag durch das Niedersetzen oder durch den Tritt des Fusses angezeigt wurden. Der erste, rohe Empirismus betrachtete wirklich' die von einem Accentschlage bis zum andern gesprochenen Silben als die einfache Masseinheit. Da man die auf je einen Fusstritt fallenden Silben schlechtweg als 'Fuss' πούς bezeichnete — dies Wort bedeutet nämlich nicht nur den Fuss selbst, sondern auch seine natürliche Lebensäusserung, das Auftreten, den 'Fusstritt' (vgl. S. 15) —, so formulirte sich von selbst das Gesetz: '**der Fuss ist das Mass**', *pedem metrum esse* (*Mar. Victorinus* p. 2495 P). So oft der Fuss auftrat, so oft lief ein Mass ab, sovielmässig wurde der Vers. Daher war der epische Vers mit seinem sechsmaligen Auftreten des Fusses 'sechsmässig' ἑξάμετρος*), die Iamben mit dreimaligem Fusstritt 'dreimässig' τρίμετρος. Diese primitive Bezeichnung hat sich für die gangbarsten Versarten stets erhalten, auch nachdem man eine genauere Messung gefunden hatte. Die Verwendung des Wortes μέτρον ist hier dieselbe, wie bei den Körpermassen, und man findet daher eine lächerliche Natürlichkeit darin, dass der Bauer Strepsiades bei dem 'Viermass' nicht an den viermässigen trochäischen Vers, an das τετράμετρον, wie Sokrates, sondern an das ihm geläufigere Hemiekteon zu 4 Choinikes denkt (Wolken 645). Wie man aber unter Mass überhaupt nicht nur den messenden, sondern auch den gemessenen Gegenstand versteht, so bezeichnete man mit dem Namen μέτρον geradezu auch die ganze abgemessene Reihe, den Vers (Longin prol. in Hephaest. p. 87 W).

Aber gegen die Messung nach πόδες (**Fussmessung**) stellte sich das unvermeidliche Bedenken ein, dass ein Mass doch eine bestimmt abgegrenzte Grösse haben müsse, dass dagegen der 'Fuss' veränderlich sei, und dass seine Grösse selbst erst durch Silben bestimmt werde. Man kam daher zu dem Resultate, die Silbe sei das Mass: 'quidam autem non pedem metrum esse volunt, sed syllabam, quod hac ipsum quoque pedem metiamur et quod finita esse mensura debeat, pedes autem in versu varientur' (*Mar. Victor.* p. 2495). Man nahm also eine kleinere Zeitdauer nach ihrer stofflichen Erscheinung in der Silbe zum Massstabe. Nach der Silbe wurde der rhythmische Bau der Verse gemessen, und deshalb lautete nun der Fundamentalsatz: 'die Silbe verhält sich zum Rhythmus, wie das Mass zum Gemessenen', und geradezu **μέτρον ἡ συλλαβή** (Psellus § 1 p. 18 W). Wer die Rhythmen studiren wollte, begann damit, den Werth der Buchstaben und Silben unterscheiden zu lernen (Plato Kratyl. 424 c). War aber das Mass die Silbe, so musste das Gemessene ein Vielfaches von Silben sein. Der Satz ἡ συλλαβὴ οὕτως ἂν ἔχοι πρὸς τὸν ῥυθμόν, ὡς τὸ μέτρον πρὸς τὸ μετρούμενον lehrt uns demnach, dass die ihn vertretenden Theoretiker unter ῥυθμός concret eine ab- und durchgemessene Silbenreihe verstanden. Diese Anschauungsweise ist jünger, als die Fussmessung. Das ersehen wir aus dem Umstande, dass die nach der Fussmessung gebildeten Bezeichnungen ἑξάμετρος, πεντάμετρος, τρίμετρος, τετράμετρος auf die ältesten Versformen zurückgehen und allezeit auf bestimmt abgeschlossene Versgrössen beschränkt blieben. Als sich die Kunstausdrücke für die vielgliedrigen Perioden der Lyriker bildeten, war offenbar die Fussmessung nicht mehr hinreichend; denn man hat weder die ganzen Perioden, noch die Einzelglieder nach μέτρα gemessen. Vielmehr tritt in der Benennung der lyrischen Versglieder die concrete Bedeutung des Namens ῥυθμός auf: der Aristophanische Sokrates nennt die unter der Bezeichnung κατ' ἐνόπλιον bekannte Versreihe und die auf Olympus zurückgeführte Form κατὰ δάκτυλον einfach ῥυθμοί (Wolken 650). Da er diese ῥυθμοί von den μέτρα deutlich unterscheidet, so muss im Sprachgebrauch der Begriff der μέτρα bereits ein abgeschlossener gewesen sein. Dafür lässt sich eine Erklärung vorbringen: die complicirteren Masse der Lyriker erschwerten die Abzählung der μέτρα durch Variation so sehr, dass man auf weitergehende Messung und Benennung dachte. So war der Name μέτρα von selbst abgeschlossen und blieb auf die alten einfachen Verse beschränkt. Die lyrischen Dichter aber, welche oft verschiedene πόδες in einem Gliede vereinigten, zwangen die Theorie zur Vereinigung der Fussmessung mit der **Silbenmessung**. Mit dieser steht die concrete Bedeutung von ῥυθμός, wie wir sie bei Aristophanes finden, in Verbindung; denn in dem angeführten Lehrsatze der nach Silben messenden Theoretiker wird ja die Silbe als Mass dem ῥυθμός als Gemessenem entgegengesetzt. Genau genommen bestand die silbenmessende Theorie

*) So erklärt noch der Scholiast des Hephaestion p. 161 W: ἑξάμετρον δὲ [illegible]

in einer einfachen Erweiterung der Fussmessung. Wo nicht immer je ein Auftreten des Fusses, oder, nach altem Ausdrucke, wo nicht jede βάσις von einer gleichen Anzahl Silben begleitet war, da reichte die Abzählung der 'Füsse' nicht aus zur Bezeichnung einer Versreihe. Das nächste Mittel war also die Abzählung der Silben, und dieses drängte sich unvermeidlich in den gemischten Versformen auf. So entstanden die Bezeichnungen 'zehn-, elf-, zwölf-, vierzehnsilbig', welche an den Logaöden der Lesbier sich bildeten. Wie die Zählung nach μέτρα an den ursprünglichen, reinen Versformen haften blieb, so erhielt sich auch bei stereotypen Logaödenreihen die nach der Silbenmessung gebildete Bezeichnung der Silbenzahl, z. B. τεσσαρεσκαιδεκασύλλαβον Ἀλκαϊκόν, ἑνδεκασύλλαβον.

Man hatte also zwei Mittel der Messung durch die Erfahrung gefunden, 'Fuss' und Silbe. Auf diesem Standpunkte befand sich die Theorie noch zur Zeit des Aristoteles, welcher unter den Maasseinheiten anführt (metaph. XIII 1): τὸ δὲ ἓν ὅτι μέτρον σημαίνει, φανερόν .... ἐν ῥυθμοῖς βάσις ἢ συλλαβή*). Eine so primitive Anschauung bestand demnach bis in die zweite Hälfte des vierten Jahrhunderts v. Chr. Erst Aristoxenus wies die Messung der ῥυθμοί in ihrer Unhaltbarkeit nach. 'Die Silbe, sagte er, ist kein Mass; denn jedes Mass ist an sich der Grösse nach bestimmt und steht zu dem Gemessenen in einem bestimmten Verhältnisse. Die Silbe aber hat dem Rhythmus gegenüber kein so fest bestimmtes Verhältniss, wie das Mass gegenüber dem Gemessenen, weil die Silbe nicht immer die gleiche Zeitdauer hat. Das Mass ist nothwendig in seiner Grösse unwandelbar. Wenn also ein Zeitmass in seiner Grösse niemals wechseln darf, so ist die Silbe kein Zeitmass, weil sie wechselt. Die Silben enthalten nämlich nicht immer dieselben Zeitgrössen, sondern haben nur immer dasselbe Grössenverhältniss' (nach Psellus § 1). Von dieser Betrachtung ausgehend, that Aristoxenus den wichtigen Schritt, die Silben selbst von dem in ihnen ausgeprägten Masse zu unterscheiden. 'Vorab muss man eben den Rhythmus und den rhythmisirten Stoff auseinanderhalten' (Psellus § 2). Rhythmus aber, d. h. eine durch Mass geordnete Bewegung, findet sich gleichmässig in den Worten, in der Melodie, in den Wendungen des Körpers (Aristox. ῥυθμ. στ. p. 278 Mor. 7 W). Die Ordnung ist hergestellt durch eine ebenmässige Vertheilung der Zeit, welche auf die einzelnen Abschnitte des Wortes, der Tonreihe, der Körperwendung fällt. Also nach Zeittheilen ist zu messen; nicht der 'Fuss,' nicht die Silbe, sondern die Zeit ist das Mass. 'Alii rursus nec pedem nec syllabam metrum putant esse dicendum, sed tempus, quia omne metrum in eo quo metimur numero finitum est' sagt Marius Victorinus an der angeführten Stelle, welche die Entwicklung der metrisch-rhythmischen Theorie bis auf Aristoxenus kurz und ohne Angabe von Namen und Zeit, vermuthlich auch ohne die rechte Einsicht des compilirenden Verfassers darstellt.

Aristoxenus führte also die abstracte Zeitmessung ein. Hierfür stellte er folgendes Princip auf. Die Zeit wird vom rhythmisirten Stoff je nach den einzelnen Abschnitten desselben getheilt. In der Rede erscheint die Zeit getheilt nach Lauten, Silben, Worten, in der Melodie nach Tönen, in der Körperbewegung nach einzelnen Stellungen. Dasjenige Zeittheilchen nun, welches durch keinen Abschnitt des rhythmisirten Stoffes weiter getheilt werden kann, nennen wir das 'erste', χρόνος πρῶτος; durch dieses, als Einheit genommen, messen wir andere Zeittheile, welche sich als das Vielfache eines χρόνος πρῶτος erweisen (p. 278 f. Mor. 7 W). So war eine Zeiteinheit gewonnen, die ein constantes Mass bildete. Freilich war sie nicht absolut unveränderlich, sondern wurde für das einzelne Stück durch die Tactirung, ἀγωγή, bestimmt; aber innerhalb der Tactirung, sei sie für Gesang oder Tanz, war die Zeiteinheit keiner Veränderung unterworfen, sondern blieb sich gleich und gab ein festes Mass für die vorkommenden Zeitgrössen ab (Aristox. περὶ τοῦ χρόνου πρώτου p. 280 Mor. 15 W). Gerade wie in unserer Musik die ganze, halbe, viertel-, achtel-Note u. s. f. keine absolute Dauer hat, sondern für jedes Stück durch das Tempo erst eine bestimmte, innerhalb desselben constante Zeit zugemessen erhält.

Die nächste praktische Folge der Aristoxenischen Zeitmessung war, dass die rhythmischen Reihen in ihren Theilen

*) βάσις natürlich das Auftreten des Fusses und der damit angegebene und abgegrenzte Theil des ῥυθμός. Wie Westphal diese Aristotelische βάσις mit dem σημεῖον des Aristoxenus identificiren konnte (Metr. I 522 Anm.), sehe ich nicht ein.

und im Ganzen nach Zeiteinheiten bestimmt wurden. Von der Fussmessung her hatte man Namen für die Formen der einzelnen, zwischen je zwei Accentschlägen liegenden Silbenverbindungen. Die Silbenmessung hatte jedenfalls schon die Zahl und den Unterschied der langen und kurzen Silben in den πόδες mit ihren althergebrachten Namen δάκτυλος, ἴαμβος, παιών, σπονδεῖος, τροχαῖος, ἀνάπαιστος, βακχεῖος festgestellt. Wenn nun der zeitmessende Theoretiker den χρόνος πρῶτος, die untheilbare Zeiteinheit, bestimmen wollte, so stellte sich ihm praktisch die Frage: welches Zeittheilchen ist so klein, dass nicht mehr zwei, sondern nur eine Silbe, im Gesang nur ein Ton, im Tanz nur eine Körperbewegung darauf fallen kann? Antwort gab bereits die Silbenmessung: das ist die Dauer der kurzen Silbe. Also die von einer kurzen Silbe dargestellte Zeit betrachteten die Zeitmesser als Einheit und massen danach die längeren Zeitgrössen. Hier kam ihnen das praktisch und gewiss auch von der Silbenmessung theoretisch beobachtete Gesetz entgegen, dass die unendlichen Zeitverschiedenheiten der Silbenlängen durch die Poesie in zwei grosse Kategorien zusammengefasst waren, dass man einerseits nur kurze Silben mit naturkurzem Vocal und einem, höchstens einem zweiten weichen Consonanten, andererseits lange Silben mit naturlangem Vocal oder mit naturkurzem Vocal und mindestens zwei harten Consonanten unterschied. Es war auch ein praktischer Erfahrungssatz, den Aristoxenus überkam, dass in der rhythmisirten Rede die lange Silbe das Doppelte der kurzen sei (Psellus § 1). Wäre die Zeitmessung hierbei stehen geblieben, hätte sie alle Kürzen als 1 und alle Längen als 2 χρόνοι πρῶτοι aufgefasst, so hätte sie sich von der Silbenmessung durch nichts, als durch die Nomenclatur unterschieden. Es wäre dann unbegreiflich, wie Aristoxenus hätte sagen können, dass die Silbe kein Mass sei, weil sie in der Zeitdauer wechsle*), es wäre noch unbegreiflicher, dass sich ein so scharfer und tiefgehender Unterschied zwischen den zeitmessenden Rhythmikern und den silbenmessenden Metrikern ausbildete. Aber Aristoxenus stellt nach dem leider hier abgebrochenen Berichte des Psellus die langen und kurzen Silben gerade als nicht abgeschlossen in der Zeitgrösse dar; er sagt, wie oben bemerkt, dass die Silben nicht immer dieselbe Dauer, sondern nur dasselbe Verhältniss der Dauer haben: μεγέθη μὲν γὰρ χρόνων οὐκ ἀεὶ τὰ αὐτὰ κατέχουσιν αἱ συλλαβαί, λόγον μέντοι τὸν αὐτὸν ἀεὶ τῶν μεγεθῶν· ἥμισυ μὲν γὰρ κατέχειν τὴν βραχεῖαν χρόνου, διπλάσιον δὲ τὴν μακράν.

Also das Verhältniss 2 : 1 besteht zwischen der langen und der kurzen Silbe. Dasselbe tritt natürlich da am klarsten zu Tage, wo mit einer Kürze eine Länge in demselben Tacte verbunden ist: – ◡ oder ◡ –. Die Länge umfasst 2 χρόνοι πρῶτοι, sie ist ganz regelrecht und konnte daher als eine vollkommene bezeichnet werden, als eine μακρὰ τελεία (Dionys. de comp. verb. 17 p. 224 Sch.). Ging nun aber der zeitmessende Theoretiker eine Composition durch und legte das in der einfachen Verbindung einer Kürze mit einer Länge gewonnene Mass von 1 und 2 χρόνοι πρῶτοι an allen Silben an, so fand er häufig genug lange Silben, welche die Dauer von 2 χρόνοι πρῶτοι bald nicht erreichten, bald überschritten, er fand auch kurze Silben, welche von der Dauer einer Zeiteinheit um ein Weniges abwichen. Diesen Umstand stellt Aristoxenus unwiderleglich dar, wo er die Unzulänglichkeit der Silbe als Mass begründet. Dasselbe berichtet Dionys von Halikarnass in seiner Weise, wenn er sagt (de comp. verb. 11 p. 134 Sch.): 'Die prosaische Rede legt in keinem Worte der Zeitdauer Zwang auf, sondern, wie sie die Silben von der Natur überkommt, so bewahrt sie dieselben, sowohl die langen wie die kurzen. Die Rhythmik aber und die Musik ändert die Silben durch Vergrösserung und Verkleinerung, sodass sich diese oft in ihr Gegentheil verkehren'. Kurz, der zeitmessende Theoretiker fand, dass in der Praxis die rhythmische Grundform zwar nirgends verletzt oder verdreht war, aber auch nicht überall rein zu Tage trat. Er kam zur Einsicht, dass die Rhythmopoeie ihre eigenartigen Zeitgrössen hatte, und er unterschied daher die im Tacte rein auftretende Zeit, χρόνος ποδικός, von dem durch die Rhythmopoeie eigen-

*) Die Worte: ἡ γὰρ συλλαβὴ οὐκ ἀεὶ τὸν αὐτὸν χρόνον κατέχει (Psell. § 1) beziehen sich nicht auf einen etwaigen Wechsel nach dem Tempo; denn diesem unterliegt auch der χρόνος πρῶτος und jedes rhythmische Mass. Vielmehr zeigt die Gegenüberstellung des χρόνος πρῶτος, dass Aristoxenus einen Wechsel innerhalb der unter gleichen Vorbedingungen vereinigten Silben annimmt, d. h. dass nach ihm nicht alle Kürzen unter sich und nicht alle Längen unter sich gleich sind (Westphal Metr. I 302 ff.).

artig gebildeten χρόνος ῥυθμοποιίας ἴδιος (Psellus § 8 p. 14 W). Wenn Aristoxenus also das Verhältniss 2 : 1 zwischen langen und kurzen Silben fand, so kann das bei der Variabilität der Silbenlängen nur bedeuten, dass eine lange Silbe jedesmal doppelt so gross ist, als eine unmittelbar mit ihr vereinigte kurze Silbe. Denn ein Verhältniss, ein λόγος, lässt sich unter Silben nur in nothwendiger Verbindung, d. h. in der Nebeneinanderstellung innerhalb desselben Fusses oder Tactes wahrnehmen. Mag also eine Länge das 'vollkommene' Mass von 2 χρόνοι πρῶτοι haben, oder mag sie davon um ein unmessbares Zeittheilchen differiren: wenn sie in reiner und nothwendiger Verbindung zu einer Kürze innerhalb desselben Tactes tritt, so ist sie doppelt so gross, als diese *). Dann weicht natürlich auch die Kürze um ein unmessbares Zeittheilchen von der Dauer eines χρόνος πρῶτος ab, beide Silben lassen sich dann zwar nicht auf den ungebrochenen χρόνος πρῶτος zurückführen, aber sie wahren ihr Verhältniss 2 : 1. Dies folgt unmittelbar und selbstverständlich aus dem obersten Princip aller griechischen Verskunst, wie es von Aristoxenus ausdrücklich anerkannt ist.

Der Zeitmesser fand nun aber auch lange Silben, die einerseits nicht in unmittelbarer Verbindung mit Kürzen einen Tact ausmachten, anderseits eine Ausgleichung zu 2 χρόνοι πρῶτοι nicht zuliessen. Solche Längen waren theils grösser, theils kleiner als zwei Zeiteinheiten. Kleiner waren sie dann, wenn sie an Stelle von kurzen Silben standen, wie im Spondeen, welche statt eines Iambus oder Trochäus eintreten; sie lagen in der Mitte zwischen der Dauer eines und zweier χρόνοι πρῶτοι. Die Silbenverbindung – –, statt ⏑ – oder – ⏑, hob demnach das Verhältniss der beiden Theile auf, sie bildete einen irrationalen Tact, πούς ἄλογος. Es fanden sich auch lange Silben, welche nicht mit den entsprechenden Längen oder Kürzen zu einem einheitlichen Fuss oder Tact vereinigt waren; es fehlte neben ihnen der Ausdruck anderer Zeittheile. Der Zeitmesser ermittelte nun durch Anlegung

*) Westphal geht bei Erklärung der vorliegenden Verhältnisse von der modernen Tactform aus, welche immer mit der betonten Note beginnt, also z. B. die Iamben trochäisch mit Auftact misst. Bei dieser Veranlassung ist seine Formulirung der Regel untrüglich: 'In jedem Tacte ist die lange Ictussilbe doppelt so gross als die folgende Kurze' (Metr. I S. 530).

seines Massstabes, ob und wie jene fehlenden Zeittheile ersetzt waren. Dabei stellte sich heraus, dass bald die lange Silbe noch um soviel verlängert war, als der fehlende Zeittheil ausmachte, bald auch der fehlende Zeittheil nicht auf diese Weise ersetzt war, sondern unausgefüllt, leer, ein χρόνος κενός blieb. Durch die Verlängerung oder Dehnung (τονή) konnte eine Silbe um die Dauer eines oder mehrerer χρόνοι πρῶτοι vergrössert werden. Sie galt dann ihrem Werthe nach für die nicht durch Silben zum Ausdruck gekommenen Zeittheile mit. Demnach war sie keine 'vollkommene' Länge mehr, sondern eine zusammengesetzte, auf welche das Verhältniss zwischen der einfachen Länge und der Kürze nicht passte. Zum Unterschiede wurde sie 'drei- oder vierzeitig', je nach ihrer Dauer genannt. Man wendete nämlich auch auf sie den χρόνος πρῶτος als Massstab an, und fand ihn, wie in der vollkommenen Länge zweimal, so hier drei- oder viermal enthalten. Καλείσθω δὲ πρῶτος μὲν τῶν χρόνων ὁ ὑπὸ μηδενὸς τῶν ῥυθμιζομένων δυνατὸς ὢν διαιρεθῆναι, δίσημος *) δὲ ὁ δὶς τούτῳ καταμετρούμενος, τρίσημος δὲ ὁ τρίς, τετράσημος δὲ ὁ τετράκις, sagt Aristoxenus ῥυθμ. στ. p. 280 Mor. 7 W, vgl. περὶ τοῦ πρ. χρ. p. 255 Mor. 15 W. Aristides p. 33 Meib. 20 W. Silben mit der Dauer von drei Zeiteinheiten werden uns speciell und ausdrücklich aus der Lehre 'gewisser' Theoretiker bezeugt vom Rhetor Quintilian IX 4 § 94: 'quidam longae ultimae *tria tempora* dederunt, ut illud tempus, quod brevis ex longa accipit, huic quoque accederet'.

Statt der Dehnung traten leere Zeiten jedenfalls am Schlusse der Perioden ein, wo oft Silben angewendet wurden, welche ihrer Natur nach zur Dehnung unfähig waren. Ich meine die indifferenten Silben (ἀδιάφοροι, ancipites), die, von Natur kurz, die Stelle einer schliessenden Länge einnehmen mussten (Fab. Quint. inst. or. IX 4 § 93). In wie fern solche leere Zeiten auch innerhalb der Perioden eintraten oder von der Zeitmessung angenommen wurden, vermögen wir nicht im Einzelnen zu bestimmen. Allem Anschein nach hatten sie

*) δίσημος eine Zeitgrösse oder Silbe im Werthe von zwei Zeiteinheiten, die auch σημεῖα hiessen. σημεῖον δὲ καλεῖται διὰ τὸ ἀμερὲς εἶναι (sc. χρόνον), καθὸ καὶ οἱ γεωμέτραι τὸ παρὰ σφίσιν ἀμερὲς σημεῖον προσαγορεύουσιν (Aristid. p. 32 Meib. 35 W. Fab. Quint. inst. or. IX 4 § 51).

selten innerhalb der Versglieder und gar nicht innerhalb eines Wortes eine Stelle, sondern wurden am Schluss der Glieder und häufiger jedenfalls der Perioden verwendet. Im Allgemeinen berichtet Aristides von ihnen (p. 40 extr. Meib. 38 W): κενὸς μὲν οὖν ἐστι χρόνος ἄνευ φθόγγου πρὸς ἀναπλήρωσιν τοῦ ῥυθμοῦ (s. p. 97 Meib. 41 W vgl. Westphal Metr. I 534 f.).

Die Zeitmessung verwendete auch Zeichen für die gedehnten Längen und die entsprechenden leeren Zeiten oder Pausen, welche uns der Anonymus de musica erhalten hat. Sie notirte eine zwei- drei- vier- und fünfzeitige Länge, sowie die ein- zwei- drei- und vierzeitige Pause (p. 49 W. unten S. 14. 37). Wie alt diese Zeichen sind, wissen wir nicht; vermuthlich sind sie von den Instrumentalmusikern ausgebildet.

Die Grundsätze der Zeitmessung, welche hier kurz dargestellt sind, unterscheiden sich ihrem ganzen Wesen nach aufs schärfste von der blossen Empirie, wie sie in der Fuss- und Silbenmessung herrschte. Durch diesen Unterschied kam ein tiefer Riss in die theoretische Behandlung der Poesie. Das Grundgesetz war für Aristoxenus die Emancipirung des Rhythmus als der abstract ordnenden Zeitmessung von den rhythmisirten Worten. Vor ihm hatte man das Mass, μέτρον, in den Füssen und Silben selbst gesucht, und daher muss die Lehre vom Fuss- und Silbenmass schlechtweg die 'Masslehre' μετρική genannt worden sein. Auch die concret als ῥυθμοί bezeichneten Versreihen lyrischer Dichtungen waren dieser μετρική unterworfen; denn der ῥυθμός wurde ja nach Silben gemessen (S. VII). Also die Lehre von den ῥυθμοί stand vor Aristoxenus in einem abhängigen Verhältnisse zur Lehre vom μέτρον. Bedenken wir nun, dass der Name ῥυθμοί speciell den complicirteren lyrischen Versreihen zukam, dass die ursprünglich nach 'Füssen' gemessenen einfacheren Verse dagegen μέτρα hiessen, so musste die Masslehre naturgemäss ihren Stoff in zwei Gruppen, in μέτρα und ῥυθμοί, eintheilen. In Anbetracht ihrer genetischen Entwicklung lässt sich daher die Masslehre vor Aristoxenus folgendermassen reconstruiren:

μετρική

I μέτρα	II ῥυθμοί
einfache Versformen: ἑξάμετρα, πεντάμετρα τρίμετρα, τετράμετρα (μονόμετρα, δίμετρα) (ursprünglich nach der Fussmessung, vielleicht unter dem Namen μετρική im speciellen Sinne).	zusammengesetzte Versformen: κατ' ἐνόπλιον, κατὰ δάκτυλον εἶδος u. s. f. (nach der Silbenmessung, vielleicht unter dem speciellen Namen ῥυθμική).

Wenn also überhaupt von Rhythmik die Rede sein konnte, so bildete sie eine untergeordnete Abtheilung der Metrik.

Erst als das Mass nicht mehr in der Silbe, sondern in der Zeit gesucht wurde, musste eine Trennung vorgenommen werden. Die Definition des ῥυθμός, d. h. der geordneten Bewegung, in ihrer abstracten Anwendung auf die in Vers, Melodie, Tanz durch Zeitmass und Betonung herrschende Bewegungsform zog nach sich die Abzweigung einer selbständigen ῥυθμική. Diese seit Aristoxenus fixirte 'Bewegungslehre' gestaltete sich unabhängig vom Silbenmass und gründete sich auf die Zeitmessung. Indem sie sich von der Fuss- und Silbenmessung trennte, behandelte sie abstract die Formen der Bewegung, welche sich in den sogenannten πόδες, 'Füssen', ausprägen. Die Rhythmik wäre formlos geworden, wenn sie nur die Verse hätte nach den in den einzelnen Silben enthaltenen Zeittheilen ausmessen wollen. Also auch sie hielt sich an den πόδες, behandelte dieselben nach der überlieferten Gestalt, mass jedoch die Zeitgrösse der einzelnen Theile und drückte das Mass in mathematischen Verhältnissangaben aus (πούς ἴσος, διπλάσιος, ἡμιόλιος, ἐπίτριτος, τριπλάσιος). Aber die Gesammtzahl aller Zeiteinheiten in einer Reihe oder in einem Verse wurde dennoch berechnet z. B. πεντεκαιεικοσάσημον μέγεθος, στίχος λβ' χρόνων.

Die zeitmessende Rhythmik erleichterte natürlich die Zergliederung und Auffassung einer poetischen Composition ausserordentlich. Indem sie eine genauere Berechnung der Silbenlängen ermöglichte und wirklich nach sich zog, war sie ihres Erfolges sicher. Denn wenn auch eine besondere Bezeichnungsweise der gedehnten Töne und Pausen in der Instrumentalmusik bereits üblich war — obgleich selbst hier eine unvollkommenere Notirung denkbar, ja wahrscheinlich ist —, so wurde doch die theoretische Auffassung der Vocalmusik zugleich vertieft und erleichtert, sobald man auf den Text die abstracte Messung nach Zeiteinheiten übertrug. Zwar ist die Uebertragung natürlich nicht in der Weise erfolgt, dass man den blossen Text so mit rhythmischen Zeichen versah, wie das heutzutage üblich und nothwendig ist; vielmehr trat die rhythmische Notirung nur in Verbindung mit den Tonzeichen. Der Text an sich bedurfte für die Alten keiner besondern Notirung. Wenn wir also schreiben:

ῥοδόεσσαν ὃς ἄντυγα πώλων

so ist das ein modernes Auskunftsmittel. Selbst die genaueste Notirung, welche ein griechischer Sänger verlangen mochte, ging gewiss nicht über eine Kennzeichnung derjenigen Längen hinaus, deren Dauer zweifelhaft war. Und diese Kennzeichnung wurde nicht dem Text, sondern der betreffenden Melodienote beigefügt. Es konnte kein Missverständniss eintreten, wenn die Singstimme so ausgeschrieben war:

Melodie: ΦΜΜΜ Μ Μ Ϲ ΦΜ Τ Μ
Text: ῥοδόεσσαν ὃς ἄντυγα πώλων

Dass der dritte, sechste, neunte und zehnte Ton lang war, verstand sich von selbst, weil die entsprechenden Silben εσ, αν und πώλων lang sind. Nur der vorletzte Ton konnte seiner Länge nach zweifelhaft sein; er füllt einen ganzen Fuss oder Tact aus und war daher gedehnt, und zwar, wie die entsprechenden Tacte desselben Liedes zeigen, umfasste er drei Zeiteinheiten. Jedem Missverständnisse war vorgebeugt, wenn sich der Sänger den Ton mit dem Zeichen des χρόνος τρίσημος anmerkte, obgleich in so einfacher Rhythmisirung die Dehnung auch ohnehin leicht zu ersehen war. In der Ueberlieferung des Liedes an den Helios, aus welchem unser Beispiel entlehnt ist, fehlt das Zeichen der μακρὰ τρίσημος mehrmal*). Sollte die Melodie aber von einem Instrumentalisten gespielt werden, welcher den Text nicht vor sich hatte, so war eine genauere Unterscheidung der Tonlängen erforderlich. Die Notenschrift musste in diesem Falle folgendermassen ausgeführt werden:

ΦΜΜΜΜϹΦΜΜ

Die nicht überstrichenen Töne sind kurz, die einfach überstrichenen zweizeitig, ⊤ dreizeitig; durch den Punkt wurde die Betonung angegeben, welche bei dipodischer Tactirung der ersten und vierten Länge einen schweren Niederschlag verlieh. Auf diese Weise finden wir nämlich die Beispiele für Instrumentalmusik im Anonymus de musica § 97 ff. (p. 50 W) ausgeführt. Auch hier sind die Zeichen der dreizeitigen Längen durch die Ueberlieferung verwischt, die Längenstriche überhaupt nicht überall erhalten; aber die Verwendung der Zeichen für mehrzeitige Längen ist sowohl durch das ausdrückliche Zeugniss des Schriftstellers § 83, 85, als durch die Angabe der Tactgrössen im [illegible] § 104, als endlich durch die erhaltene Notirung der Hymnen auf den Helios und die Nemesis ausser Zweifel gestellt.

Die abstracte Zeitmessung, identisch in den Tönen und im Texte durchgeführt, gewährte einen leichten und untrüglichen Einblick in den rhythmischen Gang, weil Eintritt und Dauer der betonten Tacttheile fast mit mathematischer Sicherheit anzugeben war. Aber da die rhythmische Notirung in engster Verbindung mit der tonischen stand, ohne einseitig auf die Texte übertragen zu werden, so blieb die mathematische Zeitmessung auf die Instrumental- und Vocalmusik beschränkt, wurde aber nicht auf die von der Musik sich emancipirenden Poesien angewendet. Die Theorie der Musik ist so abhängig von den Mitteln der Aufzeichnung, dass es sehr begreiflich ist, wie die in der vorherrschenden Vocalmusik durch Vereinigung von Text und Melodie bedingte Notirung massgebend für alle tonischen und rhythmischen Beobachtungen wurde. Als nun vollends durch die scharfen Definitionen des Aristoxenus die Rhythmik von der Metrik losgetrennt wurde,

*) Auch in dem gewählten Beispiel ist die μακρὰ τρίσημος nicht nach der von dem Anonymus de musica angegebenen Weise bezeichnet, sondern in einer äusserlich abweichenden, wesentlich aber identischen Form. Es steht nämlich nicht ⊤ in den Handschriften, wie ich beispielsweise und in Uebereinstimmung mit Westphal (I 739) geschrieben habe, sondern ⊢. Das ∧ (λεῖμμα) bedeutet eine nicht ausgedrückte Zeiteinheit, eigentlich eine ganz leere (κενόν), hier aber eine nicht besonders erscheinende, sondern durch Dehnung in ⊤ enthaltene. Dies hat Bellermann erkannt.

hielt sich die Rhythmik an ihre nothwendige Vorbedingung, nämlich an die in der Vocalmusik gegebene Notirung, Musik und Rhythmik bleiben innig verbunden, während die Metrik mehr und mehr zu einer isolirten Doctrin wird. So ist es gekommen, dass sich die Rhythmik dieser Doctrin entfremdet und im Verlaufe der Entwicklung sogar in einen Gegensatz zu ihr tritt.

Es hätte für den Ausbau einer gesunden Theorie keine ungünstigere Zeit eintreten können, als diejenige, in welcher Aristoxenus das Fundament zu einer wahren Rhythmik legte. Die Werke der Vocalmusik, aus welchen die Theorie ihr wichtigstes Material schöpfte, waren aus dem Theater, aus dem Gesanghause verschwunden und fast einzig den gelehrten Musikkennern zugänglich. Noch hatte sich die Aristoxenische Lehre gewiss nicht in ihren Consequenzen durchbilden können, als jene Werke bereits in die Hände der Grammatiker übergegangen waren, welche die Musik vernachlässigten. Die alexandrinischen Grammatiker hielten sich einseitig an der Lehre vom Silbenmass, indem sie etwa auf den Fundamentalsätzen beharrten, welche in der Silbenmessung zur Zeit des Aristoxenus geltend waren. Insofern dieser die Silbenmessung zum Ausgangspunkte seiner Betrachtungen nimmt und namentlich die bereits vorhandenen brauchbaren Kunstausdrücke, wie πούς, βάσις (θέσις), ἄρσις, δάκτυλος, δακτυλικός u. s. f. beibehält, stimmen die gelehrten Metriker mit manchen seiner Principien überein. Nur das erste und oberste Princip, dass die Silben gleichmässig, wie die Töne und Körperbewegungen nach Zeiteinheiten zu messen seien, musste für sie unfruchtbar werden, weil sie eben die Töne und die Orchestik nicht mehr studirten. Sie kamen in der That wieder auf den Standpunkt der Silbenmessung zurück. Weil aber die Silbenmessung in ihrer Zeit nicht mehr mit der lebendigen Production und Aufführung Hand in Hand ging, so wurde sie ungenügend. Denn dem schaffenden Künstler war sie ehedem ein zwar unvollkommenes, aber bei der lebendigen Vereinigung von Musik und Poesie ausreichendes Verständigungsmittel gewesen; sobald aber die wesentlich orientirende musikalische Praxis sich von der Silbenmessung löste, war die letztere ohne Führung. Mit der Lostrennung der Tonreihe gingen auch die rhythmischen Zeichen oder die schriftliche Darstellung der Rhythmopoeie zu Grunde. Die Grundformen des Rhythmus, als identisch in Ton und Wort, konnten sich nicht verlieren, aber viele der Rhythmisirung eigene Zeitgrössen (χρόνοι ῥυθμοποιίας ἴδιοι) wurden unkenntlich, nämlich solche, die auf keine Weise im Texte ausgedrückt werden, Dehnungen und Pausen.

Hierauf beruht der Unterschied, welcher sich zwischen den Metrikern und den Rhythmikern ausbildet. Die Metriker halten sich an der in den Silben kenntlich ausgeprägten Zeitgrösse, an der Länge, der Kürze, und sind nur gezwungen eine indifferente Silbe anzunehmen, wo die Zeitgrössen an identischen Stellen wechseln (Longin prol. ad Heph. p. 84 W). Die Rhythmiker legen ihr abstrahirtes Mass an die Silben und stellen deren Grösse nach Masseinheiten fest; daher gelangen sie bei den χρόνοι ῥυθμοποιίας ἴδιοι zur Annahme von Dehnungen und Kürzungen in den Silben und zur Einrechnung von leeren Zeiten. So wird uns denn auch der Unterschied der Rhythmik und Metrik von den Alten selbst öfter geschildert (s. die Stellen bei Westphal Fragm. 23).

Das Wesen der rhythmischen Doctrin bestand in der Abstraction oder Loslösung des Zeitmasses vom gemessenen Stoff, also auch von den rhythmisirten Silben. Deshalb werden die strengen Rhythmiker geradezu als Chorizonten bezeichnet (von Aristides I p. 40 M 38 W: οἱ χωρίζοντες π. τῆς μετρικῆς τὴν περὶ ῥυθμῶν θεωρίαν). Die Metriker suchen die geordnete Bewegung in den Silben, sie machen die Rhythmik von der Silbenmessung abhängig, Aristides nennt sie συμπλέκοντες τῇ μετρικῇ θεωρίᾳ τὴν περὶ ῥυθμῶν. Das Verfahren der Chorizonten ist von ihm deutlich und unverkennbar beschrieben p. 40—42 M; die Theorie der συμπλέκοντες ist bekannt, sie ist diejenige der Metriker von den Tagen alexandrinischer Gelehrsamkeit bis auf unsere Zeit.

Es würde sehr viel zur Klarheit der Forschungen beigetragen haben, wenn die Theoretiker an der von Aristoxenus gefundenen Trennung festgehalten oder wenigstens keine Vermischung der Aristoxenischen Rhythmik mit der Silbenmessung versucht hätten. Denn die Silbenmessung an sich ist wohlberechtigt, sie führt eine zwar unvollkommene, aber auch unverfängliche Behandlungsweise der Vocalmusik mit sich. Indem sie nämlich nur darauf Anspruch macht, die Zahl der Silben und die Unterscheidung der Längen und Kürzen in den Gliedern und Füssen festzustellen, überliest sie die rhythmische Anordnung dem praktischen, lebendigen Vortrag. Als freilich der Vortrag abgestorben war, blieb nur ein leeres Gerippe von langen und kurzen Silben, aber hieran hätten sich die silbenmessenden Metriker consequenter Weise halten müssen. Der Rhythmus war nicht durch das Skelett zu beleben. Aber immerhin blieb auch die sorgfältige Conservirung der festen Ueberreste sehr wichtig; man wird den alten Metrikern dafür dankbar sein, wenn sie auch nicht immer die Zusammengehörigkeit der Theile erkannt, sondern manchesmal falsche Zergliederungen vorgenommen haben. Wenn sie den nach ihrer Weise zusammengesetzten Körperbau auch in Bewegung zu setzen vermeinten, so irrten sie sich. Die Bewegung war mit dem gesanglichen Vortrage dahin, und nur in der Rhythmik der Chorizonten waren ihre Gesetze bewahrt.

Daran kranken alle metrischen Theorien der Alexandriner, Byzantiner, Hermanns und seiner Getreuen, dass sie mit der Silbenmessung allein den Rhythmus auch da wieder zu beleben suchen, wo die Rhythmopoeie ihre durch den gesanglichen, oft auch den orchestischen Vortrag zum Ausdruck gebrachten eigenartigen Zeitgrössen verwendet. Der Text widerspricht einerseits niemals diesen Zeitgrössen, vermag sie aber auch andererseits nicht immer selbständig auszuprägen. Wir würden sie nach dem Verlust der tonisch-rhythmischen Notirung nicht mehr erschliessen können, wenn nicht die alten Chorizonten das Vorhandensein derselben bezeugt hätten.

Nun dürfen wir uns freilich das System der Chorizonten nicht als eine vollkommen ausgebildete und ausgebaute Rhythmik denken. Aristoxenus legte einen guten Grund. Aber durch die schon zu seiner Zeit eingetretene Vernachlässigung der classischen Compositionen und durch das gänzliche Aufgeben der tonisch-rhythmischen Notirung in den älteren Dichtwerken seitens der Alexandriner bildeten sich Hindernisse, welche die consequente Ausbildung einer Rhythmik vereitelten. Ueber einzelne Schwächen ist die antike Theorie niemals herausgekommen. Als empfindlichster Mangel tritt uns ein Widerspruch entgegen, welcher zwischen der Messung einfacher und gemischter Versreihen obwaltet. Er hat seinen Grund darin, dass die Rhythmik nicht den letzten Schritt in der Trennung des Zeitmasses vom Silbenmass gethan hat, dass

sie sich begnügte, die der Rhythmopoeie eigenartigen irrationalen, gedehnten und leeren Zeiten anzuerkennen, ohne die zu Grunde liegende gleichmässige oder ungleichmässige Zeittheilung in eine abstracte Form zu fassen und durch Zeichen zu fixiren.

Indem die neueren Forschungen auf diesen Mangel nicht die gebührende Rücksicht nahmen, geriethen sie selbst in Widersprüche. Namentlich blieb das Wesen der dochmischen Verse ein Räthsel, wenn man auf sie die Kategorien der einfachen Massformen anzuwenden versuchte. Bekanntlich nehmen Aristides und Bakchius zwei dochmische Formen an, eine achtzeitige ⏑ – – ⏑ – und eine zwölfzeitige [illegible] (unten S. 65). Da die moderne Forschung nun die beiden Reihen ganz nach dem Masstabe der einfachen Versarten behandelte, so ging sie von der Ansicht aus, es müsse in den Dochmien eine Theilung herrschen, welche der Aristoxenischen Regel von der continuirlichen Composition entspreche. Aristoxenus nimmt nämlich nur die Theilungen 1 + 1, 2 + 1, 2 + 3 in den zur συνεχὴς ῥυθμοποιία geeigneten Tacten an (unten S. 87). Die Anwendung dieses Gesetzes auf die vorliegenden Reihen führte zur gleichen Theilung ⏑ – – | ⏑ – ⏑̄ 5 : 5 und ⏑ – – ⏑ – | ⏑ ⏑ – ⏑̄ 6 : 6. Letztere erfreut sich allgemeiner Anerkennung; erstere ist mehrfach aufgestellt worden, noch ohne durchschlagenden Erfolg. Es scheint unsere Metriker nicht sonderlich anzufechten, dass die beiden Reihen von den Alten δοχμιακά genannt wurden, dass die dochmische Theilung im Gegensatze zur gleichen steht*), dass also die Alten jedenfalls nicht 5 : 5 und 6 : 6 gemessen haben. Ebenso wenig können sie ein anderes von den geraden Verhältnissen, die in fortlaufender Composition vorkommen, verwendet haben; ihre eigene Benennung δοχμιακά lehrt ja, dass sie eine Theilung vornahmen, in welcher eine grössere Differenz, als 1, hervortrat. Nehmen wir das aber an, so erscheint uns aller

*) Fr. m. p. 285: πολλὰ ῥυθμῶν ὀνόματα καὶ ἄλλα· ὥσπερ δὴ καὶ ταῦτα, ἴαμβος ἰαμβικός, [illegible] ... ἐν τῷ δοχμιακῷ [illegible] (metrici ed. Westph. p. 186).

Zusammenhang zwischen den Grundformen und den vorliegenden Reihen verloren.

Diesen Widerspruch habe ich dadurch zu lösen gesucht, dass ich den Alten eine äusserliche, mechanische Theilung der beiden δοχμιοί zuschrieb, durch welche die einfache Grundform unkenntlich geworden sei (S. 59—94). Wie das möglich war, lehrt uns Aristides. Er beschreibt p. 41 M, 39 W die von den Rhythmikern angewendete Theilungsmethode. Sie ist empirisch. Z. B. ein zehnzeitiges Glied theilt sich nicht in 2 + 8 Zeiteinheiten. Denn das Verhältniss 2 : 8 = 1 : 4 ist unrhythmisch. Drum werden die 8 Zeiten weiter getheilt in 3 + 5, aber auch diese Theile stehen in keinem rhythmischen Verhältnisse. Weiter theilt man 5 in 3 + 2: λέγω τὸν τρία πρὸς ἕκαστον τῶν δυεῖν λόγον ἔχειν ἡμιόλιον, ὥστε καὶ τὸν δεκάσημον συνεστάναι διὰ τούτων. Also nicht das Gesammtverhältniss, sondern das Verhältniss der einzelnen Tacttheile wird massgebend; der Dreier steht zu den Zweiern im anderthalbfachen Verhältnisse. Schreiben wir uns das Beispiel aus, so erhalten wir folgendes Schema:

[illegible] oder [illegible]

[illegible]

Aeusserlich ist das eine päonische Dipodie. Aber diese meint der Rhythmiker nicht; denn er erwähnt die Theilung 5 + 5 gleich darauf als eine verschiedene: πάλιν εἰς δύο πεντασήμους. εἰ μὲν οὖν ἁπλοῦς ἀμφοτέρους, τὸν ἴσον ῥυθμικὸν ποιοῦσι λόγον· εἰ δὲ συνθέτους, καθὰ προεῖπον ποιησάμενοι τὴν διαίρεσιν, συνίστησι τὸν δεκάσημον. Die Theilung unterscheidet sich also von der päonischen Dipodie dadurch, dass sie zwei zusammengesetzte fünfzeitige Abschnitte hat ([illegible] oder [illegible] oder [illegible]). Eine solche zehnzeitige Reihe kommt nun aber wirklich vor; es ist der durch Umsetzung oder Erweiterung modificirte Dochmius: 1) [illegible] (S. 72) 2) [illegible] 3) [illegible] 4) [illegible] 5) [illegible] (Synkopen nach S. 69). Demnach theilte der Rhythmiker z. B. *Antigone* 1286 ὦ | καινὸν λέγεις | μοι oder umgekehrt ὦ καινὸν λέγεις | μοι u. a.

Nun hat aber eine solche Reihe gewiss ebenso gut einen Hauptniederschlag gehabt, wie eine jede andere. Der Sitz

desselben lässt sich nur durch die Grösse der Arsis und Thesis bestimmen. Da Aristides ausdrücklich die gerade Theilung 5 : 5 und 6 : 4 fern hält, so wird man die Grundform in einer Theilung zu suchen haben, in welcher einerseits die zwei- und dreizeitigen Silben nach der angegebenen Weise enthalten sind, andererseits der λόγος ἴσος und ἡμιόλιος vermieden wird. Es bleibt der λόγος διπλάσιος, ἐπίτριτος, τριπλάσιος übrig, aber von diesen passt keiner auch nur in zehn Zeiteinheiten. So weit calculirte der antike Rhythmiker. Da ihm kein gerades Verhältniss genügte, so war er zufrieden, ein schräges zu statuiren, in welchem die Theile zusammengesetzt sind, 3 : 2 : 3 : 2 u. s. f. Den Hauptniederschlag legte er jedenfalls auf das durch den Schlusstheil an der einen oder andern Seite abgetrennte grössere Stück, also:

3 : 2 : 3 : 2 (ἄρσις 3 : θέσις 2 : 3 : 2) oder 3 : 2 : 3 : 2 (θέσις 3 : 2 : 3 : ἄρσις 2)

Aber das ist ein höchst unvollkommenes Auskunftsmittel. Der ebenmässige Fortschritt in der rhythmischen Bewegung ist gestört durch die Vereinigung zweier so unverhältnissmässiger Theile wie 3 + 7 oder 8 + 2. Eine consequente Zeitmessung wird fragen, auf welche Grundformen diese Zusammensetzung zurückgeht. In der That muss hier eine durch die Rhythmopoeie bewirkte Modification einer proportionirt theilbaren Reihe vorliegen; es muss vorausgesetzt werden, dass Zeiteinheiten in dem δεκάσημον nicht zum Ausdruck gekommen sind, welche zur vollkommenen Grösse der Reihe gehören. Naturgemäss haben wir also die zehnzeitige Form ihrer Entstehung nach auf die nächst grössere zurückzuführen, welche der Möglichkeit Raum gibt, dass in ihr einzelne Zeiteinheiten unterdrückt werden. Die nächst grössere ist das δωδεκάσημον, und, da die Unterdrückung von Zeiteinheiten im vorliegenden Falle nur an den Schluss verlegt werden kann, so werden wir untersuchen müssen, ob die Form [illegible] dem δεκάσημον zu Grunde liege. In der That lässt sich die Theilung des letzteren, nach welcher zwei Zeiteinheiten am Schlusse abgetrennt werden, mit dem δωδεκάσημον vereinigen: [illegible]*). Ist nun eine solche

*) Dass am Schlusse drei Zeiteinheiten mit einer τρίσημος ([illegible] d. i.

Reihe diplasisch: ⏑ – ⏑ ⏑ – | – ∧, ⏑ ⏑ ⏑ ⏑ – | – ∧, ⏑ – ⏑ ⏑ ⏑ | – ∧,
oder triplasisch: ⏑ – | – ⏑ ⏑ – ∧, ⏑ ⏑ | ⏑ ⏑ ⏑ – ∧, ⏑ ⏑ | ⏑ ⏑ ⏑ – ∧.
Das lässt sich nicht ein für allemal bestimmen: sie fügt sich natürlich der in der Gesammtcomposition herrschenden Messung.

Doch nicht dies ist es, was zunächst zu erweisen war. Es sollte vielmehr dargethan werden, wie es gekommen sei, dass die diplasische und triplasische Theilung der Dochmien sich bei den antiken Theoretikern nicht findet. Sehen wir zu, welche Theilung der Rhythmiker mit einer achtzeitigen Reihe, einem gewöhnlichen Dochmius, vornimmt. Sind acht Zeiten nicht im gleichen Verhältniss 4 + 4 messbar, so kann er 3 + 5 annehmen, wenn die Silben es erlauben, wie beim Dochmius. Aber οὐδ' οὕτως ἔσται ῥυθμικὸς λόγος. Drum theilt er, wie beim δεκάσημον, τῶν πέντε πάλιν εἰς τρία καὶ δύο (Arist. p. 41 M. 39 W). Es ergibt sich:

⏑ – ⏑, ⏑ – ⏑, – – oder umgekehrt ⏑ –, ⏑ – ⏑, ⏑ – ⏑
– ⏑ ⏑, – ⏑ ⏑, – ⏑ – ⏑, ⏑ – –, – ⏑
– ⏑ ⏑, – ⏑ ⏑, – ⏑ –, ⏑ – ⏑, – ⏑
– ⏑ ⏑, – ⏑ ⏑, – ⏑ –, ⏑ – ⏑, – ⏑ u. s. f.

Hierauf lässt sich nun dieselbe Probe machen, wie auf das δεκάσημον. Weder der λόγος ἴσος, noch der διπλάσιος, noch der ἡμιόλιος oder ἐπίτριτος ergibt ein achtzeitiges Glied mit dieser Silbenverbindung. Nur der τριπλάσιος weist 2 : 6 auf:

⏑ – – ⏑ | – oder umgekehrt – | ⏑ – – ⏑

Aber dieser Einschnitt widerspricht nun einmal der beim Dochmius herrschenden Theilung τρεῖς πρὸς πέντε (S. 63). Dennoch ist auch der λόγος τριπλάσιος unmöglich, und wir müssen uns nach der nächst verwandten Reihe als Grundform umsehen. Das ist die neunzeitige mit der Theilung 3 : 6

– ⏑ – ⏑ | – ⏑ oder ⏑ – | ⏑ – – ⏑

zugleich eine bestimmte Dochmienform, die hyperkatalektische. Wir werden die achtzeitige folgerichtig messen

⏑ – – ⏑ | – ∧ oder ⏑ – | ⏑ – – ∧.

Es bleibt uns aber auch nicht einmal die Wahl zwischen die-

χρόνοι πενταχῶς ... ἀσυνθέτων δοχμίων Aristid. p. 41 M, 38 W vereinigt werden, widerspricht vermuthlich der antiken Theilung. Denn die Formen | – | – – | – | – – | ∧̄ |, – | – – | – | – – | ∧ | ergeben überhaupt kein rhythmisches Verhältniss, die Messung | – | – | – – | – – | ∧ | ist schwerlich zu erweisen.

sen beiden katalektischen Formen; denn es ist eben τρεῖς πρὸς πέντε und nicht umgekehrt. Die Zerlegung 5 + 3 ⏑ – – ⏑ | ⏑ – gehört den jüngeren Metrikern an (S. 59) und erweist sich nach Ermittlung der Pause als falsch. Auf die den Silben nach achtzeitige Reihe passt nun auch, was der Rhythmiker von der zehnzeitigen sagt, dass ihre Theile zusammengesetzt seien; denn er mass:

τρεῖς | πέντε
– – | ⏑ – | ⏑
ἄρσις θέσις

Aus dieser Zerlegung ersehen wir, dass von der alten Rhythmik in der That die Thesis und somit der ganze Dochmius nicht als Einheit behandelt wurde (S. 68). Die Schilderung des Aristides, der ich die angeführten Sätze entlehnt habe, entspricht so unverkennbar dem von Aristoxenus aufgebrachten Verfahren in der Zeitmessung (ῥ. στ. p. 302 Mor.), dass ich kein Bedenken trage, das gewonnene Resultat als aus der Aristoxenischen Theorie geflossen zu betrachten.

Also Aristoxenus hat wirklich für die gemischten Reihen eine besondere Betrachtung angestellt (S. 88); er löst die Tactverbindungen so lange in ihre Theile auf, bis sich unter diesen eines der einfachen Maassverhältnisse ergibt. Wenn sich die Gesammtverbindung der Arsis und Thesis nicht auch in dieselben Maassverhältnisse fügt, so heisst die ganze Reihe 'dochmisch'. Der Name δόχμιος kann also recht wohl von Aristoxenus herrühren, wie ich nicht ohne Bedenken annahm (S. 68).

Ist **es** nun aber nicht auffallend, dass Aristoxenus die höhere rhythmische Einheit des Dochmius nicht erkannt hat? Es zeigt sich überall in der Geschichte der Musik, wie abhängig die theoretische Auffassung und die herrschende Notirungs- und Theilungsart von einander sind. Indem der alte Rhythmiker die Zeitgrössen, wie sie durch die Silben verkörpert werden, zur Grundform der Messung macht, ist **er** abhängig von festen Gestaltungen. Den Zusammenhang derselben ersieht er aus der Wiederkehr gleicher Grössen, und wo diese offen zu Tage liegt, da ist die Einheit nicht zu verfehlen. Wo aber die Formenbildung complicirt wird, da können wir an der höheren oder geringeren Vollkommenheit der Notirung ersehen, in wie weit die Theorie den einheitlichen Bau erfasst hat. Die alte Notirung vermag nur die Dauer der Töne, nicht aber die Urform und den dynamischen Werth der in einem Tone vereinigten Zeiteinheiten zu bezeichnen. In den gegebenen acht Zeiten drückt sie selbst mit Benutzung des Punktes als Ictuszeichen nicht aus, wie der dynamische Werth der Zeiteinheiten vertheilt ist. Denn

[illegible] ist gleich: 2, 1, 2, 2, 1,

wobei 2 betont wird, ohne dass wir wissen, wie diese Zeitgrösse und ihre Betonung entstanden ist. Der Theoretiker musste die Form der Notirung durchbrechen, wenn er die rhythmische Einheit hinter der kunstvollen Verschränkung erkennen wollte. Das haben die alten Rhythmiker nicht gethan. Die massgebende Vocalmusik bot zu geringe Führung für einen solchen Schritt; auch der grösste Theoretiker der Griechen ist nicht über die Anfänge der von ihm angebahnten abstracten Zeitmessung hinaus gekommen. Eine solche ist erst vollkommen ausgebildet worden, seit man die Zeichen für die Zeittheilung mit dem Zeichen für den dynamischen Werth eines Tons vereinigt und die in der Rhythmopoeie erscheinenden festen Zeitgrössen sammt und sonders in ihre einfachsten Bestandtheile zerschnitten hat. Das alles geschah erst in Folge der Erfindung des Tactstrichs, welcher in seiner jetzigen vollkommenen Anwendung einerseits gleiche oder proportionirte Zeitgrössen abtrennt, anderseits anzeigt, dass unmittelbar nach ihm der Sitz eines Accents ist. Der Tactstrich zeigt auf das einfachste an, wie jene acht Zeiten rhythmisch vereinigt sind, z. B.

[illegible]

[illegible]

[illegible]

[illegible]

Im letzten Falle gibt die antike Notirung nicht an, ob die Länge entstanden ist aus einem auf der ersten oder zweiten Kürze betonten Pyrrhichius, [illegible] oder [illegible]

Ohne Analyse der Längen war eben eine vollkommen normale Zeitmessung nicht möglich. Da indessen die Auflösung im Allgemeinen seltener ist, als die Verbindung zusammengehöriger Kürzen, so gingen die Theoretiker von dieser

als Grundform aus und betrachteten jene als secundär. Speciell aber in der achtzeitigen Reihe war die gleichmässige Zeitmessung und damit die Feststellung der rhythmischen Grundform besonders erschwert, wenn Synkopen eintraten. Da der Rhythmiker die gewöhnliche Silbengruppirung [illegible] nach der üblichen Notirung als Ausgangspunkt seiner Theorie nahm, so konnte er nur zu einer Theilung 3 : 3 : 2 gelangen, die ihn jedoch befriedigte, weil die ihm geläufigen Maassverhältnisse der einfachen Tacte eine freilich äusserliche Anwendung fanden. Dass aber ein Mann, wie Aristoxenus, sich auch hiermit begnügen konnte, lässt sich wohl verstehen. Denn so oft am Schlusse die neunte Zeiteinheit, sei es durch eine Silbe im sogenannten hyperkatalektischen Dochmius, sei es durch eine Pause dargestellt war, muss natürlich auch der alte Rhythmiker [illegible] 3 : 3 : 3 = 3 : 6. Die Pausen waren und sind häufig unverkennbar angezeigt durch Hiatus und indifferente Silbe. Aber die nothwendige Consequenz für die antike Rhythmik ist die bereits angedeutete Lehre (S. 68), dass dieser von uns so bezeichnete hyperkatalektische, eigentlich aber akatalektische oder volle Dochmius für Aristoxenus gar kein Dochmius mehr war, sondern unter die diplasischen Reihen untergeordnet sein musste. Vermuthlich fällt die Form unter die trochäischen Tripodien mit Hyperthesis des ersten Trochäus. Noch aber könnte man fragen, wie es denn möglich sei, dass ein einigermassen routinirter Rhythmiker nicht die Einheit des neunzeitigen und des achtzeitigen Dochmius, oder das Vorhandensein der Pause am Schlusse des letzteren erkannt habe? Hier liegt indessen der Hauptpunkt, durch welchen die Differenz alter und moderner Notirung am deutlichsten hervortritt. Jene Pause tritt nämlich so oft nicht ein, als ein Dochmius mit Erweiterungen oder mit einem zweiten Dochmius ohne Hiatus, syllaba anceps oder stärkere Interpunction vereinigt wird. Und ist das der Fall, so sind die Synkopen derart, dass bei der antiken Notirung die Grundform schlechterdings unerkennbar wird. Es gilt aber hier in vollem Maase die Beobachtung, dass der Dochmius keine in sich abgeschlossene Reihe ist, sondern beliebig in gleichen und synkopirten Tacten fortgesetzt werden kann, bis er die Grenze der rhythmischen Gliederung erreicht hat (S. 70). Also theilte der Rhythmiker:

[illegible] 2 : 3 : 2 gewöhnlicher Dochmius
[illegible] 3 : 2 : 3 : 2 (von Aristides beschrieben p. 41 M) oder 3 : 2 : 3 : 2
[illegible] 3 : 3 : 3 : 2 oder [illegible] 3 : 2 : 3 : 3
[illegible] 3 : 3 : 3 : 3
[illegible] 3 : 2 : 3 : 3 : 3
[illegible] 3 : 2 : 3 : 3 : 2
[illegible] 3 : 3 : 3 : 2 : 3 : 2 oder 3 : 3 : 3 : 2 : 3 : 2
[illegible] 3 : 3 : 2 : 3 : 3 : 2

In all diesen Fällen musste die antike Theorie auf eine abstracte Ausgleichung der Tacttheile und auf eine rationelle Erklärung der Tactformen verzichten. In der letzten Reihe haben wir den dochmischen Dimeter, dessen Zerlegung nach Anleitung des Aristides in folgender Weise vorgenommen werden musste. 16 Zeittheile sind gegeben. Sind ihre Abschnitte gleich und einfach gebildet, so entsteht der λόγος ἴσος 4 + 4 : 4 + 4. Bestehen dagegen ihre Abschnitte aus ungleichen und zusammengesetzten Theilen, so berechnet man diese nach ihrem gegenseitigen Verhältnisse, hier: 3 : 3 : 3 : 2 : 3 : 2 oder 3 : 3 : 2 : 3 : 3 : 2. Λέγω τὸν τρία πρὸς ἕκαστον τῶν δοχμίων λόγον ἔχειν ἡμιόλιον, diese Worte passen auch hier. Der erste Theil hat gleiches Verhältniss 3 : 3, und dies lässt uns schliessen, dass die Rhythmik einen Tactwechsel in vorliegender Reihe annahm, wie ich bereits vermuthete (S. 68. 89). Die neuere Musik fasst eine solche Bildung nicht als Tactwechsel, sondern als Synkope. Die beiderseitigen Auffassungen unterscheiden sich am deutlichsten durch die Notirung:

alt: [illegible]
modern: [illegible] *).

Pausen wurden von den Alten vermuthlich nur dann notirt, wenn eine solche Gliedform innerhalb einer Periode eintrat und die 'Leere der Zeit' nicht selbstverständlich war.

Wie bei der sechzehnzeitigen und achtzeitigen dochmischen Reihe, so war auch bei der zwölfzeitigen das Grundverhältniss schwer zu ermitteln oder bei der alten Notirung ganz unerkennbar. Denn das δωδεκάσημον zerfiel entweder in zwei gleiche Abschnitte, wenn diese einfach waren (6 : 6), oder in zwei ungleiche zusammengesetzte. Nun ist aber eine gleiche Theilung der Reihe [illegible] nach der alten Anschauungsweise unmöglich; denn die Silben drücken folgende Zeittheile aus 2, 1, 2, 1, 1, 2, 1, 2 (S. 66). Wenn es auch dem Rhythmiker nicht verborgen blieb, dass die mittlere Partie 2, 1, 1 nicht viel mehr Zeit einnahm als der vorhergehende oder folgende Theil 2, 1, so musste er sich doch bei der unvollkommenen Darstellungsweise mit der Annahme begnügen, dass der Abschnitt 2, 1, 1 nur um ein unmessbares Zeittheilchen von 2, 1 differirte. Ein solches Zeittheilchen liess sich, weil es eben unfassbar ist, nicht in Rechnung bringen, und es blieb der Praxis überlassen, die Zeiten 2, 1, 1 nicht in der Dauer von 4, sondern in einer mittleren Dauer zwischen 3 und 4 χρόνοις πρώτοις auszudrücken (S. 19 ff.). Der Theoretiker hatte nur das Mittel, die Zeitdauer 2 + 1 + 1 hier als irrational zu bezeichnen, musste sich aber bei der Messung doch der annähernd richtigen Zahlen 2, 1, 1 bedienen. Demnach theilte er die 12 Zeiteinheiten zuerst in 3 + 9 *) und erhielt den im einfachen Tacte unmöglichen λόγος τριπλάσιος. Daher schnitt er weiter die 9 Zeiteinheiten in 4 + 5, um wieder auf ein unmögliches Verhältniss zu stossen. Weiterhin theilte er dann 5 in 3 + 2, und so ergab sich eine Anordnung, die den Grundverhältnissen der einfachen Tacte entsprach, nämlich entweder 3 : 4 : 2 : 3 oder 3 : 4 : 3 : 2, d. i. λόγος ἐπίτριτος und ἡμιόλιος. Der λόγος ἐπίτριτος ist in diesem Falle möglich und wird ausdrücklich bestätigt von Aristides (p. 41 M): εἰ μερίσαιμι τὸν δεκάσημον εἰς τριάδα καὶ ἑπτάδα, οὐκ ἔστιν λόγος τῶν ἀριθμῶν ῥυθμικός. μερίζω τὸν ζ' εἰς τρία καὶ τέσσαρα καὶ οὕτως λόγος ἐπίτριτος, ἐξ οὗ φημι συντίθεσθαι τὸν δεκάσημον. Die Theilung passt auf mehrere Reihen:

[illegible]
[illegible] (so von Westphal erklärt II 846).

Hier ist die Reihenfolge 3 + 3 + 4 eingehalten; doch sagt Aristides nichts über eine bestimmte Reihenfolge, und daher ist ebenso gut denkbar

*) D. h. in unserer Notenschrift, die für die Sache unwesentlich ist:
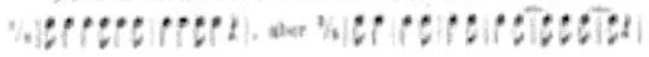

*) Die folgende Theilung ist nach Anleitung der S. 65 ff. besprochenen Stellen des Aristides und Bakchius vorgenommen.

‿ ‿ | – – | – ‿
‿ ‿ | – ‿‿ | – ‿
‿ ‿ | – – | – ‿
‿ ‿‿ | – – | – ‿‿

Wenden wir die letzte Form auf das δωδεκάσημον an, so ergibt sich die Theilung ‿ ‿‿ | – ‿ ‿ | – ‿ | – ‿. Bei dieser Messung blieb die alte Rhythmik stehen; sie löste nicht den Widerspruch, welcher zwischen den 'zusammengesetzten' Abschnitten der Reihe und den Grundgesetzen der einfachen Tacte hervortrat. Wie nach Aristides der Rhythmiker mit der Zerlegung 2 : 3 : 3 : 2 und 3 : 4 : 3 zufrieden ist, weil die kleinen Theile untereinander proportionirt sind, obgleich die Fundamentaltheilung 2 : 8 und 3 : 7 unrhythmisch ist, so begnügt er sich auch im δωδεκάσημον mit der Gruppirung 3 : 4 : 3 : 2, obgleich die Fundamentaltheilung 3 : 9, d. h. triplasisch ist, was in den einfachen Tacten nicht vorkommt. So wenig man der Rhythmiker wegen der besprochenen δεκάσημα ein Verhältniss 2 : 8 (λόγος τετραπλάσιος) oder 3 : 7 (τριῶν πρὸς ἑπτά) annimmt, ebenso wenig statuirt er im δωδεκάσημον einen λόγος τριπλάσιος. Dieser würde sich nach antiker Anschauung erst ergeben können, wenn der zweite Tact auch dreizeitig wäre, nämlich ‿ ‿ | – ‿ | – ‿ | – ∧. Aber eine solche Theilung einfacher Glieder kommt nicht vor; sie müsste der gleichmässigen weichen ‿ ‿ | – ‿ | – ‿ ‿ – ∧, 6 : 6.

So ist es gekommen, dass die alten Rhythmiker in den beiden Dochmien keine diplasische und triplasische Messung annahmen. Auf diese Beobachtungen gestützt können wir nun aber auch den Unterschied zwischen geraden und schrägen Rhythmen noch um ein weiteres Kennzeichen vermehren, welches in der wesentlich nach Westphals Vorgange aufgestellten Tabelle S. 66 nicht bemerkt ist. Letztere würde etwa so zu vervollständigen sein:

I ῥυθμοὶ ὀρθοί

Tacttheile **einfach** (μέρη ἁπλᾶ) und entweder **gleichgross** oder mit der Differenz um 1: λόγος ἴσος, διπλάσιος, ἡμιόλιος, ἐπίτριτος.

II ῥυθμοὶ δόχμιοι

Tacttheile **zusammengesetzt** (σύνθετα) und in ihrem Gesammtverhältniss mit einer Differenz von 2.

Nun wich aber die Praxis des Vortrags beim δωδεκάσημον in soweit ab, dass sie den Daktylus etwas kürzer ausführte und ihn mit der Dauer der Trochäen annähernd ausglich. Zudem war der letzte Theil – ‿ – kein Päon; 5 Zeiteinheiten standen ja in keinem Verhältniss zu den vorausgehenden 4. Daher war zu theilen ‿ ‿ | – oder – | ‿ ‿. Die Alten theilten das δοχμιακὸν δωδεκάσημον nach der ersten Weise; denn Bakchius nennt den Päon einen παίων κατὰ βάσιν (S. 65), d. h. er begann ihn mit einem Niederschlag (βάσις), er nahm die Anfangssilbe demnach als betonten Tacttheil. Diese Bemerkung ist durchaus nicht überflüssig; denn es gab auch eine andere Theilung des δωδεκάσημον ‿ – | – ‿ | ‿ – | ‿ – ἴαμβος ἀπὸ βακχείου ἢ μέσος βακχεῖος und ‿ ‿ | – ‿ | ‿ – | ‿ – βακχεῖος ἀπὸ τροχαίου (Aristid. p. 37 f. M, 35 W). Hier erhält die vorletzte Länge keinen Niederschlag, denn sie wird mit dem vorhergehenden Daktylus zu einem βακχεῖος – ‿ ‿ –*) verbunden. Hiervon unterscheidet nun Bakchius sein δοχμιακόν, indem er mit der vorletzten Länge einen Fuss beginnt, von dem wir wissen, dass er in 3 + 2 χρόνοι, also hier nothwendig in einen Trochäus und eine zweizeitige Länge zerfällt. Das deutet schon darauf hin, dass wir eine katalektische trochäische Dipodie vor uns haben, und diese Vermuthung wird dadurch zur Gewissheit, dass in der That die fehlende Kürze am Schluss erscheint, im sogenannten hyperkatalektischen Glykoneion ‿ ‿ – ‿ ‿ – ‿ – ‿ – ‿. Durch das Zeugniss des Bakchius erhalten wir also die volle Gewähr dafür, dass die Formen

ἄρσεις ἐκ τριῶν χρόνων
‿ ‿ ‿ | – ‿ ‿ | – ‿ – δοχμιακὸν δωδεκάσημον
und ‿ ‿ ‿ | – ‿ ‿ | – ‿ – ‿ Γλυκώνειον "

identisch seien, dass die von ihm als δοχμιακόν bezeichnete Reihe am Schlusse eine Katalexis hat, und dass demgemäss zu messen ist

$$\begin{matrix} 3 & 3a & & 4 & 3 \\ ‿ & ‿\,| & – ‿ ‿ & ‿ – | & – \wedge \end{matrix}$$

Wir entfernen uns in der Ansetzung des Daktylus zu 3 Zeiten freilich von der antiken Anschauung; denn diese verlangt die

*) Dass die letzte Länge ohne Accent ist, sagt Aristides ausdrücklich p. 39 M., 38 W.: δόχμιος κατὰ βακχεῖον τὸν ἀπὸ τροχαίου (– ‿ ‿ –) ἐκ τροχαίου θέσεως καὶ ἰάμβου ἄρσεως.

Bezeichnung 4 ἄλογοι χρόνοι). Doch da unserer Tactgleichheit zu Liebe der Ansatz mit 3 χρόνοι üblich geworden ist, so habe ich nichts ändern wollen, da es auf eins herauskommt, ob ich mit 3 α oder 4 α die zwischen 3 und 4 liegende irrationale Zeitgrösse bezeichne. Unser Glykoneion als δοχμιακόν ist demgemäss von dem andern δωδεκάσημον scharf zu scheiden. Denn dieses enthält zwei sechszeitige Glieder ἐν γένει ἴσῳ ⏑ – – ⏑ | – ⏑ ⏑ – d. h. 2 umgebrochene oder synkopirte πόδες ἀσύνθετοι. Die Form mit dem irrationalen Daktylus kann, als dochmische, nur zwei ungleiche Glieder haben, d. h. dreizeitige ἄρσεις und zusammengesetzte neunzeitige θέσεις.

Die Bedenken, welche sich gegen die Verwandtschaft der beiden Dochmien und deren Entstehung erheben könnten, sind beseitigt. Die Erörterung der complicirten Verhältnisse gewährte uns aber zugleich einen Einblick in das Wesen der antiken Zeitmessung. So klar sie in den einfachen Tactarten erscheint, ebenso unklar wird sie in den gemischten. Denn bei ihrer Abhängigkeit von einer unvollkommenen Notirung vermag sie nicht das innerste Werden und Sein der rhythmischen Bewegung zu erfassen. Die an den einfachen Tacten gewonnenen Kategorien wendet sie äusserlich auf die zusammengesetzten, complicirten Bildungen an und geräth in ein mechanisches Formennetz, in welchem sie gefangen und befangen bleibt.

Es konnte bei der Anwendung von Tactstrichen keine Frage sein, dass dieselben, weil sie ja modernen Ursprungs sind, in moderner Weise zu benutzen seien, d. h. den Eintritt eines Accentes anzeigen sollten (S. 37). Vollkommen gleiche Zeitabtheilungen bezeichnen sie auch nicht immer in unserer Musik, und daher werden sie ohne Anstoss zur Abtheilung irrationaler und synkopirter Tacte dienen können z. B.

3 3α 3 3α
| ⏑ – | ⏑ – | ⏑ – | – – |

3 3 2 3 3 2
| ⏑ – | ⏑ – | – | ⏑ – | ⏑ – | – Λ*).

*) In vorliegender Form würden wir zwar den Tactstrich anders anwenden: | ⏑ – | ⏑ – | ⏑ – | ⏑ – | ⏑ ... aber die Analogie unseres Tactwechsels ³/₄ ²/₄ ♩♩♩ ♩♩ ♩♩♩ mag die kleine Inconsequenz entschuldigen, die in diesem Falle mit der antiken Theilung stimmt.

Eine Abweichung von dieser Theilungsart würde dem Auge, für welches ja alle Zeichen lediglich bestimmt sind, nur störend sein.

Auch in unserer Zeit ist wieder die Differenz zwischen rhythmischen Chorizonten und Symplekontes erwacht. Die Rhythmiker übten aber diesmal ihre Trennungsgelüste anfangs nicht auf Grund der alten Musik, sondern gingen von der Zeitmessung in der modernen Musik aus. Da letztere wesentliche Unterschiede gegenüber der alten aufweist, so mussten unsere Chorizonten, wie Voss, Apel, Meissner, in Irrthümer gerathen, welche so offenkundig wurden, dass sie schneller vergingen, als es sonst mit Irrlehren zu geschehen pflegt. Aber auch die Lehre der alten Chorizonten wurde wieder belebt, und zwar durch Böckh, als dieser einsah, dass die moderne Rhythmik keine vollkommene Anwendung in der alten Musik fand. Indessen weder Böckh, noch seine Nachfolger betrachteten sich selbst als Chorizonten, sondern strebten eine Vermischung von Rhythmik und Metrik an. Diese Vermischung unterscheidet sich von der durch die alten Symplekontes angestrebten dadurch, dass jetzt die Metra dem Rhythmus untergeordnet wurden, während die Symplekontes umgekehrt den Rhythmus vom Metrum abhängig machten. Auch die moderne Vereinigung der Metrik und Rhythmik, welcher nach Böckh besonders Rossbach, Westphal, Weil, H. Schmidt, Lehrs, wie es scheint, und Bergk anhangen, hat zu Verirrungen geführt. Wie nämlich die Metriker, die in der Rhythmopoeie durch Gesang und Tanz geschaffenen χρόνοι ἄλογοι verkannten, so verkennen die modernen Rhythmiker zu leicht die durch den Text allein geschaffenen χρόνοι ἄλογοι, nämlich die irrationalen Zeiten. Indem sie auch die irrationalen Silben den strictesten Gesetzen des Rhythmus unterordneten, gingen sie über die Grenzen der alten Theorie hinaus (s. unten S. 16—24).

Der Rhythmus ist vielmehr, wie der im Eingange unserer Erörterungen mitgetheilte Lehrsatz des Aristoxenus vorschreibt, abstract und selbständig als oberstes, ordnendes und formgebendes Zeitmass zu fassen. Das Metrum ist nach der seit Aristoxenus nothwendig gewordenen Beschränkung nur das Mass für die Silben, Worte und Wortreihen. Die Lehre vom Metrum soll demnach darthun, wie der sprachliche Stoff zu einem gemessenen geworden ist, und wie er sich zu seinem Masse verhält. Der sprachliche Stoff aber wurde gemessen, indem er den ordnenden Principien des Rhythmus unterstellt ward; die Metrik soll also zeigen, in welcher Weise sich die Bestandtheile der Sprache den rhythmischen Gesetzen unterordneten oder ihnen widerstrebten. Mithin muss die Metrik ebenso selbständig die sprachlichen Thatsachen feststellen, wie die Rhythmik ihre allgemein giltigen Gesetze der Zeitmessung und Bewegung formulirt. Der Metriker wendet diese Gesetze auf die Ergebnisse seiner Forschung an. Er wird nur dann die Wahrheit finden, wenn er das Silbenmass nicht dem Rhythmus, und den Rhythmus nicht dem Silbenmasse opfert, sondern unparteiisch untersucht, wo in den Silben die reinen Formen des Rhythmus zu Tage treten, wo nicht. Was der Künstler als ein einheitliches sprachlich-tonisches Werk in den von seinem Gefühle vorgeschriebenen rhythmischen Gesetzen schuf, muss vom Theoretiker, da die Ungunst der Zeit einen Theil des Ganzen zerstörte, in den Ueberresten so analysirt werden, dass die bildenden Elemente rein, ungetrübt und ungezwungen ans Licht treten. Dies erreichen wir bei Erforschung der antiken Poesie nur, wenn wir Chorizonten in der von Aristoxenus angebahnten Weise sind.

In dem einfachen Versbau derjenigen Poesien, welche sich von der Musik loszulösen vermochten und allmählich nur für die Recitation bestimmt wurden, ist die rhythmische Grundform so klar durch die Silbenfolge ausgedrückt, dass die Silbenmessung allein die rhythmische Anordnung unverkennbar angibt. Nur durch unmessbare, irrationale Silben ist hier die Grundform zuweilen verdeckt, jedoch so, dass sie nicht zerstört ist. Wo der Rhythmus seinen Ausdruck in dieser untrüglichen Weise gefunden hat, da decken sich die metrischen und rhythmischen Gesetze. Daher ist z. B. die Hermann'sche Behandlung der Metrik, in welcher der Rhythmus nur theoretisch, aber nicht praktisch eine Rolle spielt, fast überall zureichend in der Erklärung der lateinischen und der recitirenden Poesie bei den Griechen. Wo aber die Poesie Gesang und oft auch Orchestik mit den Worten zu einem harmonischen kunstvolleren Ganzen verband, da treten zu häufig eigenartige Zeitgrössen ein, welche durch die Silbenmessung allein nicht verständlich sind. Hier geben nach dem Verluste der musikalischen und orchestischen Bezeichnung nur die abstracten rhythmischen Gesetze Aufschluss. Wenn hier also die Silbenmessung die Zahl und Folge der Längen und Kürzen festgestellt hat, so bleibt die Frage zu lösen, wie sich die Silbenreihen den rhythmischen Grundformen fügen. Die Anwendung der rhythmischen Gesetze wird hier mehr oder minder sicher die vorhandenen χρόνοι *ῥυθμοποιοί* uns ergeben.

Da die Metrik nur lange und kurze Silben unterscheidet, so bedarf sie für ihre Notirung nur zweier Zeichen (⏑ und –). So lange wir uns auf dem Boden der Silbenmessung befinden, müssen auch uns diese Zeichen genügen; denn die Metrik an und für sich hat kein Mittel die verschiedene Dauer innerhalb der Längen und innerhalb der Kürzen zu bestimmen. Erst durch die Anwendung der abstracten Rhythmik können wir gedehnte und einfache Längen, messbare und unmessbare Silben unterscheiden und einige rhythmische Zeichen sind zur Unterscheidung vorhanden. Hier kann nun mit Recht die Frage aufgeworfen werden, ob wir die rhythmischen Zeichen, nämlich Dehnungsstriche und Pausen, in der Notirung von Silben anwenden dürfen? Die Alten thaten es nicht. Aber ursprünglich wendeten sie auch nicht die von den alten Metrikern adoptirten Zeichen ⏑, – auf die Texte, sondern auf die Tonreihen an. Alle Zeichen derart sind ihrer Entstehung nach rhythmisch, und das einfache Längenzeichen ist nur deshalb allein in die Metrik übergegangen, weil die Metrik nichts als Silbenmessung ist, und diese sich ausgebildet hatte, bevor die rhythmische Zeitmessung überhaupt erfunden war. Wir ziehen daher nur eine Consequenz, wenn wir auch die Zeichen der Zeitmessung auf die Texte anwenden. Zwar hat eine solche eigenmächtige Vervollständigung oder Weiterbildung der alten Bezeichnungsweise ein grosses Bedenken gegen sich: es entsteht dadurch äusserlich eine Vermischung der Metrik und Rhythmik, weil nun einmal die Dehnungsstriche und Pausen der musikalisch-rhythmischen Notirung angehören. Es ist daher von vorn herein festzuhalten, dass eine Notirung der Dehnungen und Pausen nicht mehr dem Wesen der Metrik angehört, sondern eine Anwendung der selbständigen Rhythmik auf den Sprachstoff ist.

Als kurze Bezeichnung für die Ergebnisse rhythmischer Gesetze in Bezug auf die metrisch feststehenden Silbenreihen sind die Dehnungsstriche und Pausen allerdings zu empfehlen. In diesem Sinne habe auch ich die entsprechende Bezeichnung angewendet. Als Grundlage ist in den folgenden Studien die Metrik mit ihrer sicheren Silbentrennung gewählt; doch überall habe ich gestrebt, durch Anwendung der abstracten rhythmischen Gesetze Bewegung und Leben in die Silbenreihen zu bringen.

Erster Abschnitt.

Allgemeine rhythmische Beobachtungen.

§ 1.

Recitirender und musikalischer Vortrag.

Man kann nicht sagen, dass die Rhythmik in den letzten Jahrzehnten von philologischen Forschern vernachlässigt worden sei. Warum ist dennoch die Einsicht in die Eigenthümlichkeiten des antiken Rhythmus so wenig unter den Fachgenossen verbreitet? Die Schwierigkeit des Gegenstandes, die allwaltende vis inertiae sind doch schwerlich zulängliche Gründe für eine ebenso allgemeine, als betrübende Erscheinung. Es herrscht zum Theil Apathie, welche bei einem Philologen, der mit dem Inhalte der antiken Dichtwerke sich begnügt, nicht minder verständlich ist, als bei vielen Musiktreibenden die Abneigung gegen Intervallenlehre u. dergl. Liest man hübsch die langen Silben etwas gedehnter, höher oder stärker als die kurzen, so ergibt sich ja ein leidliches Auf- und Niederschwanken im sprachlichen Tonfall, und auf diese Weise eignet sich wohl jeder Philologe, der nicht ganz von den Musen verlassen ist, eine gewisse Praxis des Recitirens an. Mancher kann singen, ohne sich um die kunstvollen Gesetze zu kümmern, welche in der Reihenfolge der Töne walten, und doch freut er sich seines Gesanges; warum sollte man sich nicht des Wohlklangs griechischer und lateinischer Verse freuen, auch wenn man sie nur praktisch recitiren gelernt hat und den rhythmischen Gesetzen nicht nachspürt? Macht ja die grosse Lesewelt es mit unseren deutschen Versen ebenso; selbst unsere Dichter denken und handeln meist nicht anders.

Daktylische Hexameter, iambische Trimeter und Horazische Strophen hat man bald soweit praktisch eingeübt, dass man sie richtig lesen, in manchen norddeutschen, französischen und englischen Schulen auch nachmachen kann. Das genügt für Schulzwecke. Sogar Lehrer, denen man

Einsicht nicht absprechen darf, behaupten, das sei schon zu viel: die Alten hätten doch ohne Zweifel die Silben nicht so herscandirt, wie unsere Schuljugend, die Recitation namentlich der gesammten lateinischen Poesie mit ihren Elisionen und Verschleifungen, aber auch der griechischen mit der obligaten Accentverdrehung sei so absurd, dass man sie besser ganz aufgebe. Ich selbst habe bei einem in vieler Hinsicht ausgezeichneten Lehrer gelernt, wie Horaz nicht etwa zu lesen, sondern zu erklären sei; denn nach dem Versmass lesen erschien ihm barbarisch. Zwar theile ich diese Ansicht nicht, doch verstehe ich es sehr wohl, weshalb ein fühlender Mann den Formalismus zu Boden wirft, wenn er ihm keinen Inhalt verleihen kann. Inhaltslos ist aber gewöhnlich die metrische schulmässige Doctrin; sie hängt dem Schüler, der sich an den Poesien des Alterthums erfreuen will, in ihrer stereotypen Fassung nur ein Bleigewicht an. Hat er eine geläufige Zunge, so wird er bald die unerlässliche praktische Uebung haben, aber wenn er seine Verse nach Füssen und Worteinschnitten zerlegen soll, so muss er sein Gedächtniss mit mancher bizarren Form beschweren, deren Sonderbarkeit nur durch die Unnatürlichkeit ihrer Vereinigung mit andern einfacheren Formen übertroffen wird. Doch dürfen wir nicht verkennen, dass in den Schulen nach und nach der Polyschematismus der älteren metrischen Figuren — denn nichts anderes ist es — überwunden wird, und dass im Ganzen sich wenigstens die Hermann'sche und Böckh'sche Lehre Eingang verschafft hat. Was nach und gegen die beiden Meister gedacht und geschrieben wurde, hat nur vereinzelt, meist durch pädagogische Heisssporne eine praktische Vertretung gefunden. Ob mit Nutzen, weiss ich nicht. Jedenfalls ist es schwierig, und bedarf grossen pädagogischen Tactes, auch nur die zur Lectüre des Horaz und Sophokles nothwendigen metrischen Erörterungen in der Schule mit Nutzen vorzutragen.

So wünschenswerth bei dem Schüler Einsicht in den rhythmischen Bau der daktylischen Hexameter und iambischen Trimeter ist, so bleibt doch eine ausschliesslich praktische Einübung, selbst ohne tiefere Erklärung, immer nützlich. Ich möchte sie mit der praktischen Uebung im Gesang oder in der Instrumentalmusik vergleichen, die ohne theoretische Kenntnisse einen Genuss verschafft. Zudem kann eine auf-

merksame Behandlung der antiken Recitation nahe kommen. Selbst die Horazischen Strophen rechne ich hierher, die gewiss nur zum kleinsten Theile im Alterthum gesungen wurden.

Auf eine praktische Einübung scheint es auch bei den Chorgesängen der Dramen abgesehen zu sein, welche in manchen deutschen Schulen gelesen werden. Diese Gesänge sind es vornehmlich, in denen die Hermann-Böckh'schen Theorien executirt werden; man ersieht dies aus den Schulausgaben, in welchen metrische Silbenzeichen mit und ohne Accente, selten aber ohne die unbekannte Grösse x über der sogenannten Basis beigedruckt sind. Gerade der unglücklichste Punkt in der von Hermann und Böckh ausgebildeten Logaödentheorie hat am meisten Anklang gefunden. Wer hat nicht schon in der Schule von einer Basis gehört? Und was denkt man sich nicht alles unter diesem chamäleonartigen Begriffe? Wie phantastisch, möchte ich sagen, ist schon der Name! Vom Auftact will ich hier schweigen, obgleich er das mit der Basis gemein zu haben scheint, dass, je weniger er in seinem Wesen verständlich ist, er desto mehr in den Köpfen spukt. Es geht in der That nichts bei uns Philologen über eine neue Nomenclatur; je mehr sie durch bestechende Analogien antike Eigenthümlichkeiten uns mundgerecht macht, verwischt oder modernisirt, desto sicherer ist sie ihres Erfolges.

Bei Schulprüfungen hört man wohl einmal eine lyrische Partie aus einem Sophokleischen Drama recitiren. Dass eine noch so sorgfältige Beobachtung der Längen und Kürzen schon eine wohlklingende Bewegung in die Sprachmasse brächte, kann nur ein von Vorurtheilen befangener Zuhörer behaupten. Ja es gibt gewisse Verse, die selbst so wohl klingen; es sind aber nur solche, welche sich auch zur blossen Recitation eignen, nämlich Anapäste, Daktylen, ungemischte Iamben und Trochäen. Schon die durch innere Katalexis unterbrochenen Iamben und Trochäen, namentlich wenn Auflösungen der einfachen Längen hinzutreten, sind für unsere Ohren unschön, oft widerwärtig. Ich weiss, dass dieser Ausspruch eine Ketzerei ist. Aber diejenigen, deren Ohren durch Hersagen langathmiger dochmischer und logaödischer Partien gemartert sind, werden, wenn sie ehrlich ihre Meinung sagen, zustimmen. Ich erinnere mich, an einem mittelrheinischen Gymnasium bei öffentlicher Schlussfeierlichkeit unter deutschen, französischen, englischen, hebräischen, lateinischen Stücken auch ein griechisches gehört zu haben, welches mir noch lebhaft in den Ohren tönt. Es waren Sophokleische Strophen von einem Einzelnen recitirt; die vorsichtige und exacte Dehnung der Längen und richtige Aussprache der Kürzen liessen ein sorgfältiges Einüben voraussetzen, das gewiss für den Lehrer mühseliger war, als für einen alten Chormeister die Einschulung eines ganzen Chors. Aber der Erfolg entsprach nicht der aufgewendeten Mühe. Denn die rhythmische Wirkung war unbedeutend, und der dem ernsten Inhalt angepasste langsame, feierliche Vortrag verlieh dem schönen Gesange eine unglaublich langweilige Monotonie.

Aehnlich werden sich wohl die meisten lyrischen Compositionen des Sophokles ausnehmen, wenn sie in der erwähnten Weise recitirt werden. Die logaödischen Reihen, aus welchen sie zum grossen Theile bestehen, eignen sich wegen der häufigen Unterdrückung von Kürzen, wegen der noch häufigeren irrationalen Messung von Spondeen durchaus nicht zur einfachen Recitation. Darüber ist gewiss Niemand im Unklaren, dass wir durch blosses Sprechen die Zeitverhältnisse der einzelnen Silben nicht so wiedergeben können, wie sie bei den Griechen unter Mithilfe der Melodie ihren Ausdruck fanden. Ist also eine jede Recitation der im Alterthume gesungenen Partien an sich schon illusorisch, so sollte man sie in den Schranken der Nothwendigkeit halten. Das heisst, man soll den metrischen Vortrag dieser Partien als das betrachten, was er nur sein kann, nämlich als eine formale Wiedergabe des in den Worten enthaltenen Rhythmus. Wenn man das für Silbengeklapper hält und lieber stark ausgeprägte Aeusserungen des Gefühls oder Gedankens in die Recitation legt, so versündigt man sich doppelt an der alten Dichtung. Denn erstens gibt man ihr den Charakter recitativischer Poesie, den sie nicht hatte, man versetzt sie geradezu in ein anderes Genre, man sucht durch den Sprechton das wiederzugeben, was der Dichtercomponist in die musikalische Tonfolge gelegt hatte. Da aber die Mittel der Recitation und der Musik so verschieden sind, so muss auch der vollendetste Vortrag sich von dem Original wesentlich entfernen, und zwar wird er den Intentionen des Dichters um so ferner ste-

hen, je selbständiger und geistvoller er ist. Eine Auflösung der im antiken Theater zusammenwirkenden Künste, der Musik und Orchestik, und eine Uebertragung einer ihrer Elemente, des Rhythmus, auf die unmusikalische Declamation ergibt nothwendig ein Zwitterbild, das dem Geiste des Alterthums widerspricht und ein gesundes Ohr nicht befriedigen kann. Zweitens muss aber eine rechte Declamation, welche die Mittel der Sprache zu den ihr eigenthümlichen Effecten ausbeutet, in stetigen Kampf mit der metrischen Form kommen. Denn während in der Recitation der logische Ausdruck vorwiegt, während sich auch in den zum unmusikalischen Vortrage gedichteten Versen der Wortaccent durch Tonhöhe neben der Silbenlänge geltend macht, ist im Gesange eine Verlegung der logisch hervortretenden Silben auf schwer betonte Tacttheile nicht durchzuführen. Die griechische Poesie hat wahrlich mehr, als ein moderner Musiker für möglich halten möchte, die Bedeutung einzelner Worte bei der musikalischen Composition berücksichtigt, — darüber gibt uns noch die rhythmische Form sichere Aufschlüsse —; aber den logischen Accent des Satzbaues hat sie in den rhythmischen Gliedern nicht, oder nur ausnahmsweise, zur Geltung bringen können. Man bedenke nur, wie häufig zu derselben Melodie verschiedene Texte in Strophe und Gegenstrophe gesungen werden mussten, um einzusehen, dass eine genaue Uebereinstimmung zwischen Inhalt und rhythmischer Form in der musikalischen Composition nicht überall gleich möglich war. Es ist wahrlich schon ein hoher Grad der Kunstübung in den Sophokleischen Compositionen erkennbar, wenn die Gegenstrophen nirgends ein auffallendes Missverhältniss zwischen Inhalt und Form zeigen. Dass in ihnen die Wortbedeutung einen so charakteristischen rhythmischen Ausdruck fände, wie es gewöhnlich in den Strophen geschieht, ist keineswegs immer der Fall. Wer Sinn für Einzelbeobachtungen hat, wird finden, dass Sophokles auf eine ausserordentlich feine Weise die Wortbedeutungen zu malen versteht, dass ihm aber auch in der antistrophischen Responsion Fesseln angelegt sind, die nicht immer seine kunstvolle Tonmalerei zum Ausdruck kommen lassen. Zum Beispiel lehrt eine eingehende Betrachtung des Metrums im Bakchuschore der *Antigone*, dass die Worte Βακχεῦ Βακχᾶν (1121) auf gedehnte Noten gesungen wurden, und es wäre Blindheit, die Absicht in der Vereinigung dieser schwerwichtigen Worte verkennen zu wollen. Was entspricht in der Gegenstrophe? Zwei unbedeutende Worte χλωρά τ' ἀετά (1133). Selbstverständlich hatte dieses rhythmische Glied ganz dieselbe musikalische Form und Bedeutung, wie das significante in der Strophe. Was macht aber die Recitation aus solcher Entsprechung? Sie muss sie aufheben, weil sie den Inhalt zur Richtschnur zu nehmen hat. Nicht überall ist der Abstand zwischen dem Inhalte strophischer und antistrophischer Verse so gross, zuweilen ist er auf beiden Seiten gleich prägnant, häufiger aber ist die Verschiedenheit zu stark, um nicht bei einem geistvollen recitirenden Vortrage die Responsion in ihr Gegentheil zu verkehren: es stellt sich dann ein lästiger Widerspruch zwischen Inhalt und Form heraus, welcher beim musikalischen Vortrag nicht fühlbar ist, weil die Melodie ihren Charakter vom Gesammtinhalte empfängt und nicht so, wie die Recitation, vom einzelnen Worte abhängt.

Es ist geradezu geschmacklos, Sophokleische Gesänge durch recitirenden Einzelvortrag dem gebildeten Publikum als rhythmische Kunstwerke vorzuführen. Es fallen oft auf lange Silben drei oder selbst vier Zeiteinheiten, die eine künstliche Aussprache vielleicht sogar richtig einhält, die aber keine innere Nothwendigkeit manifestiren, da das sie bestimmende musikalische Element abgestreift ist. Wer dergleichen für schön hält, mit dem ist nicht zu streiten. Leider müssen wir solche metrische Einzelvorträge innerhalb der Schule gestatten, weil es schwerlich ein anderes Mittel gibt, die Grundzüge des Rhythmus ohne viele Umstände dem Ohre annähernd vernehmbar zu machen. Aber für wahrhaft bildend an und für sich halte ich diese Vorträge nicht; sie sind eine Illusion, welcher noch dazu die schöne Form in geringem Grade zu statten kommt. Gesteht man aber die Illusion ein, und gibt man ihr eine formale Berechtigung, d. h. lässt die Compositionen nach passenden, eingesetzten Melodien singen, so dürfen sie sich auch kühn aus der Schule vor die ästhetische Kritik der Gebildeten wagen. Ein recitirender Vortrag dagegen ist eine unberechtigte Illusion, die entweder den Werth eines metronomischen tonlosen Tactschlagens oder einer unmetrischen geistvollen Declamation hat. Vermittlungen sind nach beiden Seiten nothwendig fehlerhaft.

Die einfach metronomische Recitation, welche allerdings das nothwendige Ergebniss einer streng metrischen Schulung ist, gewährt keinen Ersatz für die Mühe der Einübung, und daher wird es wohl kommen, dass die Metrik so wenig Anklang und Theilnahme unter den Philologen findet. Wir kehren also zu dem Ausgangspunkte unserer Beobachtungen zurück, indem wir behaupten, dass griechische Rhythmik und Metrik in ihrer formalen Anwendung, welche nur auf 'Lesen nach dem Versmaass' ausgeht, einer allgemeinen Verbreitung unter den philologischen Fachgenossen weder fähig noch werth ist.

Die Meisten stellen sich ruhig auf den Standpunkt, welcher ihnen durch die richtige Betrachtung Herder's angewiesen wird, dass was in Prosa Unsinn ist, es auch in Versen sein müsse. Sie behandeln die Gesänge des Sophokles nicht besser, als wenn sie prosaisch wären, erklären, emendiren sogar, da ja in den meisten Fällen bekannt ist oder durch die Responsion ausgerechnet werden kann, wie viel kurze oder lange Silben erforderlich sind. An innerem Werthe steht auch eine Einübung nach metrischen Schablonen durchaus nicht über der prosaischen Auffassung. So lange nicht die metrische Form nach ihren rhythmischen Grundgesetzen und in ihrem Verhältniss zum Inhalt der Poesien aufgefasst wird, ist sie nur ein 'klingendes Erz und eine tönende Schelle'. Sie regt keine Gedanken, nicht einmal bestimmte Gefühle an; sie ist also kein Bildungsmittel.

Aber, werden diejenigen Pädagogen und Metriker fragen, welche noch nicht aus Abscheu gegen die vorgebrachten Negationen das Buch bei Seite gelegt haben, weshalb überhaupt Metrik treiben, wenn sie so unfruchtbar ist?

Ich bleibe nicht bei der Negation stehen. Zunächst habe ich die gesammte recitirende Poesie, also die Epiker, die Dialoge und Anapäste des Drama's, einen Theil der Elegiker und die Epigramme, fast alle bukolischen Gedichte, wie fast alle Kunstpoesie nach Alexander d. Gr., endlich die ganze lateinische Dichterwelt nicht in meine Betrachtung gezogen. Denn was für den unmusikalischen Vortrag geschrieben oder nicht in nothwendiger Verbindung mit einer Melodie gedichtet ist, können wir gewiss ebenso gut recitiren, als die Alten. Verschiedenheit der Aussprache und etwaige Manieren bedingen ja keinen wesentlichen Unterschied. Unsere neuesten Metriker thun sogar Unrecht, die recitirende Poesie einseitig nach musikalisch-rhythmischen Gesichtspunkten zu behandeln. Obgleich es nämlich keiner Frage unterliegt, dass die Formen derselben ursprünglich mit der Musik in engster Verbindung standen, so haben sie doch seit ihrer Emancipation und durch dieselbe so wesentliche Eigenthümlichkeiten angenommen, dass die musikalische Rhythmik zu deren Erklärung nicht ausreicht. Hier gilt es, sorgfältige Einzelbeobachtungen anzustellen und das Ohr an Feinheiten zu gewöhnen, die unserer modernen Verskunst fremd sind. Hier gilt auch praktische Uebung in der Recitation, welche, ohne illusorisch zu werden, wahrhaft bildend auf Verstand und Gemüth wirkt.

Von den in Musik gesetzten Gedichten der Griechen lassen sich trotz dem Verluste der Melodien die einfacheren trochäischen und iambischen Compositionen, auch die elegischen Reste und was man auf Lesbos und Teos sang mit Genuss lesen und recitiren. Zwar bietet das Recitiren ein höchst unvollkommenes Bild des waltenden Rhythmus; aber bei der übersichtlichen Gruppirung der meist kurzen Glieder vernimmt das Ohr leicht die Wiederkehr regelmässiger Formen und setzt sich über die recitativisch unmotivirten Absonderlichkeiten des Anlauts und der Anaklasis weg. Solche Compositionen konnten denn auch von den nicht musikalischen Dichtern der alexandrinischen Zeit mit Erfolg nachgebildet werden.

Die Abgeschmacktheit recitirenden Vortrags beginnt erst, meines Erachtens, wenn wir Chorlieder oder die complicirten Einzelgesänge des Drama's mit rhythmischem und logischem Ausdrucke zugleich declamiren wollen. Wer gesprochene Dochmien, Iamben und Trochäen mit innerer Katalexis Päone schön findet, muss von Vorurtheilen befangen sein. Man wird sich nicht auf den Geschmack hervorragender Dichter und Kunstkenner, wie J. H. Voss, A. W. v. Humboldt, die Schlegel u. A. berufen wollen, welche am Vortrag alter Chorgesänge Gefallen fanden. Denn es ist bekannt, dass sie keine vollkommene Einsicht in den Rhythmus hatten, ihn moderni-

sirten durch Ausgleichung der einzelnen Tacte und somit allerdings ein hörbares und nach gewisser Geschmacksrichtung auch wohl schön zu nennendes Ganze erzielten. Vor einer nach dem jetzigen Stande rhythmischer Einsicht richtig durchgeführten Recitation würden sie wohl auch zurückgeschreckt sein. Als eine Art abstracten Tactirens lasse ich mir den gesprochenen Vortrag gefallen, wie sich ein Musiker auch laute Tactschläge gefallen lassen muss, wenn er eine Tonreihe nicht anders rhythmisch fügen kann. Ein solcher Vortrag unterstützt oft mit Erfolg das imaginäre Hören, welches bei der Lectüre der antiken Gesänge einzig zu richtigen Vorstellungen führt. Ausserdem ist jener Vortrag ein leichtes und das einzige Verständigungsmittel zwischen Lehrer und Lernenden. Mechanisch gelesen ist auch der in der richtigen Recitation hässlichste Vers, wie z. B.

ὑπὸ φρένας, ὑπὸ λοβόν (Eumen. 159)

unmittelbar seiner rhythmischen Geltung nach verständlich. Wenn wir also das richtige Lesen nicht entbehren können, so ist es doch nur Mittel zum Zweck und darf nicht, wie bei der recitirenden Poesie, Selbstzweck werden. Wo die einseitig abstracte Form keine Befriedigung gewährt, muss sie in ihrer Entstehung und Bedeutung nachgewiesen werden; was ihr an Selbstberechtigung abgeht, muss durch Betrachtung derjenigen Vorbedingungen ersetzt werden, durch welche sie ihre Berechtigung erhalten hatte. Dazu gibt es nur zwei Mittel, die in rechter Vereinigung einen vollkommen sicheren Weg führen. Das erste ist die *abstracte* Feststellung der rhythmischen Form, das zweite der Nachweis ihres organischen Zusammenhanges mit dem Inhalte der Poesien. Das erste liefert die Kategorien, das zweite bevölkert sie mit Gedanken.

Also nicht das Können ist Zweck der Metrik in ihrer Anwendung auf die chorischen und monodischen Gesänge grossen Stils, sondern das Wissen; nicht die Kunst des Vortrags hat hier eine Uebungsstätte, sondern Verstand und Gemüth finden abstracte Mittel der Bildung und reinen Genusses.

Das positive und praktische Resultat der vorstehenden Erörterung ist hierdurch bezeichnet. Die Feststellung der Form ist nur durch das Studium der antiken Theorie zu gewinnen; dafür haben die neueren Forschungen einen ebenso ausführlichen wie schlagenden Beweis geliefert. Die Anwendung der gewonnenen Einsicht zur Erklärung der Gesänge, zum Nachweis des nothwendigen Zusammenhanges zwischen Form und Inhalt ist noch in ihren Anfängen begriffen. Es gibt Phantasten, die sehr leicht Inhalt mit Form in Einklang zu bringen verstehen; und es setzt in der That eine ernste, methodische Zucht des Urtheils voraus, auf dem unsicheren Wege dieser Art von ästhetischer Kritik nicht irre zu gehen. Es verlocken zu sehr die Irrlichter subjectiver Empfindungen, und der Sumpf abenteuerlicher Willkür, zu welchem jene Irrlichter leiten, ist tief.

Es handelt sich nun aber darum, die dem musikalischen Vortrage gegenüber berechtigte Art metrischer Studien, welche wir eben definirt haben, wirklich lebendig zu machen. Das kann nur geschehen durch organische Aufnahme metrischer Erklärungen in die Textexegese. Nach kurzer Erörterung der leitenden Gesichtspunkte beim Beginne der Lectüre muss in Betreff der einzelnen Strophen Rechenschaft gegeben werden über die Bildung der Glieder, ihr Verhältniss zum Satzbau, die Stellung betonter und unbetonter Worte, die Vertheilung von Kürzen statt aufgelöster Längen, rhythmische Wirkung in der Declamation einzelner Worte, ferner über die Zusammengehörigkeit mehrerer Glieder, Perioden- und Strophenschlüsse. Das sind so concrete Untersuchungen, dass sie wohl ohne alles grosse Furcht vor den Irrlichtern unternommen werden können. Der Kernpunkt der Sache ist scharfe und wohlbewusste Fragestellung; ist nur immer eine ebenso scharfe und bewusste Antwort erzielt, so haben wir die Werkzeuge einer ästhetischen Kritik auf zuverlässige Weise erworben und können, sicher auf den Füssen stehend, allgemeine Endresultate erwarten.

Die Arbeit muss im Kleinen anfangen. Ich habe zunächst an den Gesängen der Antigone die Art meiner 'metrischen Erklärung' dargelegt (im letzten Abschnitte dieses Buches). Natürlich handelt es sich nur um eine Probe, die ausführlich begründet werden musste. Findet das Gewagte Anklang, so wird diese Art der Interpretation in entsprechend kurzer Form organisch den sogenannten fortlaufenden Commentaren einzuverleiben oder an Stelle der bisher üblichen Schablonen zu setzen sein.

§ 2.

Tact, Glied und Periode.

Der Vortragsweise ist nicht nur um ihrer selbst willen eine so ausführliche Erörterung zu Theil geworden, obwohl sie an sich schon eine solche verdient; vielmehr hilft uns ein richtiges Urtheil über sie auch eine für die Kritik und Erklärung des Sophokles sehr wichtige Frage beantworten. Man hat jederzeit dem eignen Ohre so viel zugetraut, dass es über den Wohlklang eines Verses entscheiden könne. Wer möchte seinem Gehör diese Fähigkeit absprechen lassen? Ich bin weit entfernt, einen so kühnen Angriff auf die Selbstschätzung und Selbstgenügsamkeit derer zu wagen, welche über den Wohlklang alter und neuer Verse zu urtheilen den Beruf fühlen. Aber ich getraue mir zu behaupten, dass wir den mannigfaltigsten Täuschungen ausgesetzt sind, wenn wir nach dem Klange der recitirenden Aussprache die rhythmische Wirkung von Versen kritisiren wollen, die nur für den Gesang gedichtet und componirt waren. Jedermann weiss, dass der melodische Ton nach Höhe und Tiefe, nach Länge und Kürze messbar ist und sich dadurch wesentlich von dem gesprochenen Laute unterscheidet. Rhythmische Erscheinungen erhalten in der Musik bestimmt abgegrenzte Form, deren Umrisse scharf erkennbar sind. Anders in der Sprache. Die Länge und Kürze der Silben ist eine unendlich mannigfaltige, und, wenn auch ein ordnendes Prinzip, nämlich die Gruppirung der Silben im Grössenverhältniss von 1 zu 2, hineingebracht wird, so tritt dennoch die Dauer der einzelnen Silbe als einer unwandelbaren Zeitgrösse nicht ins Bewusstsein, sie gewinnt keine scharfen Grenzen. In der Musik setzte schon das Zusammenwirken der menschlichen Stimme und des begleitenden Instrumentes der willkürlichen Ausdehnung einzelner Töne Schranken, die freilich nicht so bindend waren, wie die von der modernen Vielstimmigkeit nothwendig herbeigeführten. Aber das ist nicht alles. Die Worte haben einen bestimmten Accent, der durch die tonisch höhere Aussprache einer Silbe bedingt wird. In der gewöhnlichen Rede sind die Tonunterschiede, welche der Accent bewirkt, zwar gering, machen sich aber immerhin auch beim Vortrag der Verse geltend. Zwar wenn wir griechische Verse lesen, werden sie theils aus Bequemlichkeit, theils aus Unvermögen nicht berücksichtigt. Wir sind nur zu geneigt, sie mit den rhythmisch betonten Silben zusammenfallen zu lassen, wodurch eine grosse Einförmigkeit in die gewöhnliche Vortragsmanier gebracht wird. Natürlich hatte die Melodie ganz selbständige Tonunterschiede nach Höhe und Tiefe, welche weder durch den Wortaccent, noch durch die rhythmischen Schläge bedingt waren. Indem uns diese Wirkung des alten Gesanges entgeht, ist es nicht anders denkbar, als dass wir ein höchst unvollkommenes und oft fehlerhaftes Urtheil über die Verse uns nach bloss recitirendem Vortrage bilden werden.

Es leuchtet ein, dass unser Ohr unter solchen Umständen wenig befähigt ist, auch nur die rhythmische Wirkung zu fassen. Zwar ist die Abwechslung zwischen langen und kurzen Tönen durch die erhaltenen Texte gegeben; denn darüber ist alle Welt einig, dass das in den Silben ausgeprägte Metrum den Rhythmus der gesungenen Töne wiedergibt. Die kurze Silbe entspricht der kleinsten Zeiteinheit im Tacte (⏑), die lange gilt das Doppelte ([illegible]); nur dann lässt uns der Text im Stich, wenn eine lange Silbe zum Werthe von drei oder vier Zeiteinheiten gedehnt ist. Die alte Notirung hatte dafür besondere Zeichen, nämlich [illegible]; selbst die Dauer von fünf Zeiteinheiten konnte notirt werden [illegible], und wurde auch vermuthlich im ungeraden Tacte praktisch verwendet.

Hier fängt also die Combination an, wenn es gilt, diejenigen Silben zu finden, welche derartige Dehnungen erleiden. Zu diesem Behufe muss man den *Tact* kennen. Was ist aber Tact? Heutzutage bezeichnet man mit diesem Worte entweder abstract die regelmässige Wiederkehr der Accentschläge in einer Tonreihe, oder concret die von je zwei Hauptaccentschlägen abgegrenzten Töne selbst, so dass jeweils mit dem ersteren Hauptschlage der Tact beginnt und unmittelbar vor dem zweiten schliesst. Innerhalb eines solchen concreten Tactes können noch Nebenaccentschläge erfolgen. Sowohl im abstracten, wie im concreten Sinne hat jeder Rhythmus, der antike wie der moderne, Tact; der Tact gehört in beiderlei Bedeutung nothwendig zum Wesen des Rhythmus. Was den Namen anbetrifft, so bedeutet auch Tactus — ein in musikalischer Anwendung mittelalterlicher Ausdruck — nur einen

Anschlag (actio tangendi), als Zeichen eines Accenteintrittes. Dieser Bedeutung entspricht der antike Kunstausdruck ποῦς, pes, 'Fusstritt', d. i. ebenfalls ein Anschlag (des Fusses) beim Gesang und Tanz als Zeichen eines Accenteintrittes.*)

In unserer Musik ist weitaus das Vorherrschende, dass die jeweiligen Zeiträume zwischen den einzelnen Hauptaccentschlägen gleiche Dauer haben. Man bezeichnet das kurzweg, mit Benutzung der concreten Bedeutung des Wortes 'Tact', als *Tactgleichheit*. Die Tactgleichheit ist keine nothwendige Vorbedingung des Rhythmus; eine Abwechslung längerer und kürzerer Tonreihen innerhalb der Accentschläge wäre auch dem Ohre als rhythmisch vernehmbar, wenn sie auf einer höheren Ordnung beruht, wenn die kleineren Reihen sich den grösseren als verwandte oder ergänzende Theile anschliessen. So entsteht der berechtigte, wohlklingende Tactwechsel, der in der modernen Musik selten und mit bewusstem Effect angewendet wird.

Die Tactgleichheit ist einfacher, natürlicher und primitiver, als der Tactwechsel. Wir finden es daher erklärlich, dass auch die griechische Musik ihren Rhythmus auf Tactgleichheit basirt und den Wechsel zu besonderen Effecten aufspart. Trotzdem wir darüber kein Zeugniss aus dem Griechenthum selbst haben, ist dies Tactverhältniss dennoch sicher genug beglaubigt durch Angaben Cicero's und Quintilian's (de orat. 3 § 185 f. — instit. or. 9, 4 § 46 ff., erklärt von Westphal Metr. 2. Aufl. I 501 ff.). Die erhaltenen Texte von Gesängen zeugen direct weder für Tactgleichheit noch für das

*) Dass die unter den Philologen und Kunstkritikern übliche Uebersetzung 'Fuss' für ποῦς nicht passend sei, hat namentlich Westphal bemerkt. Derselbe hat auch die Identität der Begriffe 'Tact' und ποῦς dargethan (Metr. 2. Aufl. I 501). Ich habe, um Zweideutigkeiten zu vermeiden, ποῦς mit 'Fusstritt' übersetzt, weil ich glaube, dass das Wort nur in dieser Bedeutung auf die Tactirung angewendet werden konnte, und folglich mit den Bezeichnungen βάσις, percussio, ictus auf gleicher Linie steht. Als der einfachste und wohl älteste Kunstausdruck dieser Gattung hat ποῦς vermuthlich zuerst den Fusstritt, ictus, selbst, und dann, wie tactus, die von je einem Fusstritt begleitete Silben- oder Tonverbindung bezeichnet. Dass die Bedeutung 'Fusstritt' dem Worte eigentlich und schon in uralter Zeit zukommt, ersehen wir aus Homer, z. B. Il. [illegible] f. [illegible]. Auch wir Deutsche können in solcher Verbindung 'Fuss' statt 'Fusstritt' sagen. Es ist wünschenswerth, dass der Ausdruck 'Fuss' in unseren metrischen Lehrbüchern durch einen besseren, etwa 'Tact', wie bei Westphal und im Folgenden ersetzt werde.

Gegentheil: so lange man sich an sie einseitig hielt, konnte man pro und contra disputiren, wie denn auch nicht ohne Eifer geschehen ist. Grosse Schwierigkeiten für beide Parteien machten in der That jene Tacte, in welchen Spondeen, Daktylen und Anapäste statt der nach dem Gesammtrhythmus zu erwartenden Trochäen und Iamben eintreten. Die Gegner der Tactgleichheit mussten in solchen Tacten ein stetiges Unterbrechen des Rhythmus erblicken, während die Vertheidiger die Gleichheit durch Anwendung der von den Alten selbst überlieferten irrationalen Messung (χρόνοι ἄλογοι) herzustellen suchten. Man kann nicht leugnen, dass in beiden Richtungen nicht das rechte Mass eingehalten worden ist. Denn einerseits liess man den Tactwechsel zu stetigem und formlosem Umschlagen des Rhythmus ausarten, andererseits suchte man die Tactgleichheit durch die künstlichsten Zeitmessungen herzustellen.

Es versteht sich zunächst von selbst, dass bei der recitirenden Poesie von keiner absoluten Tactgleichheit die Rede sein kann. Wäre sie theoretisch vorhanden, so hätte sie praktisch keinen Werth. Denn die Sprache hat kein Mittel genauer Zeitmessung. Es genügt ihr ein allgemeines, in die Ohren fallendes Quantitätsprincip mit bestimmten rhythmischen Verhältnissen, wie bei den Alten, oder ein einfaches Accentuationsprincip, wie bei uns; manifestirt sich dieses vernehmbar, so ist der Zweck der gebundenen Rede erfüllt. In ihrer Ausbildung giebt es natürlich verschiedene Grade der Vollkommenheit. Das klassische Quantitätsprincip hatte das rhythmische Verhältniss von 1 zu 2 zwischen langen und kurzen Silben; wenn dieses vernehmlich in allen oder den hervortretenden Silben ausgedrückt war, so hatte die Poesie behufs des gesprochenen Vortrags ihren Zweck erreicht. Signifikante Stellen der recitativen Verse haben bei den Griechen stets den reinen Ausdruck der Tacttheile; dadurch wird dem Ganzen ein scharfes rhythmisches Gepräge aufgedrückt, welches in den secundären Stellen nachwirkt, auch wenn hier das Zeitverhältniss keinen bestimmten Ausdruck gefunden hat. Nirgends aber, auch nicht an untergeordneten Stellen, tritt ein directer Widerspruch gegen das Zeitverhältniss ein. Es ist eine unfruchtbare, willkürliche Pedanterie und wissenschaftliche Verirrung, wenn man gesprochene Verse nach gleichen

Tacten ausmisst und die Zeiteinheiten sogar bis in kleine Bruchtheile zerlegt. Viel besser, oder vielmehr einzig richtig handelt man, wenn man sich begnügt, zu wissen und das Ohr fühlen zu lassen, wo durch bestimmte Silbengrösse der Tact in rhythmischer Reinheit hervortritt, und wo indifferente oder irrationale Silben durch den Gesammtrhythmus eine Tactform aufgedrückt erhalten. Denn es ist unwiderleglich, dass die irrationalen Silben an sich indifferent sind und nur durch den überwiegenden Accent vorherrschender Nachbartacte in ein bestimmtes rhythmisches Verhältniss gedrängt werden. Sie drücken dieses Verhältniss natürlich nicht rein, sondern annähernd aus; ihre gegenseitige Zeitdauer kann nicht mit einfachen Zahlen bezeichnet werden, sondern ist „unberechenbar".

So lehren schon die alten Kunstausdrücke, und wir sollten uns dabei beruhigen. Aber die gesungenen Verse? Hier tritt vernünftigerweise die Frage ein, wie denn in der Musik, die ja alles messen *kann*, die Grösse des *ganzen* irrationalen Tactes und seiner *Theile* fixirt wurde. Die Musik hat zwei Möglichkeiten: entweder misst sie jedweden Tact in seiner *Gesammtdauer* gleich und arrangirt innerhalb desselben die Theile so gut es gehen mag, oder sie dehnt einzelne Tacte länger als die andern.

Im ersteren Falle können die Tacttheile nicht immer dieselben bleiben, sie müssen theilweise Modificationen erleiden. Wo sich die *Zeitverhältnisse* beibehalten lassen, ändert sich die *Zeitdauer* einzelner Theile nach bestimmtem Masse; werden die *Zeitverhältnisse* aufgehoben, so kann die *Zeitdauer* willkürliche Aenderungen erleiden. Dies lässt sich an folgendem Schema vergegenwärtigen.

Mit Beobachtung der Zeitverhältnisse:

Mit Aufhebung der Zeitverhältnisse:

(vgl. Apel Metr. I 403.)

Auch andere Modificationen wären möglich. Diejenigen, welche glaubten, dass es ihnen zustände, die Rhythmik der Griechen nach modernem Gefühl zu regeln, konnten wahrlich sehr leicht und angenehm die alten Verse in unsere Notenschrift umsetzen.*)

Doch es ist vielleicht unbillig, über diese Manier, die alte Verskunst zu handhaben, jetzt noch viele Worte zu machen; die mehrfach ausgesprochene Verdammung derselben hat fast allgemeine Billigung gefunden. Indessen ist es nicht unnütz, an jene Modernisirung zu erinnern, da eine versteckte Zustimmung, eine Halbheit zwischen antiker Versmessung und moderner Tactirung neuerdings um sich zu greifen droht. Selbst Westphal ist nicht ganz frei davon, so entschieden er auch die Ausschreitung unserer Musikmeister auf dem Felde der alten Metrik zurückweist (Metr. I 242). Wo die antike Ueberlieferung nicht verständlich oder mangelhaft ist, wie bei Dochmien und Logaöden, da muss noch immer die moderne Tactschrift aushelfen.

Aber im Princip ist wenigstens das einzig Richtige von Rombach und Westphal angenommen und im Grossen durchgeführt worden, dass nämlich unser Tactgefühl zurückstehen muss gegen die antike Ueberlieferung. Wenn auch die gewonnenen Resultate in manchen Einzelheiten der Berichtigung bedürfen, so erweist sich doch dieser Grundgedanke in einem Masse fruchtbar, dass die absprechenden oder spöttelnden Bemerkungen einiger Sonderlinge nicht mehr in Betracht kommen. Die antike Ueberlieferung ist es nun auch, welche gegen die Ausgleichung aller Tacte spricht, welche für die irrationalen eine andere Dauer anzunehmen gebietet, als für die rein gemessenen. Aristoxenus sagt (p. 293 Mor. 10 Westph.): 'Jeder Tact ist bestimmt durch eine Messung oder eine solche Verhältnisslosigkeit, welche zwischen zwei deutlich vernehmbaren Messungen in der Mitte liegt. Das lässt sich dann klar machen, wenn man zwei Tacte nimmt, von denen der eine Aufschlag und Niederschlag gleich gross, und zwar beide zweizeitig, der andere einen zweizeitigen Niederschlag und einen halb so grossen Aufschlag hat, und wenn nun ein dritter Tact hinzugenommen wird, dessen Niederschlag dem der beiden früheren gleich ist, dessen Aufschlag aber der Dauer nach in der Mitte zwischen jenen beiden Aufschlägen liegt. In einem solchen Tacte steht der Niederschlag dem Aufschlage als unverhältnissmässig gegenüber; die Unverhältnissmässigkeit liegt aber in der Mitte zwischen zwei deutlich vernehmbaren Messungen, von denen die eine das Verhältniss von 2 zu 2, die andere das von 2 zu 1 hat. Ein solcher Tact heisst verhältnissloser Choreus'. Die Länge des indifferenten oder verhältnisslosen, unmessbaren Tacttheils ist also auf alle Fälle grösser als die Zeiteinheit, und demnach überschreitet der Tact, in welchem ein solcher Theil vorkommt, nothwendig die Zeitdauer eines rein gemessenen Tactes. Also ist die absolut gleiche Zeitdauer jedweden Tactes in allen den Compositionen der Griechen, in denen irrationale Tacte nachweisbar sind, nicht vorhanden. Unsere Tactgleichheit findet auf sie keine Anwendung.

Wir sind zur zweiten musikalischen Möglichkeit getrieben. *Die hellenischen Musiker konnten einen Tact um ein unmessbares Zeittheilchen länger, als den andern dehnen, ihre Tactgleichheit war eine bedingte.* Es trat in einzelnen Tacten dadurch eine Verzögerung oder ein längeres Anhalten ein, dass eine lange oder zwei kurze Silben an Stelle einer einzigen Kürze verwendet wurden, jedoch so, dass die Zeitdauer der Einzel-

*) So könnte z. B. der iambische Trimeter nach dem Vorgange von Voss und Apel im 3/8- oder 6/8-Tact, nach neuester Metrik auch im 3/4-Tact notirt werden. Tritt keine Auflösung von Längen ein, so lässt sich vermittels eines Auftacts der Vers bequem:

οὐ γάρ τι καλὸς χῶρος, οὐδ' ἐ - φί - με - ρος
οὐδ' ἐ-ρα-τός, οἷος ἀμ-φὶ Σί-ριος ῥο - άς (Archil.)

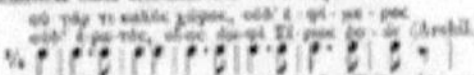

Aber schon die Auflösung eines Iambus in den Tribrachys macht Schwierigkeit und fügt sich ungezwungen nur dem 3/4-Tacte:

Die künstlicheren Metra der Chorgesänge machen eher weniger, als mehr Schwierigkeiten, wenn wir sie in die Bande moderner Tactgleichheit schlagen (Meissner im Philologus V 88).

kürze zwar etwas überschritten, aber doch das Doppelte dieser Zeitdauer nicht erreicht wurde. Bezeichnet man die Dauer der Einzelkürze (die Zeiteinheit) durch die Zahl 1, so währte der irrationale Tacttheil mehr als 1, und weniger als 2; traf der Sänger oder Musiker gerade die Mitte, so währte er 1½ Zeiteinheiten. Aber das Ohr vermag solche Zwischenzeiten, wie 1½, nur annähernd zu ermessen, streng genommen sind sie „unmessbar, verhältnisslos" (irrationabiles, ἄλογοι); zwischen 1⅓, 1⅖, 1⁵⁄₇, 1⁴⁄₉, 1⁵⁄₉, 1⅘, 1⅝, d. h. zwischen kleineren Schwankungen lässt sich nicht mehr entscheiden. Man begnügt sich zu sagen, dass die unfassbare Zeitgrösse zwischen den zwei nächsten fassbaren liege: ἔσται δ' ἡ ἀλογία μεταξὺ δύο λόγων γνωρίμων τῇ αἰσθήσει, τοῦ τε ἴσου καὶ τοῦ διπλασίου. Wenn demnach Westphal den irrationalen Choreus in das Verhältniss 2 + 1½ bringt (Metr. I 626), so kann man sich das als Form gefallen lassen; der antiken Anschauung und noch mehr der Praxis wird man näher kommen, wenn man die mathematische Berechnung bei Seite lässt und die ungefähre Mitte zwischen 1 und 2 annimmt. Denn wenn der irrationale Tacttheil scharf zu fassen gewesen wäre, so würde er weder als verhältnisslos bezeichnet worden sein, noch würde Aristoxenus eine so schwerfällige Umschreibung haben suchen müssen (vgl. S. 294 f. M. 11 W.), da ja die Bezeichnung τριημιχρόνιον nahe lag, noch endlich würde die scharfe Consequenz dieses Theoretikers bei der Zeiteinheit stehen geblieben, sie würde auf Bruchtheile, wenigstens auf eine Halbheit (unser ¹⁄₁₆, etwa mit der Benennung ἡμιχρόνιον) zurückgegangen sein. Endlich lassen sich auch nicht alle irrationalen Tacttheile, wenn wir rechnen, auf dasselbe Princip zurückführen. Denn während der ποὺς ἄλογος die rationale Zeitdauer überragt, soll der kyklische Anapäst und Daktylus rationale Dauer im Ganzen, irrationale in den Theilen haben. Hier besteht also die ἀλογία nothwendig in Verkürzung einzelner Tacttheile. Man kann sich das durch verschiedene Berechnung vergegenwärtigen, mehr für die Augen als für die Ohren.

Es ist demnach ebenso für die gesungenen, wie für die gesprochenen Verse eine Spielerei oder Verirrung, da zu messen, wo die Alten nicht gemessen haben, wo die Alten sogar ihr Unvermögen zu messen offen genug bekunden. Wir müssen es als einen tiefgreifenden Unterschied moderner und antiker Musik hinnehmen, dass im Alterthum die Vocalmusik ihre Fähigkeit zu messen nicht überall hin ausgedehnt hat, dass sie unbestimmte Zeitgrössen duldete, die unser musikalisch-rhythmisches Gefühl nicht erträgt.*) Erklärlich ist ein solcher Standpunkt der Musik, welcher uns zu frei erscheint, um als vollkommen gelten zu können: der einstimmige Gesang, auch von mehreren ausgeführt, und die einfache Begleitung durch wenige Instrumente lassen bei einiger Uebung solche unbestimmte Tacttheile ohne Störung eintreten, die rhythmische Bewegung wird durch sie einigermassen gelockert und der gewöhnlichen Sprache näher gebracht. Daher schrieben die Griechen jenen unter den Iamben und Trochäen eintretenden Spondeen eine weichere, erschlaffende Wirkung zu. Anders war das Gefühl der Römer und ist unser Gefühl; denn wir und die Römer glauben einen Nachdruck und grössere Gravität in den Spondeen zu vernehmen (Westphal Metr. I 631).

*) Dass die Musik die irrationalen Tacte messen konnte, ist wahrscheinlich, wenigstens wäre ein regelmässiges Eintreten von 1½ Zeiteinheiten für uns fassbar. Aber eine genaue Fixirung entspricht nicht dem antiken Gefühl. Wenn demnach Westphal einen Trimeter so notirt (Metr. I 629):

so ist das als beispielsweise Messung anzunehmen; in ihrer Genauigkeit ist sie modern. In der Geschichte der Musik wird der irrationale Tact der Griechen als ein unvollkommener Ansatz zur Drei- und Viertheilung betrachtet werden müssen. Es herrscht bei den Griechen die Zweitheilung als oberstes Princip ‿ ‿ ‿ ‿; eine Länge kann nach unserer Musik auch in drei, vier und mehr Theile zerlegt werden 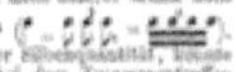. Die griechische Vocalmusik, abhängig von der Silbenquantität, konnte so kleine Theile nicht bilden; sie half sich bei dem Zusammentreffen von mehr als zwei Zeiteinheiten auf eine Länge mit einer annähernden Theilung, welche von der regelmässigen Zweitheilung abwich, aber auch die kleineren Zeittheile der Drei- und Viertheilung nicht klar zum Ausdruck bringen konnte, weil das Rhythmizomenon, die Silben, widerstrebte. Dieser unvollkommene Zustand wird ganz passend als Unmessbarkeit bezeichnet. Unsere klare Dreitheilung

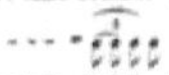

oder Vier- und Dreitheilung 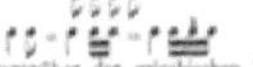

ist ein grosser Fortschritt gegenüber der griechischen Unmessbarkeit. Man darf den unvollkommenen Zustand antiker Vocalmusik nicht mit Gewalt auf die Höhe einer vom Gesang vollständig emancipirten modernen Tonkunst schrauben wollen.

Darin stehen die gesungenen und gesprochenen Verse auf gleicher Linie, dass die irrationalen Tacttheile nicht mit dem Metronom zu fixiren, sondern nach dem rhythmischen Gefühl nur annähernd bestimmbar sind. Diese erscheinen also auch in der Musik an sich als indifferent und werden durch den überwiegenden Accent der bestimmenden Nachbartacte in einen präcisen Rhythmus hineingezwängt (S. 17). Bei einer uns so fremdartigen Rhythmisirung täuscht sich unser Ohr sehr leicht, und daher ist es eben nothwendig, wie gesagt, die „Tactart" oder, wie es man genauer zu bezeichnen wäre, die Tacteigenart zu kennen, wenn man die Dauer der Längen in rhythmischen Reihen zu bestimmen gedenkt. Uns erscheinen irrationale Längen störend, und wir sind zu geneigt, ihnen bestimmtere Dauer zu geben; daher unter den neuesten Metrikern ein Streben vorwaltet, das Zusammentreffen mehrerer Längen sogar durch Dehnung in messbare Tacte auszugleichen. So musste es der hinkende Trimeter erfahren, dass seine Grösse zu einer neunzehnzeitigen erhoben wurde, von der die Alten behauptet haben würden, dass sie alles Rhythmus' bar sei. Man konnte sich bei der irrationalen Länge des letzten Tactes nicht beruhigen — die Alten würden sie als sehr passend für den skeptischen Vers seiner bequemen Nachlässigkeit wegen bezeichnet haben —; H. Schmidt misst also (Leitfaden in der Rhythmik und Metrik S. 39):

[illegible]

[illegible]

Westphal ist consequenter; denn er nennt den Verschluss geradezu unrhythmisch.

In ähnlicher Weise wird von den Neueren gedehnt, so oft es beliebt, ohne dass der antike Tact gebührende Berücksichtigung findet. Unter Berücksichtigung des Tactes verstehe ich aber ein Abwägen der *rhythmischen* Geltung, welche den einzelnen Silben zukommt. Kraft ihrer metrischen Dauer widerstreben nämlich die irrationalen Silben einer festen Rhythmisirung, dieses Widerstreben wird gebrochen durch den benachbarten Hauptaccent. Will man nun die rhythmische Geltung einer Silbe abwägen, so ist zuerst der dominirende Hauptictus aufzusuchen, die Ausdehnung seiner Kraft abzumessen, wodurch festgestellt wird, ob und auf wie viele irrationale Silben er einen rhythmischen Druck ausüben kann.

Sind mehr Längen vorhanden, als durch den Hauptictus beherrscht werden, so sind nicht alle irrational; zum Theil werden sie selbständige zwei- oder mehrzeitige Dauer haben. Wenden wir diesen in der Natur des Rhythmus beruhenden Grundsatz z. B. auf die Hinkiamben an, so ist es zweifellos, dass die letzte irrationale Länge durch den Tactictus getragen wird. Man mag die Niederschläge auf den ersten oder zweiten Jambus der Dipodie legen, immerhin fällt ein Niederschlag unmittelbar neben jene Länge und drückt ihr eine rhythmische Form auf.

Es ergibt sich aus dieser Erörterung, welche ausführlicher sein musste, weil eine zu grosse Unklarheit über die verhältnisslosen Tacte besteht, folgendes Resultat. *Die Irrationalität besteht in einer Unbestimmtheit einzelner Silben oder Tacttheile, welche sich dadurch äussert, dass diese Silben oder Tacttheile die ihnen nach strenger Messung zukommende Zeitdauer um ein weniges überschreiten oder nicht ganz ausfüllen, ohne jedoch um ein ganzes messbares Zeittheilchen, eine Zeiteinheit, zu differiren. Demnach ist die irrationale Silbe nicht durch mathematische Abmessung zu fixiren, sondern nur annähernd zu schätzen, indem man die nächst grössere und die nächst kleinere Zeitdauer als die nicht ganz erreichten zeitlichen Grenzen beobachtet. Diese metrische Indifferenz entzieht den Silben an sich die Fähigkeit einer rhythmischen Wirkung; letztere wird ihnen dagegen durch den Druck des nächsten Hauptictus wiedergegeben. Die Abmessung der irrationalen Tacte auf Bruchtheile ist eine Spielerei oder formale Tüftelei, ohne praktischen Werth, da die Aussprache und der gesangliche Vortrag solcher Silben auf einer nur vom rhythmischen Gefühl in bestimmten Grenzen gehaltenen Lässigkeit beruht.**) *Die Möglichkeit dieser gegen den Rhythmus verstossenden Lässigkeit liegt in der Gewalt der rhythmischen Accente, welche auch in der unklaren, indifferenten Form das Bewegungsprincip zum Ausdruck bringen.*

*) Man darf daher die irrationalen Spondeen nicht einmal mit unserem Ritardando vergleichen; denn das Ritardando ist eine künstliche, willkürliche Zögerung, die Irrationalität ist eine auf die natürliche Silbenlänge mit Nothwendigkeit basirte und durch die Declamation erforderte Zögerung, welche nicht die Wirkung eines Effectmittels haben kann. Uebrigens ist man neuerdings in Betreff der irrationalen Daktylen zu der Messung Apels theilweise zurückgekehrt, indem man

Es kommt also alles darauf an, den Sitz der rhythmischen Accente zu finden, und hierin hilft uns unser eigenes Gefühl gar nicht aus. Dies lässt sich beweisen. Z. B. die Worte

[illegible]

kann man auf verschiedene Weise accentuiren:

[illegible] Dipodie und Tripodie
[illegible] Basis und 2 Dipodien
[illegible] Trimeter

Wer getraut sich, die richtige Abtheilung durch sein Ohr bestimmen zu lassen? Welcher von den zwei Accenten bildet den Hauptschlag? Wenn uns die alte Theorie keinen Aufschluss gibt — unser Ohr weiss keine befriedigende Antwort auf solche Fragen. Die Antwort liegt in der antiken Tactlehre. Der einzelne Daktylus und Anapäst kann seinen selbständigen Niederschlag haben, dann bildet er einen πούς, einen Tact. Ebenso reicht der Päon für einen Tact aus. Der einzelne Iambus und Trochäus, sowie der unter Iamben oder Trochäen gemischte irrationale Spondeus, Daktylus oder Anapäst hat keinen selbständigen Niederschlag, er wird seiner Kürze wegen je zweimal oder dreimal gesetzt und einem Hauptniederschlag untergeordnet. Nur theoretisch konnte man den einfachen Iambus und Trochäus auch als πούς, Tact, bezeichnen, da er einzelgenommen aus einem Nieder- und Aufschlag bestehen würde; aber einzeln kommt er so gut wie gar nicht vor, denn iambische Interjectionen, welche allein stehen, wie ἰὼ, ἰού, οἰοῖ, sind wohl immer über die Dauer von drei Zeiteinheiten hinausgedehnt. Der Einzeliambus und Einzeltrochäus liegt theoretisch der Nomenclatur der Tacte zu Grunde, indem man den sechszeitigen Tact ([illegible] und [illegible]) als Dipodie, den neunzeitigen ([illegible] und [illegible]) als Tripodie bezeichnet.

Die antike Theorie weicht in der Betrachtungsweise also durchweg von der modernen ab. Erstens zählen wir alle Zeiteinheiten und lassen ihr Einzelerscheinen als das Regelmässige gelten. Die Alten, indem sie ursprünglich, d. h. vor Aristoxenus, von der Silbe als Mass ausgingen, zerlegten den Tact zwar in so viel Zeittheile als durch Silben dargestellt wurden, berechneten aber die in einer Silbe enthaltenen Zeiteinheiten zusammen als je ein Ganzes. Daher die Nomenclatur des „gleichen", „doppelten", „anderthalben" Zeitverhältnisses in den Tacten (ποὺς ἐν λόγῳ ἴσῳ oder δακτυλικός [illegible] 2 + 2, ποὺς ἐν λόγῳ διπλασίῳ [illegible] 2 + 1, ποὺς ἐν λόγῳ ἡμιολίῳ [illegible] (3 : 2 + 3)). Zweitens aber führen wir die Zahl der Zeiteinheiten in einem Tacte nur bis auf 12; vereinigen sich mehr Zeiteinheiten zu einem Ganzen, so vertheilen wir sie in mehrere kleinere Tacte und fassen das Ganze unter dem Begriffe eines „Satzes" zusammen. Die Alten dagegen konnten mehr als das Doppelte von Zeiteinheiten zu einem Tacte vereinigen, den sie „zusammengesetzt" (σύνθετος) nennen. Es ist nämlich kein formaler Unterschied, ob wir z. B. die fünfundzwanzig Zeiten des päonischen zusammengesetzten Tactes als ein Ganzes betrachten oder in fünf Tacte zerlegen, wie ein moderner Musiker thun würde. Jenes fünfundzwanzigzeitige Ganze hat einen Hauptniederschlag, welcher durch einen Nebenschlag und zwei Aufschläge unterstützt wird. Dadurch ist die einheitliche Wirkung gewahrt, welche bei unseren Satzbildungen verloren geht. Das können wir uns vergegenwärtigen, wenn wir einen $^{12}/_{8}$-Tact mit einem aus vier $^{3}/_{8}$-Tacten gebildeten Satze vergleichen. Ebenso können wir es uns vergegenwärtigen an den Verbindungen kleinerer Tactgruppen, z. B. zweier selbständiger Tripodien in den griechischen Gesängen, im Vergleich mit einer Hexapodie. In der Praxis der griechischen Musik finden sich folgende Tactbildungen (vgl. Westphal I 546 ff.).

nach der Angabe des Dionys (de comp. verb. 17) der Länge etwas abgezogen, sie und die erste Kürze irrational genommen hat:

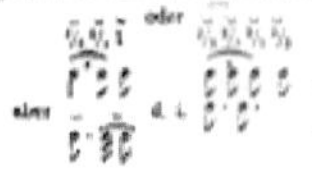

Westphal I 640 f.
641. 642.
Apel II 403.

I. Grösse, die in unserer Musik auch vorkommt:

πόδες ἁπλοῖ	πόδες σύνθετοι
	ἐν λόγῳ ἴσῳ
$^{3}/_{8}$ [illegible]	$^{3}/_{4}$ [illegible]
	$^{6}/_{8}$ [illegible]
	$^{12}/_{8}$ [illegible]
	$^{6}/_{4}$ [illegible]

ἐν λόγῳ διπλασίῳ

$^{6}/_{4}$ [illegible] $^{9}/_{4}$ [illegible]

$^{12}/_{4}$ [illegible]

ἐν λόγῳ ἡμιολίῳ

$^{5}/_{8}$ [illegible] $^{5}/_{4}$ [illegible]

II. Der modernen Musik fremd:

πόδες σύνθετοι

ἐν λόγῳ ἴσῳ

[illegible] (zwei $^{2}/_{4}$-Tacte)

[illegible] (zwei $^{4}/_{4}$-Tacte)

ἐν λόγῳ διπλασίῳ

[illegible] (drei $^{3}/_{4}$ Tacte)

[illegible] (drei $^{3}/_{8}$-Tacte)

[illegible] (drei $^{3}/_{4}$-Tacte)

ἐν λόγῳ ἡμιολίῳ

[illegible] (fünf $^{5}/_{8}$-Tacte)

[illegible] (drei $^{5}/_{4}$-Tacte)

[illegible] (fünf $^{5}/_{4}$-Tacte)

Man sieht aus der Grösse der zusammengesetzten Tacte, dass den Griechen, wenigstens nach der Lehre des Aristoxenus, noch ein πούς war, was bei uns nur ein „Satz" oder eine „Reihe" sein kann. Nahe dieser modernen Bezeichnung kommt der den alten Metrikern geläufige Name des πούς σύνθετος. Sie sagen dafür κῶλον „*Glied*" sehr passend; denn ein „Glied" ist in sich ein Ganzes, aber doch nichts Selbständiges, erst mit andern Gliedern zusammengesetzt kann es existiren. Ebenso ist der zusammengesetzte Fuss für sich nicht selbständig; er ist in der That nur ein Glied, welches mit andern Gliedern vereinigt werden muss, um bestehen zu können. Wie bei uns zwei oder mehr Sätze, so bilden bei den Griechen zwei oder mehr Glieder eine *Periode*.

Als das charakteristische für den zusammengesetzten Tact, den wir im Folgenden mit den Metrikern *Glied* nennen, ist hervorgehoben worden, dass er durch einen *Hauptictus* beherrscht wird. Darin liegt zugleich die Nothwendigkeit angedeutet, weshalb ein Glied für sich nicht bestehen kann. *Ein* Hauptictus befriedigt nicht, das Ohr verlangt die Wiederkehr eines gleichstarken oder den Eintritt noch eines schweren Ictus; erst durch den Gegenschlag wird die Wirkung des Schlages aufgelöst. Demnach vereinigen sich mindestens zwei, es können aber die Schläge öfter wiederholt werden. Um zwei schwere Accentschläge zu tragen, müssen mindestens fünf Hebungen vorhanden sein; denn in vieren ist nur ein schwerer und ein leichter Schlag möglich. Daher beginnt mit dem fünftactigen Gliede die Selbständigkeit desselben; das fünf- und sechstactige Glied (sowie die achtzehnzeitige ionische Tripodie) befriedigt und kann daher als Ganzes, als *Periode* betrachtet werden, es ist eine eingliedrige Periode. Unter Periode verstehen nämlich die Alten, wie die Neueren, eine Verbindung von mindestens so vielen Tacten, als nöthig sind, um einem in sich abgeschlossenen melodischen Satz einen rhythmisch befriedigenden Ausdruck zu geben. Zu diesem Zwecke werden meist mehrere Glieder zu einer Periode vereinigt. Die Griechen nannten *eine* Periode, welche aus einem oder zwei Gliedern mit höchstens 32 Zeiteinheiten besteht, μέτρον, oder, weil sie in *eine* Zeile geschrieben werden kann, στίχος, die Lateiner aus demselben Grunde *versus*; finden sich mehr Zeiteinheiten in einer Periode, so ist sie „übermässig" ὑπέρμετρος (Heph. 38 G. geradezu *Hypermetron* genannt von Westphal Metr. I 660 ff. II 6 ff.). Aeusserlich zeichnet sich die Periode, sowohl die ein- und zweigliedrige (der Vers), als die vielgliedrige, dadurch gegenüber dem Einzelgliede aus, dass sie mit vollem Worte schliesst, eine indifferente Schlusssilbe und Hiatus zulässt. Die Zahl der zu einer Periode vereinigten Glieder ist in die Willkür des Dichters gelegt; eine regelmässige Wiederkehr von Schlägen ist rhythmisch und kann ins Unendliche fortgesetzt werden. Die Musik hat hier freilich engere Grenzen, als die Recitation. Denn eine Periode muss dort in einen melodischen Satz gefasst werden, der begrenzt ist, wenn er verständlich sein soll, und der nicht zu oft wiederkehren darf. Die Recitation ist frei von solchen Banden und kann hunderte von Perioden, wie z. B. daktylische Hexameter sind, auf einanderfolgen lassen.

Auch hier sehen wir, wie gerathen es ist, dem Ohre in

gesungenen Versen zu misstrauen. Die Periodisirung, bestimmt durch die Melodie, ist uns durch den Rhythmus nur da angezeigt, wo abgeschlossene Formen sich durch Wiederholung abheben. Wo aber die Glieder in ihrer Form ohne Wiederkehr wechseln, da ist uns die Periodisirung verloren, da müssen wir äussere Mittel (die Beobachtung des Hiatus, der unbestimmten Schlusssilbe) anwenden, um sie wiederzufinden.

§ 3.
Die Eurythmie.

Als ein Mittel, die Perioden und ihre Glieder aufzufinden, wird die Eurythmie betrachtet. Unter Eurythmie verstehen wir das Ebenmass in den rhythmischen Gliedern und den aus Gliedern gefügten Perioden. Dieses Ebenmass beruht darauf, dass sich eine gleiche oder wohl proportionirte Zahl von Tacten gegenübersteht.

Die Form der Gegenüberstellung ist mannichfach. Es folgen entweder gleiche oder ungleiche Tactgruppen unmittelbar aufeinander. Bestehen alle Glieder aus gleich viel Tacten, so bilden sich stichische Perioden (*a*, *a*, *a*, *a*). Werden verschiedene Glieder mit einander verbunden, so können sie entweder in gleicher Reihenfolge eintreten: *a a b b*, *a b a b*, oder in entgegengesetzter, antithetischer: *a b b a* (palinodisch), *a b a* (mesodisch), *a b b c* (periodisch). Diese Schemata sind natürlich der Erweiterung fähig (Heph. 116 G).

Ich sage, gleich oder wohl proportionirt sei die Zahl der gegenüberstehenden Tacte; denn nicht nur eine absolute Gleichheit stellt das Ebenmass her, sondern auch eine solche Zusammensetzung verschieden grosser Tactreihen, welche die rhythmischen Hauptaccente in verhältnissmässiger, befriedigender Stärke hervortreten lässt. Z. B. in der alkäischen Strophe stehen zwei fünftactige Reihen zwei kürzeren gegenüber:

⏑ | – ⏑ | – ⏑ | – ⏑ ⏑ | – ⏑ | – 5
⏑ | – ⏑ | – ⏑ | – ⏑ ⏑ | – ⏑ | – 5
⏑ | – ⏑ | – ⏑ | – ⏑ | – ⏑ 4
| – ⏑ ⏑ | – ⏑ ⏑ | – ⏑ | – ⏑ [4?]

Und doch ist Eurythmie in einer solchen Strophe, weil die einzelne Reihe breit genug ist, um nicht gegen die rhythmische Stärke einer andern abzufallen. Es kommt also nicht

auf eine Ausgleichung der Zeitgrössen, sondern auf eine Abwägung der rhythmischen Wirkung an. Die in neuester Zeit zur Mode gewordene Aufstellung eurythmischer Schemata wird demnach illusorisch. Denn eine vollkommene Zahlengleichung beweist durchaus nichts für die Eurythmie, wenn sich nicht die Accentverhältnisse gegenseitig die Wage halten.

Darin besteht also wieder ein Unterschied zwischen moderner und antiker Musik. Indem unsere Musik die grössere Gliederbildung äusserlich aufgegeben, ihre „Sätze" in mehrere Einzeltacte aufgelöst hat, ist auch die innere Wirkung des Hauptaccentes abgeschwächt. Abgesehen von einfachen Tanzweisen, vernehmen nur geübtere Ohren den Unterschied zwischen den Haupt- und Nebentacten, in vielen Compositionen ist derselbe ganz verwischt. Die Griechen hielten an der Einheit des ganzen „Gliedes" als eines grossen Tactes fest; dafür ist der schlagende Beweis in der Abwägung des schwer betonten und leichten Tactabschnittes gegeben, einer Abwägung die bis zum fünfundzwanzigzeitigen Tacte durchgeführt ist. Während demnach die Eurythmie der modernen Musik durch das Ebenmass der *Tactzahl* erzielt wird, beruhte die Eurythmie der Griechen auf dem *rhythmischen Gewicht* der Glieder.

Ungleiche Tactzahl stört die Eurythmie unserer Musik, wenn sie nicht in einem breiteren Schluss- oder Anfangssatze eintritt; sie kann nur in aussergewöhnlichen Fällen benutzt werden. Der griechische Musiker zählte nicht die Tacte, sondern mass die rhythmische Schwere; ihm hielt — um ein durch Tactwechsel auffallendes Beispiel zu wählen — das päonische Dimetron Gleichgewicht gegen ein trochäisches Dimetron. So trat für ihn Eurythmie ein zwischen zwei nach unserer Musik unerträglichen Gliedern:

–́ ⏑ – ⏑ –́ ⏑ – ⏑ 12 Zeiten im „gleichen" Tact.
–́ ⏑ – –́ ⏑ – 10 " " " "

Wohl bemerkt, findet sich eine solche Gegenüberstellung bei eigentlichen Päonen, nicht etwa nur bei synkopirten Trochäen (– ⏑ – –́ ⏑ – ⏑). Hier sind nach der Nomenclatur in Responsion gesetzt 4 und 2 Tacte; in der That ist allerdings die trochäische Dipodie ein Tact, so dass die sachgemässe Bezeichnung 2 und 2 wäre. Aber auf alle Fälle stimmt nicht die Zahl der Zeiten, sondern nur das rhythmische Gewicht überein.

Kurz, *die moderne Eurythmie ist äusserlich, formal*, weil nicht der Rhythmus, sondern die Melodie und Harmonie den wesentlicheren Inhalt unserer Musik bilden; *die antike Eurythmie dagegen ist innerlich*, weil hier der Rhythmus seiner Bedeutung nach nicht hinter der Melodie zurücksteht, sie vielmehr in der älteren Poesie an Gewicht zu überragen scheint. Erst die jüngere Musik, die im Drama mit Sophokles beginnt, behandelt den Rhythmus nicht mehr als das Vorwiegende, — dies sehen wir an dem Abnehmen des Formenreichthums — wendet ihm aber noch immer soviel Aufmerksamkeit zu, dass er nicht bloss secundär, wie bei uns, sondern gleichberechtigt mit den Tönen den Gehalt des Gesanges ausmacht. Es ist demnach ein falscher Weg, den die neuesten Metriker eingeschlagen haben, wenn sie die Eurythmie in den griechischen Liedern nach den formalen Gesichtspunkten unseres modernen Rhythmus herzustellen bestrebt sind. Dieses Streben macht aus den eurythmischen Untersuchungen eine einfache Rechenaufgabe, die gelöst ist, sobald wir die Zahl der Füsse in eine Gleichung gebracht haben.

Die antike Eurythmie verlangt, dass wir feststellen, welches Glied im einzelnen Falle vorliegt und wo sein Accent ruht. Immer wieder kehren unsere Beobachtungen zur Nothwendigkeit der richtigen Accentsetzung zurück. Behufs dieser ist nicht etwa nur die Grösse des Gliedes, sondern auch das Verhältniss seiner Theile zu ermitteln. Das ist uns für die ungemischten Tactarten, (nämlich für die „gleiche" oder „daktylische", die „gedoppelte" oder „iambische", die „anderthalbfache" oder „päonische") ermöglicht durch die von Aristoxenus gegebene Anweisung, welche Westphal scharfsinnig aus Aristides, Psellus und dem fragmentum Parisinum erschlossen und praktisch erläutert hat (Metr. 1, 542—551, oben S. 25). Es bleibt aber das grosse Feld der gemischten Tactarten von dieser Anweisung direct unberührt. Man hat sich daher bis jetzt nur auf eine selbständige Uebertragung der Aristoxenischen Vorschriften auf dieses Gebiet beschränkt, ist jedoch auf Schwierigkeiten gestossen, deren Lösung subjectiv blieb und bald so, bald anders ausfiel. Ehe

wir daher an die Betrachtung der gemischten Tactarten gehen, welche in fast allen Sophokleischen Compositionen angewendet sind, werden wir uns umschauen müssen, ob denn nicht ein positiver Anhaltspunkt der Erklärung aus der antiken Theorie zu gewinnen ist. Dass unser eigenes Gefühl hier einen unzuverlässigen Wegweiser spielt, bezeugt deutlich genug die Meinungsverschiedenheit der kundigsten Metriker, von denen keiner meines Wissens an einem Gehörfehler litt.

Aber ich möchte die praktische Untersuchung dieser Tactgebilde noch etwas aufschieben, um einige Vorfragen zu erledigen. Davon ist die erste: woher kennen wir die Länge der Glieder? Theoretisch aus dem nach Aristoxenus gebildeten Schema. Aber da dieses Schema nur die Möglichkeiten angibt, in den grösseren Compositionen meist mehrere Möglichkeiten zulässig sind, so wäre unsere ganze Reconstruction der Glieder in ein subjectives Ermessen gestellt, welches uns niemals die Gewissheit der Objectivität zu verleihen im Stande wäre. Und in der That, wer die Verseintheilungen durchmustert, in welche die Chorlieder und dramatischen Monodien seit einem Jahrhundert gedrängt und gezwängt worden sind, sollte die Hoffnung aufgeben, eine haltbare Richtschnur zu finden; er müsste denn den beglückenden Wahn hegen, sein Ohr sei unfehlbarer, als das der Vorgänger — oder er müsste die alte Tradition so verwenden können, dass sie die bisherigen Widersprüche löst. Ich habe ein grosses Misstrauen gegen mein Ohr, nicht weil ich es nicht zu schulen versucht hätte, sondern weil es durch Schulung auf tiefgreifende Unterschiede zwischen griechischem und modernem Rhythmus aufmerksam geworden ist. Was nicht durch die antike Tradition beglaubigt ist, halte ich für problematisch. Demnach würde ich mich mit meinen neuen Ansichten über einige der schwierigsten Compositionen nicht vor das philologische Publikum wagen, wenn ich nur mein Gehör als beweisenden Zeugen vorzuführen hätte. Doch wird mir die alte Theorie beistehen. Aber auch sie reicht nicht ganz aus. Wo sie, wie das Aristoxenische Schema, für mehrere Möglichkeiten Raum lässt, müssen wir andere Hülfsmittel suchen. Wir haben aber noch ein Hilfsmittel, welches bis jetzt nur zum Theil methodisch verwendet worden ist, das ist *die directe Tradition der Verslängen*. In den Handschriften sind die Zeilen auf eine Art gebildet, welche unmöglich willkürlich sein kann. Sollten wir glauben, dass ungebildete Schreiber nur in den bekannteren Versarten der Dramen, in iambischen Trimetern, daktylischen Hexametern und in trochäischen Tetrametern oder in Anapästen die Zeilenabtheilung ihrer Vorlage eingehalten, dagegen willkürlich abgetheilt hätten, sobald das Metrum etwas schwieriger geworden sei? Bald grössere bald kleinere Zeilen treten uns entgegen, in denen eine gar absonderliche Marotte spuken müsste, wenn sie von der Hand der Abschreiber nach Belieben so geformt worden wären. Man schrieb doch ruhig in vollen Zeilen weiter, wenn man die von Alters her überlieferte Verstheilung aufgab und ein poetisches Stück in seiner metrischen Bildung verkannte oder als Prosa behandelte. Eine methodische Benutzung der Handschriften verlangt Aufmerksamkeit auf jene Zeilenabtheilungen, welche sich in unseren Ausgaben nicht immer wiederfinden. Warum ist man überhaupt davon abgegangen? Weil die metrischen Beobachtungen ihren eigenen Weg gingen und sich ihre Gesetze unabhängig von jener directen Tradition bildeten.

Es dürfte eine billige Forderung sein, dass in Ausgaben und bei metrischen Untersuchungen stets die Zeilenabtheilung der Handschriften zum Ausgangspunkte genommen und alle Abweichungen davon nicht nur ausdrücklich angegeben, sondern auch durch fassbare Gründe motivirt würden. Mit dem Gefühl allein ist in unseren Studien kein Fortschritt möglich; nur die durch rationelle Forschung ermittelten Resultate sind der Weiterbildung fähig.

Eine solche objective Behandlung der lyrischen Partien in den Dramen wird ergeben, dass die Handschriften in ihrer Zeilenüberlieferung eben so beschaffen sind, wie in der Wortüberlieferung: sie haben im Grossen und Ganzen die antiken Originale zum Fundament, sind aber in Einzelheiten verderbt. Der *grammatischen Kritik und Exegese, welche den überlieferten Worten zukommt, muss eine metrische Kritik und Exegese zur Seite gehen, welche die überlieferten Glieder- und Versgrössen prüft und erklärt.* Die Fundamentalsätze dieser metrischen Kritik und Exegese sind aus der alten Theorie geschöpft, und erweisen sich in der praktischen Anwendung

auf die directe Tradition weit fruchtbarer, als alle durch das moderne Gefühl geschaffenen Kategorien.

§ 4.
Unsere metrischen Schablonen.

Es ist im laufenden Jahrhundert Mode geworden, den Erklärungen der Dramatiker Schablonen beizufügen, welche Zeichen für die Aufeinanderfolge von langen und kurzen Silben in den lyrischen Partien enthalten. Eine Art Gebrauchsanweisung, die demjenigen gute Dienste thut, welcher sich begnügt, in der Manier eines Papageien gewisse unverstandene Rhythmen sich einzuüben. Oder möchte jemand behaupten, diese Schablonen seien verständlich? Allerdings in dem Sinne lassen sie sich verstehen, dass man eine Aufeinanderfolge von Iamben, Trochäen, Daktylen, Anapästen, Choriamben, Kretikern u. s. f. wiedererkennt, zuweilen auch einige bekanntere Verbindungen, als da sind Dimeter, Trimeter, Glykoneen, Pherekrateen, ithyphallische und andere Reihen entdeckt, aber dazwischen läuft soviel Sonderbares unter, dass das Auge und Ohr verwirrt wird. Mindestens also ist eine solche Notirungsweise unpraktisch. In einigen Schablonen hilft wohl ein Accentzeichen zurecht, oder sagt ein zugesetztes z, dass ein Tact vielgestaltig sei. Aber das ist alles. Ob ein Verhältniss zwischen den einzelnen Verszeilen bestehe, ist schwer zu untersuchen, und die Untersuchung dürfte in vielen Fällen negativ ausfallen. Wir haben doch Nachrichten aus dem Alterthum, welche uns sagen, welche Gliedergrössen ein rhythmisches Verhältniss haben und welche unrhythmisch sind. Wenden wir aber diese Nachrichten auf die üblichen metrischen Schemata an, so sehen wir uns in den meisten Fällen enttäuscht; die rhythmischen Grössen widersprechen den antiken Vorschriften.

Vielfach aufgehoben ist diese metrische Unordnung durch Rossbach und Westphal in der meist umgestaltenden Anordnung der lyrischen Partien, wie sie durch die wieder reconstruirte antike Theorie erfordert wurde. Die von diesen Metrikern aufgestellten Schablonen sind leichter verständlich, als die landläufigen, weisen aber auch, was die Hauptsache ist, gewissere Verhältnisse zwischen den einzelnen Zeilen auf.

Wer sich an die einfache Notirung mit zwei Zeichen – und ◡ auch in denjenigen Fällen gewöhnt hat, in denen die Länge drei- oder vierzeitig ist (⊢ oder ⊔), wird die Schemata Rossbachs und Westphals ohne Anstoss lesen und in ihnen mehr Befriedigung für sein rhythmisches Gefühl finden, als in den älteren. Doch gibt es auch hier noch manchen Anstoss. Vor allem in der Betonung. Die beiden Gelehrten haben diesen Punkt der Rhythmik, welchem sie in der Theorie eine sorgfältige und fast überall richtige Betrachtung gewidmet haben, in der Praxis allzu sehr vernachlässigt. Ein bestimmter Grundsatz der Betonung ist bei ihnen nicht zur Geltung gekommen; in complicirteren Versarten, wie in den Logaöden Pindars, sehen wir jeden Trochäus und Daktylus mit einem Accent versehen, in andern muss zuweilen ein Ictuszeichen für eine ganze Hexapodie ausreichen. Inconsequent ist Westphal auch in Anwendung der Zeichen für drei- und vierzeitige Längen, für Pausen, Gliedertrennung, sodass er selbst die Lectüre seiner Abhandlungen unnöthig erschwert.

Folgerichtiger wenden Gleditsch in der Erklärung der Sophokleischen Strophen und H. Schmidt in seiner Abhandlung über die Eurythmie und in dem 'Leitfaden' die metrisch-rhythmischen Zeichen an. Doch sie vermeiden es, die Betonungsverhältnisse in der Notirung bestimmen zu wollen, ein Uebelstand, welcher bei Schmidt dadurch gemildert wird, dass er durch Tactstriche wenigstens jedesmal den Eintritt einer betonten Silbe kenntlich macht.

Bei der Erklärung Sophokleischer Strophen dürfte eine möglichst genaue Notirung nothwendig sein, weil hier die Behandlung der Logaöden eine so eigenartige ist, dass sie nur durch scharfe Beobachtung fixirt werden kann. Die Anwendung der Zeichen für drei- und vierzeitige Längen, der Pausen und Tactstriche halte ich daher für entsprechend, aber eine Anwendung, die consequenter und weniger willkürlich, als bei meinen Vorgängern, ist.

Was die technische Behandlung der Logaöden betrifft, so hat Sophokles alle rhythmisch möglichen Verbindungen angewendet. Da die Logaöden eine Zusammensetzung diplasischer Tacte (Trochäen, Iamben und Daktylen, Anapäste) sind, so ergibt die Dipodie, Tripodie, Tetrapodie, Pentapodie und Hexapodie eurhythmische Grössen. Die Mög-

lichkeit gerader (2, 4), ungerader (3, 5) und gemischter Tactzahl (6) in einem Gliede ergibt sich aus der Grundform. Diese ist einfach die Verbindung eines Daktylus mit einem Trochäus. Beide Elemente können beliebig so oft wiederholt werden, bis das höchste Zeitmass des Gliedes (18 χρόνοι πρῶτοι) ausgefüllt ist. Die bekannten Formen zählt Westphal Metr. II, 718 ff. auf. Nun aber lassen diese Zusammensetzungen eine Anakrusis zu und erhalten dadurch das Ansehen und die Wirkung iambisch-anapästischer Tacte. Solche Iamben folgen ganz der trochäisch-daktylischen Compositionsweise; nur das Aeussere ist verschieden. Die eurhythmischen Zeitgrössen werden beobachtet mit Einrechnung der Anakrusis; denn es ist eine reine Willkür, wenn man behauptet, dieser sogenannte Auftact stehe ausser der Messung. Hat er denn keine rhythmische Wirkung? Eine so mangelhafte Anschauung vom Wesen des Rhythmus rührt nur aus dem Vorurtheil, welches uns die moderne Tactschrift einflösst. Wir ziehen heutzutage den Tactstrich immer vor die mit dem Ictus versehene Note; geht noch etwas der ersten Ictusnote voraus, so fällt das vor den ersten Tactstrich und wird gewissermassen aus der Tactmessung ausgeschlossen. Aber diese Ausschliessung ist nur eine äusserliche; der so gebildete Auftact gehört wesentlich zum Satz, an dessen Schlusse soviel zu einem vollen Tacte fehlt, als jener Auftact ausmacht. Das Fehlende wird nach unserer Notirung durch Pausen ersetzt, oder wenn ein zweiter Satz mit Auftact folgt, so tritt letzterer gleich in die offene Stelle ein. Die Alten waren von einer so äusserlichen Notirung, die freilich übersichtlich und bequem ist, weit entfernt. Sie rechneten auch das, was dem ersten Ictus vorherging, zum ersten Tact und hatten dann keine Pausen am Schlusse nöthig, wenn nicht ausserdem Katalexis eintrat. Sie notirten demgemäss den *rhythmischen Inhalt*, während wir nur ein *rhythmisches Schema* notiren, in welches der Inhalt eingefügt wird, gleichviel ob er es ganz ausfüllt oder nicht. Z. B. die Worte Trach. 947

πότερα πρότερον ἐπιστένω·

theilt der griechische Musiker so in dreizeitige **Tacte ab:**

Der moderne: 

Man sieht dass letztere Bezeichnung nur eine Form ist, in welche der Inhalt äusserlich eingesetzt wird*); da er aber nicht allen Theilen der Form genügt, so wird im Anfang etwas abgeschnitten und die Lücke am Schlusse durch ein Zeitzeichen ausgefüllt. Dies alles geschieht nur, weil unser Auge durch die Tactstriche an das unmittelbare Eintreten eines Ictus, aber an keine Tacte gewöhnt ist, in welchen der unbetonte Theil den Anfang macht. Es leuchtet nun aber auch ein, wie es sich mit der rhythmischen Geltung der Auftacte und Schlusspausen in den alten Gesängen verhält, worüber in neuester Zeit eine auf Missverständnissen beruhende Meinungsverschiedenheit entstanden ist. Die Auftacte sind eigentlich in der alten Musik gar nicht vorhanden; denn unsere äusserlichen Tactschablonen, wodurch die Auftacte nur dem Auge und nicht ihrem rhythmischen Werthe nach abgesondert werden, sind ja den Alten fremd. Diese konnten nicht anders, als den von uns so genannten Auftact einrechnen; er gehört mit zur rhythmischen Zeitgrösse des Gliedes. Waren in dem Gliede alle Tacttheile durch Silben ausgedrückt, so war der letzte Tact voll, und eine Füllungspause, wie bei uns, nicht vorhanden; waren dagegen eine oder mehrere Silben am Schlusse nicht ausgedrückt (Katalexis), so traten Pausen ein, die natürlich rhythmisch gerechnet wurden.

Die Frage aber, ob Auftact und Pause eingerechnet werden, beruht auf einer Unklarheit, auf einer Vermischung alter und neuer Nomenclatur: die Alten notirten keinen Auftact, konnten also auch keinen rechnen; sie notirten die eintretenden Pausen und rechneten sie selbstverständlich. Für uns kommt es darauf an, dass wir uns mit klarem Bewusstsein vorführen, ob wir die griechischen Lieder in alter oder moderner Weise notiren. Alt sind in unserer Bezeichnungsweise nur die Noten für kurze und lange Silben oder Töne (◡, —, ⏗, ⏘) und die entsprechenden Pausen (∧, ∧̄, ∧̄, ∧̄), alles andere ist modern, sowohl die Ictuszeichen, wie die Theilungsart. Zwar die Ictuszeichen sind gleichgiltig, denn die Verschiedenheit zwischen antiker und unserer Schreibweise ist nur formal: was wir durch einen Strich, in der Form des Acutus (´) bezeichnen, wurde von den Alten durch einen Punkt notirt**). Aber dem Alterthum ganz fremd sind unsere Tactstriche; ihre Anwendung ist durch das Bedürfniss entstanden, unserem an Tacttheilung gewöhnten Auge bei der Lectüre sichere Anhaltspunkte zu geben. Es kann also verständiger Weise nur die Frage entstehen, ob überhaupt solche Striche anzuwenden sind oder nicht; denn über die Art ihrer Setzung sollte kein Zweifel herrschen. Ich halte es für praktisch, Tactstriche zu setzen; denn dem Anfänger sind sie jedenfalls unentbehrlich, und der Geübte wird durch sie nicht nur nicht gestört, sondern sie verhelfen ihm zu einer leichteren Uebersicht der Gesammtcomposition. Ausserdem haben sie noch für uns einen besonderen Vortheil. Sie sind modernes Auskunftsmittel und daher auch ganz in moderner Weise zu setzen, nämlich jedesmal vor dem Ictus. Iamben, Anapäste, Bakchien und ionische Tacte werden also durchschnitten, d. h. es wird der moderne Auftact abgesondert. Dadurch sind wir der Schreibung vieler Accente (´) überhoben, und wir können das Accentzeichen für den Hauptictus eines Gliedes verwenden. Hat sich oben herausgestellt, wie wichtig die Beobachtung des Hauptictus ist, so sind wir genöthigt, ihn besonders zu kennzeichnen. Also nach jedem Tactstrich unserer Notirung tritt von selbst ein Ictus ein; derselbe ist aber Nebenictus, wenn nicht besonders das Accentzeichen ihn als Hauptschlag hervorhebt. Auf diese Weise wird die Eigenthümlichkeit der alten Rhythmisirung dem Auge unverkennbar vorgeführt. Z. B.

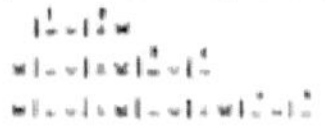

*) Den Unterschied antiker und moderner Theilung können wir uns auch an Beispielen aus unserer Musik vergegenwärtigen.

„Herr Bacchus ist ein braver Mann, das kann ich euch versichern"

Modern:

Die alte Eintheilung würde sein:

**) Die betreffende Angabe des Anonymus de musica § 85 ist von Westphal schon in den 'Fragmenten und Lehrsätzen der gr. Rhythm.' S. 104 erklärt und berichtigt.

Diese Notirung zeigt also an, dass jedesmal auf den mit 1—6 bezeichneten Längen ein rhythmischer Accent ruht; jedoch ist in der ersten und zweiten Reihe nur ein Hauptaccent vorhanden (auf 2), in der dritten finden sich deren zwei (auf 2 und 4*). Hierdurch wird auch der Nachtheil wieder aufgehoben, den überhaupt die Anwendung von Tactstrichen hat. Dieselben zerschneiden äusserlich die Composition in zu kleine Stücke. Der Zusammenhang der kleinen Stücke wird aber wieder angezeigt durch die Zahl der Tacte, welche *einem* Accentzeichen untergeordnet sind.

*) Diese letzte Reihe ist ein iambischer Trimeter. Ein Hauptaccent und zwei Nebenaccente, wie Westphal annimmt (Metr. II 481), dürften weniger befriedigen. Denn das Ohr verlangt gegen den Hauptschlag ein Gegengewicht (S. 27). Zudem ist bei der Penthemimeres der erste Theil des Trimeters, welcher den Hauptaccent tragen soll, kürzer als der zweite mit seinen beiden untergeordneten Accenten, so dass die Ungleichheit der Schwere, welche in der Grössenverschiedenheit liegt, noch durch die Accentverschiedenheit gesteigert wird; der eine Accent trägt fünf, die beiden anderen sieben Tacttheile:

[illegible]

Es ist nämlich durch die Cäsuren hinlänglich sicher, dass die Theilung der eingliedrigen Periode — das ist eben der Trimeter — eine ungleiche ist. Die Accente liegen so, dass sie die beiden mittleren irrationalen Tacte beherrschen.

[illegible]

Diese Setzung der Accente ist ausdrücklich überliefert für den griechischen und den nach griechischem Muster gebauten römischen Trimeter (Beweisstellen bei Westphal Metr. I 656). Der letzte Iambus, welcher ebenfalls nach der Theorie einen Accent hatte, kann keinen Hauptictus erhalten haben, weil ein solcher auf der letzten Silbe haltlos gewesen wäre. Dies lehrt schon die Indifferenz der Schlusssilbe, die ja auch eine Kürze sein kann. Der Vortrag des Trimeters war also wohl von folgender Betonung begleitet:

[illegible]

Uebrigens passt diese genaue Accentabwägung wirklich nur auf den griechischen Trimeter. Der Trimeter des altrömischen Schauspiels hat das Tactverhältniss vollkommen aufgelöst; sechs selbständige Tacte sind hier mit einander verbunden, die mit demselben Rechte auf den geraden, wie auf den ungeraden Stellen betont werden können. Ein durchschlagender rhythmischer Grund ist weder für die eine noch für die andere Accentuirung vorhanden. Man kann behaupten, dass die griechische Gewohnheit gewiss von den Römern adoptirt worden sei. Man kann andererseits sagen, dass die Nachwirkung der Ictus auf die folgenden irrationalen Silben im griechischen Trimeter nothwendig gewesen sei, während sie im römischen eigentlich in jedem der vier ersten Tacte eintreten müsste. Consequent wäre nur folgende Betonung des römischen Trimeters:

[illegible]

Aber wer möchte eine solche Ueberladung ertragen? Eine Verkennung des arsischen Verhältnisses bei den Römern liegt darin, wenn man die griechische Betonung des Trimeters fordert. Die gewöhnliche Notirung

[illegible]

widerspricht jedenfalls nicht dem Wesen dieses Verses.

Wir können nun die moderne Setzung der Tactstriche bis in die letzte Consequenz verfolgen, dadurch nämlich, dass wir den letzten Tact anakrusischer Glieder (Iamben, Anapäste u. s. f.) durch eine Pause ausfüllen:

[illegible]

Diese Pause, welche ebenso, wie der Auftact, der alten Anschauung entgegen steht, müsste nun in weiterer Consequenz als Zeitgrösse gerechnet werden — und dann fällt natürlich der Auftact aus der Berechnung. Aber es ist unnöthig, sich soweit von der antiken Messung zu entfernen. Schreiben wir die Pause nicht, so lassen wir den letzten Tact offen; er findet sein Complement selbst durch den Auftact, den wir dann in antiker Manier mitrechnen. Die Tactstriche sollen uns eben nur den Eintritt der einzelnen Accente vergegenwärtigen. Dass wir den letzten Tact offen halten, hat noch darin seinen guten Grund, dass in der zusammenhängenden Composition eine Ausfüllung desselben meistens zu falschen Theilungen führt; denn wenn ein anakrusisches Glied folgt, so rückt die Anakrusis natürlich als Auftact ein, und hierdurch entsteht die so gewöhnliche Verschlingung von Glieder- und Tactschlüssen. Es folgen sich z. B. zwei iambische Tetrapodien, so ist für die erste die Theilung

[illegible]

unmöglich; denn die erste Kürze des zweiten Gliedes rückt in den vierten Tact ein.

[illegible]

Es werden die Glieder und Tacte nach unserer Auffassung in einander verflochten, und in diesem Sinne habe ich auch im Folgenden von Tactverschlingung gesprochen.

Aber noch einen grossen Vortheil hat für uns die Anwendung der modernen Tactstriche auf die alte Poesie, in einem Punkte, in welchem wir fast bedauern möchten, dass die Alten unsere einfachen Tactschemata nicht gefunden haben. Dies ist die *Synkope*. Das Gesetz der Synkope wurde von Rossbach und Westphal anfangs durch eigene Beobachtung aufgedeckt (Metrik 1. Aufl. 1856 Vorr. p. XX), dann aber von Westphal als eine den alten Metrikern geläufige Anschauung dargestellt (Metr. 2. Aufl. Vorr. p. VIII). Westphal hat den Namen der 'synkopirten Metra' gegen die gleichbedeutende antike Benennung ἀσυνάρτητα μονοειδῆ und denn wohl) aufgegeben. Aber wir werden den Kunstausdruck 'Synkope', wie er der modernen Rhythmik entnommen ist, nicht ganz entbehren können, wenn wir kurz und klar eine Menge verwandter Erscheinungen umfassen wollen, die nicht alle im Begriffe der Asynarteten enthalten sind.

Synkope überhaupt bedeutet das 'Zusammenschlagen', und wird in unserer Rhythmik vom Zusammenschlagen oder Vereinigen solcher Tacttheile gebraucht, welche ohne eine Störung oder Hemmung des gewöhnlichen rhythmischen Ganges nicht vereinbar sind. Demnach führt die Synkope eine gewaltsame Brechung des Rhythmus mit sich, welche auf verschiedene Weise erzielt werden kann*). Die einfachste Weise der Synkope ist diejenige, durch welche ein starker Tacttheil mit einem schwachen verbunden wird. Geht der starke Tacttheil aber voraus, z. B.

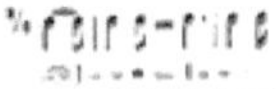

so entsteht nach unserem Gefühl keine Unterbrechung des Rhythmus; denn die unmittelbare Aufeinanderfolge zweier betonter Längen erscheint uns natürlich, wenn die erste durch Unterdrückung einer folgenden Kürze und Aufnahme von deren Geltung in die eigene Zeitdauer gebildet ist. Wir nennen also eine solche Unterdrückung und Dehnung nicht Synkope. Die Alten fühlten anders. Ihnen erschien schon die Aufeinanderfolge der beiden Längen als unvermittelt, die Unterdrückung der Kürze machte auf sie den Eindruck einer rhythmischen Unterbrechung, und daher nannten sie eine Tactverbindung mit solcher Unterbrechung eine 'unzusammenhängende'. Solche 'unzusammenhängende' Metra waren es, welche von Rossbach und Westphal zuerst als 'synkopirte' bezeichnet wurden; und wenn diese Benennung dem modernen Sprachgebrauch ferner steht, so passt sie doch zur antiken Anschauungsweise. Sie hätte also das Recht der Existenz. Heutzutage versteht man nun aber unter Synkope die Vereinigung eines schwachen Tacttheils mit dem *folgenden* starken, z. B.

*) Der Name 'Synkope' rührt entweder von dem 'Zusammenschlagen', d. h. der gewaltsamen Verbindung widerstrebender Tacttheile, oder vom 'Zerschlagen', d. h. Brechen des Rhythmus, her.

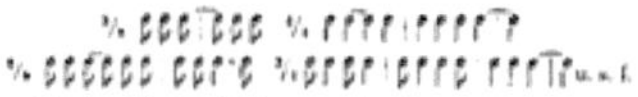

Durch solche Verbindungen entsteht auch nach unserem Gefühle eine Brechung des rhythmischen Ganges. Ob die griechischen Musiker dieselbe Synkope angewendet haben, darüber sind unsere Metriker uneinig. Von Bergk ging die Ansicht aus, dass es geschehen sei, z. B. in einem anakreontischen Verse:

Aber Westphal weist diese Theilung mit Recht zurück (Metr. II p. IX ff.). Hier schon wäre eine verkehrte Messung nicht möglich, wenn die Alten den Tactstrich angewendet hätten. Eine 'synkopirte' Dipodie würde so zur Anschauung gebracht worden sein

⏑ | — | ⏑

wodurch die Zugehörigkeit der Kürze zur *vorhergehenden* Länge angezeigt gewesen wäre.

Nichts destoweniger hatten die Alten jene Synkope, aber in einer nicht als solche erkannten Anwendung. Die Thatsache ist weit entfernt, unbekannt geblieben zu sein. Sie ist sogar allgemein anerkannt und unter dem alten Namen der Umsetzung ([illegible], 'Hyperthesis') zuletzt von Westphal (Metr. II 733 ff.) erörtert worden. Wo nämlich die Tacttheile auflösbar sind, da können die Bruchtheile wieder in einer Weise verbunden werden, welche dem eigentlichen rhythmischen Verhältnisse der Grundform widerspricht. So sind in dem oben angeführten Beispiele des $^{3}/_{4}$-Tactes die Bruchtheile, nämlich die sechs Achtel, so gebunden, dass nicht das Verhältniss der Grundform 2 : 2 : 2, sondern ein widersprechendes 1 : 2 : 1 : 2, oder 1 : 2 : 2 : 1 herauskommt. Dieselbe Art der Synkope, welche den einfachen Rhythmus stark bricht, ist nun bei den Griechen sehr gewöhnlich. Die iambischen, trochäischen und daktylischen Tacte sind es, welche eine gleich widersprechende Vereinigung ihrer Zeiteinheiten zulassen. Das Grundverhältniss im trochäischen Tacte ist 2 : 1; dies kann durch Synkope der zweiten und dritten Zeiteinheit geradezu umgekehrt werden. Ebenso natürlich im Iambus:

– ⏑ ⏑	⏑ ⏑ –
⏑ ⏑ ⏑	⏑ ⏑ ⏑
– ⏑	⏑ –
2 : 1	1 : 2

Das daktylische Verhältniss erleidet durch Synkope eine einfache Versetzung: 2 : 2 wird 1 : 2 : 1

| – – ⏑ |
| 2 : 2 |
| ⏑ ⏑ ⏑ ⏑ |
| ⏑ ⏑ ⏑ ⏑ |
| ⏑ – ⏑ |
| 1 : 2 : 1 |

So erklärt sich die 'Umsetzung' der Tacttheile als eine Synkope, und daher ist es rhythmisch möglich, dass ein Iambus einem Trochäus, ein Amphibrachys einem Dactylus (Diiambus einem Choriambus) in logaödischen Massen entspricht.

Durch Synkope entstandene Iamben unterscheiden sich von eigentlichen Iamben dadurch, dass sie unvermittelt vor eine thetische Länge treten können. Lässt sich also beweisen — und dies ist meistens möglich —, dass ein Iambus nur synkopirter Trochäus ist, so tritt synartetisch, d. h. ohne innere Katalexis, der Iambus vor Trochäen, Daktylen, Kretiker:

| ⏑ – | – ⏑
| ⏑ – | – ⏑ ⏑
| ⏑ – | – ⏑ –

Ein solcher Iambus hat weder eine gedehnte Länge, noch tritt eine Pause nach ihm ein. Also ist es auch unmöglich, seine Kürze durch den Tactstrich als Auftact abzusondern; vielmehr fällt sie unter den Ictus, wie es bei eigentlicher Synkope nach unserer Anschauung vorkommt:

⏑́ – oder geradezu ⏑́ –

Letztere Betonungsweise verstösst nicht gegen das quantitirende Princip der griechischen Sprache; denn der Ictus wird zur Hälfte auf die Länge übertragen, gerade wie bei der modernen Synkope:

durch Accent verstärkt: 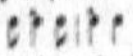

So ist es nun auch erklärlich, wie der Iambus unvermittelt vor den Trochäus und Daktylus treten kann; sein rhythmischer Gang ist eben trochäisch:

| ⏑́ – | ⏑́ ⏑ |
| ⏑́ – | ⏑́ ⏑ ⏑ |

Dass diese Setzung des Ictus wirklich in der griechischen Musik vorkommt, hat Westphal aus einem Musikbeispiele des *Anonymus de musica* bewiesen (Metr. II 720); dasselbe ergibt das folgende Schema*):

| ⏑́ – | ⏑́ – | ⏑́ ⏑ | ⏑́ ∧
| ⏑́ – | ⏑́ – | ⏑́ ⏑ ⏑ | ⏑́ ∧
| ⏑́ – | ⏑́ ⏑ | ⏑́ – | ⏑́ ∧

Auch hier hätte die Anwendung des Tactstriches über alle Unklarheit hinweg geholfen. Er wird uns im Folgenden ein willkommenes Mittel sein, die synkopirten Iamben als solche zu bezeichnen.

§ 5.

Ueber die Compositionsweise des Sophokles.

Das Sinken der Theatermusik beginnt nach der Auffassung des Aristoxenus schon mit den Sophokleischen Compositionen. Den Höhepunkt bilden für ihn Aeschylus und Phrynichus. In der Rhythmisirung hatten diese „Alten" grösseren Formenreichthum; die zuerst bei Sophokles sich zeigenden Neuerungen fangen an, die rhythmische Mannigfaltigkeit aufzugeben (Plutarch de mus. c. 21 p. 25, 26 W.).

Ein Rückschritt liegt in der Rhythmisirung des Sophokles, wenn wir sie mit der Aeschyleischen vergleichen. Denn während diese durchgehends scharf ausgeprägte Formen, eine strenge Phrasirung aufweist, ist jene einförmiger, weniger bestimmt ausgesprochen. Die von Sophokles bevorzugten und fast durchgehends angewendeten Logaöden erheben sich nicht über ein gewisses Mass der Bewegung. In ihrer einfachen, sogenannten glykoneischen Form haben sie keinen starken rhythmischen Fortschritt, weil die Mischung trochäischer und daktylischer Tacte eine beständige Ausgleichung zwischen rascher und gemässigter Bewegung herbeiführt. Die Logaöden sind aber so recht geeignet, die verschiedenen Stimmungen des menschlichen Gemüthes auszumalen. Denn sie

*) Der Ictus, durch einen Punkt bezeichnet, ist hier zweimal über der Kürze stehend erhalten.

enthalten solche rhythmische Elemente, wie sie nicht glücklicher gewählt werden konnten, um alle Stufen des Gefühls von der tiefsten, ruhigen Betrachtung bis zur stürmischen Leidenschaft auszudrücken. Denn indem der Dichtercomponist bald den reinen, im Trochäus scharf ausgeprägten und desshalb heftigeren Tact vorherrschen lässt, steigert er den Ausdruck, welcher sich zur Leidenschaft erhebt, wenn in bestimmten Absätzen die kurzen Tacttheile unterdrückt werden und gedehnte Längen zusammenstossen. Andererseits bilden die irrationalen Theile des logaödischen Versmasses, die Spondeen und Daktylen, das beruhigende Element, wenn sie einzeln zwischen Trochäen eingemischt werden; denn sie verzögern den rascheren Gang der Trochäen. Will aber der Dichter dem Rhythmus eine wuchtige Schwere verleihen, so lässt er die Trochäen ganz zurücktreten, häuft die Spondeen, synkopirt mehrere aufeinanderfolgende Tacte, sodass gedehnte Längen in gravitätischer Gewalt einherschreiten. Schlägt aber die Rede den breiteren Gang der Erzählung ein, so treten die leichteren und doch langsamen Daktylen in den Vordergrund; und, steigert sich die Erzählung bis zur Aufregung, so drückt die Synkope der geraden Tacte — wodurch der Choriambus entsteht — der rhythmischen Form das charakteristische Zeichen des Inhalts auf.

Aber die Variabilität der Logaöden ist noch nicht erschöpft. Der im Grundtypus trochäisch anlautende Rhythmus kann eine Anakrusis und somit den leichten frischen Charakter oder auch die Heftigkeit des Iambus erhalten. Auch hier ist durch Einmischung der irrationalen Tacte, der Spondeen und Daktylen, die nun bei Einrechnung der Anakrusis als Anapäste erscheinen, der verschiedenartigste Ausdruck der Seelenstimmungen möglich. Und überschauen wir die ganze Scala der Möglichkeiten, so ist es uns erklärlich, wie die Logaöden zu so allgemeiner Verwendung gelangen konnten; denn nach der verschiedenen Mischung ihrer Elemente vermochten sie fast allen dichterischen und musikalischen Intentionen Ausdruck zu geben. Die tiefe Trauer, die ruhige Ergebung, die ernste Betrachtung, die lebhafte Theilnahme, die unruhige Besorgniss, die freudige Hoffnung spiegeln sich je nach dem Hervortreten trochäischer, iambischer oder spondeischer Elemente ebenso getreu ab, wie der Ton der behag-

lichen Beschreibung und Erzählung oder der aufregenden Erinnerung je nach der verschiedenen Behandlung der Daktylen eintritt. Sophokles aber wusste in allen seinen Compositionen dadurch Maass zu halten, dass er niemals das eine oder andere rhythmische Element vollkommen unterdrückte. Indem er so für die mannigfachsten Stimmungen in den Logaöden den zutreffenden Ausdruck fand, sparte er für die höchsten Ausbrüche des leidenschaftlichen Schmerzes die Dochmien auf.

Trotzdem dass innerhalb des logaödischen Maasses so vielfache Variationen von Sophokles entwickelt wurden, steht seine Rhythmisirung dennoch hinter der Aeschyleischen zurück. Es ist ein beständiges Auf- und Abwogen in der Sophokleischen Compositionsweise, wenige Ruhepunkte sind innerhalb einer Strophe dem Ohre geboten, nicht nur die Glieder sind eng aneinandergekettet, sondern auch die Perioden fliessen oft ununterbrochen bis zum Strophenschlusse dahin. Aeschylus hat viel plastischere Formen; seine Rhythmisirung tritt viel schärfer in ihrer Gliederung hervor, das Ohr fühlt sich überall sicher. Sophokles hält dagegen das Ohr oft und lange in unbefriedigter Spannung, die selten durch einen prägnanten Periodenschluss, meistens erst mit dem Tonfall des Strophenendes ihre Lösung findet. Aeusserlich ist diese Spannung auch dadurch erreicht, dass die Perioden seltener, als bei Aeschylus, mit Gedankenabschnitten zusammenfallen; Satzbau und Rhythmisirung sind so verschlungen, dass unser Gefühl zuweilen geradezu dadurch verletzt wird. Griechische Ohren empfanden offenbar anders. Indessen würden wir nur ein unbegründetes Vorurtheil sprechen lassen, wenn wir eine solche Compositionsmanier, die dem Sophokles natürlich nicht eigen ist, sondern auch an andern, namentlich an Pindar auffällt, als vollkommen schön betrachten wollten. Wir sehen in ihr eine Emancipation des Rhythmus vom Satzbau, welche in ihrer Art ebenso weit geht, wie bei uns die Emancipation des Rhythmus in der Melodie von dem, welcher im Texte liegt. Wie ein moderner Componist den rhythmischen Bau des in Musik zu setzenden Verses durch Wiederholungen, Dehnungen u. dgl. vollkommen zerreissen kann, ohne unser Gefühl zu beleidigen, so durfte der antike Componist den Satzbau zerreissen, indem er verschiedenen Perioden die logisch zusammengehörigen Satztheile zerriss, und zufrieden war, die Periode mit vollem Worte abzuschliessen*).

Wurde hierdurch nicht der Zusammenhang zwischen Form und Inhalt gestört? Nur bis zu einem gewissen Grade. Denn einerseits hängen doch auch die Perioden so enge zusammen, dass eine wirkliche Störung des Gedankenganges durch ihren selbständigen Bau nicht herbeigeführt wird. Andrerseits ersetzte der Rhythmus das, was er gegen den Satzbau fehlte, durch eine desto genauere Berücksichtigung des einzelnen Wortes. Es ist auffallend, mit welch zarter Feinheit die Bedeutung der einzelnen Worte in der Rhythmisirung hervortritt. Die antike Poesie charakterisirt die Begriffe und Gedanken so sorgfältig durch die rhythmische Bewegung, dass sie alles weit übertrifft, was durch die neuere Musik in der Tonmalerei geleistet worden ist. Heutzutage achtet man den Werth der Tonmalerei ziemlich gering, und es dürfte die ästhetische Kritik auch in Betreff der griechischen Poesie ein ungünstiges Wort sprechen, wenn sie ernst und unbefangen die Frage erwägt, inwiefern die Wortmalerei auf Kosten des Satzbaues überhand genommen hat.

Aus dieser Betrachtung ergibt sich, dass wir den Satzbau nicht als entscheidendes Kriterium für die Periodeneintheilung verwenden dürfen. Wo aber anderweitige Anzeichen für ein mit einem syntaktischen Ruhepunkte zusammenfallendes Periodenende vorhanden sind, da kann der syntaktische Ruhepunkt selbst immerhin als eine Bestätigung betrachtet werden. Denn trotz aller Emancipation des Rhythmus und der Melodie vom Satzbau hatten die Griechen nicht den Sinn für den harmonischen Abschluss von rhythmischem und syntaktischem Satze verloren. Vielmehr muss auf ihr Ohr das Zusammenfallen einer starken Interpunction mit dem Periodenende, μέτρον ἀπηρτισμένον, einen besonderen Eindruck hervorgebracht haben. Wir sehen daher auch von Sophokles diese Form in besonderen Fällen gewählt, wo die Gedanken einen energischen Ausdruck verlangen.

Von den äusserlichen Kriterien des Periodenschlusses ist die Aufhebung der συνάφεια durch Hiatus und indifferente Silbe am zuverlässigsten. Der Rhythmus gibt ebenfalls untrügliche Erkennungszeichen da, wo Tactformen aufeinander folgen, die ohne Unterbrechung des Rhythmus nicht mit einander zu vereinigen sind. Hierher gehört der Eintritt reiner (nicht synkopirter) Iamben in mehreren Gliedern nach Daktylotrochäen, welcher in Sophokleischen Compositionen eine so eigenthümliche Wirkung hat. Wo aber solche Kennzeichen fehlen, da ist es unmöglich, die Perioden mit nur einiger Sicherheit zu fixiren. Unser Gefühl gibt uns eine Vorliebe für solche Abschlüsse, in denen entweder die Tactform rein hervortritt oder Dehnungen einen breiten Tonfall herbeiführen; dagegen Periodenschlüsse mit irrationalen Tacten erscheinen uns falsch. Ich glaube, dass dieses Gefühl, welches zum grossen Theil an den unverkennbaren Perioden in der recitirenden Poesie der Griechen und Römer herangebildet ist, uns richtig leitet. Sollten die Dichter, welche hier die irrationalen Schlüsse vermieden, dieselben in den künstlicheren melischen Compositionen, in welchen das Ohr doch auch scharfer Haltepunkte bedarf, willkürlich angewendet haben? Gewiss nicht. Aber abgesehen von bestimmten, bewussten Effecten, die in allen Dichtungen durch irrationale Schlusstacte hervorgebracht werden, hat der Rhythmus gesungener Verse seine Eigenheiten. Und gerade durch die Irrationalität sucht die Sophokleische Compositionsweise das Feuer zu dämpfen, welches sich in reinen Tacten ausspricht. Sophokles wendet auch in Periodenschlüssen irrationale Tacte offenbar mit Bewusstsein an. Dadurch wird die Auffindung solcher Schlüsse natürlich erschwert.

Dieselbe Schwierigkeit tritt ein in der Feststellung der Gliedformen, die natürlich weniger einer scharfen Phrasirung bedürfen. So lange die Glieder- und Periodentheilung lediglich als eine Sache des Gefühls behandelt wird, werden zumal in Betreff der Sophokleischen Chorgesänge die grössten Meinungsverschiedenheiten obwalten. Wie verschiedene Wege das Gefühl bei Verschiedenen einschlägt, wird ermessen, wer die Abweichungen der Versgliederung, die seit Hermann und Böckh producirt worden sind, überschaut. Und doch haben sich Männer an diesem Problem versucht, denen Niemand Kenntniss und rhythmisches Gefühl absprechen wird.

In derselben Weise fortfahren, hiesse, zu vielen Versuchen einen neuen hinzufügen und das eigene rhythmische Gefühl über das der bedeutendsten Kenner setzen. Weit entfernt von

*) Vgl. über diese eigenartige Erscheinung Westphal Metr. II [illegible]

solcher Ueberhebung, will ich den bereits angedeuteten Weg metrischer Kritik und Exegese einschlagen, der meines Erachtens zu sicheren Resultaten führt. Unsere Metriker gehen meist von dem Gedanken aus, die handschriftliche Ueberlieferung der Versfolgen in den lyrischen Partien der Dramatiker sei so unzuverlässig, dass sie keine Beachtung verdiene. Die Ausgaben bieten schon lange nicht mehr überall jene Ueberlieferung. Aber ist es nicht willkürlich, dass die Forscher beständig von der theils zufällig, theils durch überwundene Theorie entstandenen Zeileneintheilung ausgehen und nur soviel modificiren, als ihnen für ihre Ansichten nothwendig scheint? Gehen wir vielmehr auf die handschriftliche Ueberlieferung zurück, so haben wir wenigstens ein haltbares Fundament, und alle unsere metrischen Anordnungen werden die bisher so sehr vermisste Einheit des gemeinschaftlichen Ausgangspunktes haben. Ferner wird Einheit, Methode und Licht in die Untersuchungen gebracht, wenn die erste Bedingung jeder gesunden, wissenschaftlichen Arbeit erfüllt wird, wenn die Forscher sich auf den historischen Standpunkt stellen. D. h. in unserem Falle, die durch die historische Forschung ermittelten Lehrsätze der alten Rhythmiker und Metriker sind zunächst auf die überlieferten Versformen anzuwenden, und nur da ist eine Aenderung anzubringen, wo jene Lehrsätze verletzt erscheinen.

§ 6.

Die Ueberlieferung der Sophokleischen Gesänge.

Wenden wir dies Princip auf die Sophokleischen Gesänge an. Zuerst erhebt sich die Frage: was sind die handschriftlichen Zeilen? Glieder oder Perioden? Sie sind, wie eine Durchmusterung ergibt, Glieder im Hypermetron, Perioden im Metron, d. h. wenn eine Periode aus einem oder zwei Gliedern besteht, so ist sie ganz in eine Zeile geschrieben, besteht sie aus drei oder mehr Gliedern, so ist immer nur ein Glied in eine Zeile gesetzt. Daher bald längere, bald kürzere Zeilen, jenachdem ein zweigliedriges oder ein eingliedriges Metron, oder die oft kleinen Glieder einer ἐπῳδικὸς ὑπέρμετρος eintreten. Wir sehen also die antike Schreibweise gewahrt: höchstens zwei κῶλα wurden zu einer Zeile, στίχος, verbunden, vorausgesetzt, dass sie eine ganze Periode ausmachten. Sie bildeten dann eben ein selbständiges Ganze, einen 'Vers', ein 'Maass' (μέτρον), wie z. B. der daktylische Hexameter, der trochäische und anapästische Tetrameter. War die Periode über zwei Glieder hinaus gedehnt, so war sie selbstverständlich nicht in eine Reihe zu schreiben, sie bildete keinen Vers mehr, sondern ging über das dem Verse zukommende 'Maass' hinaus, sie wurde übermässig, ein ὑπέρμετρον (S. 27). Das Hypermetron konnte auf zweifache Weise dargestellt werden; entweder schrieb man so lange in ununterbrochenen Reihen fort, wie Prosa, bis das Ende erreicht war, oder man schrieb die einzelnen Glieder in je eine Zeile. Die erste Weise hätte den Bau des Hypermetrons vollkommen verdeckt und wurde deshalb nicht angewendet; die zweite liess die einzelnen Bestandtheile deutlich hervortreten und war daher wohl angemessen. Sie war aber auch rationell. Denn wenn die alten Schreiber mehr als ein Glied, etwa zwei, in eine Zeile gesetzt hätten, so wäre dadurch die gleiche Geltung der einzelnen äusserlich aufgehoben worden. Unter zwei in eine Zeile gesetzten Gliedern erscheint das eine als Vorder-, das andere als Nachsatz. Das Hypermetron dagegen hat keine Zweitheilung, sondern eine Theilung in 3, 4, 5 und mehr Kola, in denen nicht unmittelbar Vorder- und Nachsatz folgen, sondern Mittelsätze eingeschoben sind. Ein besonderer Fall tritt bei denjenigen Hypermetra ein, welche auf einen kurzen Schlusssatz endigen. Solche Epodika von geringem Umfange haben in der That die Geltung eines Nachsatzes zum letzten grösseren Gliede und werden daher mit diesem, wenn auch nicht immer, zu *einer* Zeile vereinigt.

Indem die Handschrift des Sophokles — denn es kommt natürlich nur die Florentiner La in Betracht — diese Zeilenabtheilung im Wesentlichen bewahrt hat, ist sie eine unschätzbare Quelle der metrischen Kritik und Erklärung. Dass man den hohen Werth der Ueberlieferung nicht erkannte, sondern dieselbe allmählich halb unbewusst, halb in vorgefasster Meinung verliess, hat seinen Grund nur in der mangelhaften Kenntniss der rhythmischen Gesetze, die in den Compositionen massgebend sind.

Die Frage, ob Sophokles selbst, oder die Chormeister seiner Zeit schon ebenso abtheilten, ist müssig. Denn der Dichter hatte noch Melodie- und Begleitungsnoten hinzugesetzt, in denen irgendwie für die schnelle und leichte Auffassung des Rhythmus gesorgt war. Jedenfalls waren die Glieder leicht erkennbar gruppirt; denn sonst hätten die Alexandrinischen Gelehrten, welche sich sichtlich nicht viel um die Musik gekümmert haben, uns die richtige Gliederform durch ihre Zeilenabtheilung nicht überliefern können. Dass aber diese Gliederform wirklich die richtige, d. h. originale, vom Dichter herrührende ist, wird unwiderleglich dargethan durch ihre Uebereinstimmung mit den Lehren des Aristoxenus, welcher seine Theorie unmittelbar aus der Originalmusik, und nicht aus abgeleiteten Quellen schöpfte. Lassen sich daher die Gliedertheilungen in handschriftlicher Tradition ohne Musiknoten verständiger Weise im höchsten Falle über die Zeit eines Alexander Aetolus nicht hinaufdatiren, so sind sie doch mit Sicherheit als eine Abstraction aus den alten Partituren anzusehen. Seit den Zeiten alexandrinischer Gelehrtenthätigkeit ist die Zeilenabtheilung durch manche kundige und unkundige Feder gegangen, bis sie im elften Jahrhundert von einem unkundigen Schreiber auf die Pergamentblätter aufgetragen wurde, welche einen Theil der Florentiner Handschrift ausmachen.

Es hatten sich in so langer Zeit, wie sich erwarten lässt, manche Fehler eingeschlichen, doch sind es glücklicherweise nur solche, die auf Unachtsamkeit, nicht auf bewusster Aenderungslust beruhen. Spuren eines bewussten Eingreifens in die metrische Anordnung habe ich wenige gefunden. Man wird hierher solche Fälle rechnen, wie O. T. 695, wo zwei auffallend gleiche, aber nach Ausweis der Responsion falsche Dimeter eintreten, oder O. C. 1451. 1466, wo iambische Tetrameter in einen Trimeter und Monometer zerlegt sind:

[illegible]
[illegible]
[illegible]
[illegible]

Sicherer lässt sich eine bewusste Aenderung da annehmen, wo nach zufälliger, noch erkennbarer Entstellung der Zeilenabtheilung auch die respondirenden Zeilen ohne andern erkennbaren Grund eine Ausgleichung erfahren haben. Immerhin sind derartige Aenderungen meistens unschädlich; sie verrathen sich so leicht, dass sie selten ernstliche Schwierigkeit bereiten.

Die Art solcher oberflächlichen nivellirenden Thätigkeit liegt uns in dem sprechenden Beispiele der von *Demetrius Triklinius* vorgenommenen metrischen Behandlung noch vor (14. Jahrh.).

Andere Alterationen hat die originale Zeilenabtheilung durch äusserliche, zufällige Gründe erfahren. Die Glieder schliessen nicht immer mit vollem Worte; ursprünglich war im Hypermetron also Wortbrechung am Schluss der Zeile eingetreten, wie

Antig. 100 ἀκτὶς ἀελίου τὸ κάλ-
λιστον ἑπταπύλῳ φανὲν

richtig in der Handschrift und in einigen Ausgaben geschrieben steht. Aber die Abschreiber sahen den Grund solcher Silbentrennung nicht ein, folgten oft den Anforderungen einer bequemeren Lectüre und schrieben die Worte aus, indem sie die abgetrennten Silben je nach den Eingebungen der Laune bald zur vorderen, bald zur folgenden Zeile zogen. Diese Art der Corruption ist ausserordentlich häufig, zuweilen auch mit anderweitigen Wortentstellungen verbunden, wie O. C. 670 f. Die Handschrift theilt hier:

τὸν ἀργῆτα Κολωνόν
ἔνθ' ἁ λίγεια μινύρεται,

statt:

τὸν ἀργῆτα Κολωνὸν ἔνθ'
ἁ λίγεια μινύρεται.

Weniger häufig, aber doch nicht selten, tritt ein anderer Grund der Entstellung ein. Wenn nämlich die Breite des Blattes nicht ausreichte, um ein ganzes Glied oder eine zweigliedrige Periode zu fassen, so wurden die überflüssigen Silben in die folgende Zeile zunächst untergeschrieben, erschienen aber, wenn sie an den Anfang der Zeile, links, statt an das Ende, rechts, gerückt wurden, leicht als selbständige Reihen. Ihre Entstehung wurde verdunkelt, wenn sie mit dem Folgenden falsch verbunden wurden. Beiderlei Gattungen der Entstellung, vernachlässigte Silbentrennung und falsches Vereinigen überschüssiger Silben sehen wir im ersten Gesange der Antigone repräsentirt. Hier war offenbar ursprünglich so getheilt:

104 [illegible] βλέφαρον, Διρκαί-
ων ὑπὲρ ῥεέθρων μολοῦσα
106 [illegible]
[illegible]

Nachdem aber einmal die Wortbrechung aufgegeben und Διρκαίων, [illegible] zusammen geschrieben und zwar den

Zeilen 105, 121 beigefügt worden, überragten diese Zeilen wahrscheinlich die Breite einer Columne. Man hätte ein Wort abschneiden und unterschreiben können: aber die byzantinische Gelehrsamkeit zog offenbar eine Theilung in zwei ziemlich gleiche Halbverse vor, weil durch die Abtrennung von [illegible] und [illegible] ein ähnlicher halber Vers entstanden war. Kurz man schrieb

nicht

[illegible]
[illegible]

sondern

(ε΄) [illegible]
(ϛ΄) [illegible]
(ζ΄) [illegible]

Dieser Trennung musste sich natürlich auch die Gegenstrophe fügen. Wir haben hier ein Beispiel metrischer Schablonirung, wie sie in ausgedehnter Weise von Demetrius Triklinius geübt wurde. Die vorliegende Zerreissung der Glieder war schon im elften Jahrhundert eingetreten; denn sie findet sich bereits in der Florentiner Haupthandschrift. Wie sehr sie den äusserlichen Formen der byzantinischen Metrik angepasst war, zeigt die Erklärung des Triklinius: τὸ ε΄ ἀντισπαστικὸν [illegible] ἐκ διτροχαίου καὶ ἰάμβου, ἢ πυρριχίου. τὸ ϛ΄ ἀντισπαστικὸν [illegible] μονόμετρον [illegible], ἐξ ἐπιτρίτου [illegible] καὶ συλλαβῆς. τὸ ζ΄ ἐκ παίωνος τρίτου καὶ τροχαίου, ἢ σπονδείου. Kein Wunder, dass bei solcher Erklärungsweise auch die zufällig wegen übermässiger Zeilengrösse abgetrennten Worte zu metrischen Gliedern wurden. Man wird aber bemerken, dass die Schreiber es nicht immer auf eine beliebige Zahl überschüssiger Silben ankommen liessen, sondern gerne, aber nicht regelmässig, volle Worte mit einem oder zwei ganzen Tacten abschnitten, wenn einmal abgetrennt werden musste. So sind vielleicht die erwähnten Dipodien O. C. 1451 f. 1466 entstanden. In der Antigone v. 977 wird die Dipodie ‿ ‿ ‿ ‿ – abgeschnitten; doch die Responsion lehrt die Zusammengehörigkeit:

966 παρὰ δὲ Κυανέων σπιλάδων διδύμας ἁλὸς
977 κατὰ δὲ τακόμενοι μέλεοι
μελέαν πάθαν.

Insofern zuweilen bei zweigliedrigen Perioden eine so grosse Zahl von Silben untergeschrieben werden muss, dass sie auch für sich ein ganzes Glied bilden könnten, ist die Wiederher-

stellung der originalen Theilung mit Schwierigkeiten verknüpft. Dies ist um so mehr der Fall, als hin und wieder eine gewisse Inconsequenz schon bei der ursprünglichen Zeilentrennung obgewaltet zu haben scheint. Es finden sich nämlich einigemale zwei Glieder in zwei besondere Zeilen geschrieben, welche nach der Analogie anderer Fälle zu einer zweigliedrigen Periode vereinigt in eine Zeile gehört hätten. Doch sind solche Fälle nicht vollkommen sicher zu fixiren: an den einzelnen Stellen muss eine scharfe Beobachtung das Wahrscheinliche ermitteln (s. B. O. C. 1483/4. 1496/7 vgl. 1451. 1466).

Aber es waren nicht die wirklichen Entstellungen, durch welche die Herausgeber bewogen wurden, die überlieferte Verstheilung zu verlassen. Es war vielmehr der Mangel an rhythmischen Kenntnissen, man verstand den Gliederbau nicht. Ist es nicht natürlich, dass schon die ersten Editoren ein Misstrauen gegen die verschiedene Zeilenlänge hatten, deren Grund und Berechtigung sie nicht einzusehen vermochten? In der That bekennt der erste Drucker und Verleger des Sophokles, Aldus Romanus, offen sein Misstrauen gegen die Richtigkeit der Versformen, doch konnte er sie nicht ändern. Den Grund seines Unvermögens schiebt er in einem Briefe an Joannes Laskaris auf den Umstand, dass die metrischen Scholien noch nicht zugänglich seien: τὰ εὑρισκόμενα σχόλια οὔπω ἐντυπωθῆ[illegible] δὲ θεοῦ ἐθέλοντος ὅσον οὐκ ἤδη· πρὸς δέ, καὶ ὅσα ἐκ διαφόρων μέτρων ἔστι. atque utinam id ante habuissem, quam ipsae tragoediae excusae forent; nam etsi res est laboriosissima, tamen singulos quosque versus in choris praesertim, si qui perperam digesti sunt, curassem in suum locum restituendos. quod quia non licuit, id sibi quisque curato, si placuerit (*ed. princeps 1502 praef.*). Aldus und seine Correctoren, unter denen nach dem erwähnten Briefe Marcus Musurus war, begnügten sich denn auch die Verstheilungen abdrucken zu lassen, wie sie dieselben in ihrer dem Parisinus Nr. 2712 ähnlichen Handschrift fanden. Wie die ganze Textesrecension, so geht auch die Zeilentrennung auf die Florentiner Handschrift La zurück.

Was Aldus vermisste, wurde bald zugänglich und verwerthet. Man mag die metrischen Scholien des Triklinius, die im sechzehnten Jahrhundert allgemein bekannt und hochgeschätzt wurden, wirklich so gering taxiren, als sie verdienen; sie haben doch ihre gute Wirkung gehabt. Denn an ihrer Hand hat Canter seine durch die Beachtung der Responsion wichtige Ausgabe zu Stande gebracht (Antwerpen 1579). So lange man sich an die Anweisungen des Triklinius hielt — und dies ist im Wesentlichen bis gegen Ende des achtzehnten Jahrhunderts geschehen —, blieb auch die handschriftliche Versüberlieferung Grundlage der Textgestaltungen. Nur in derselben Weise, wie jener Schulmeister und gewiss auch seine byzantinischen Zunftgenossen eine äusserliche Ausgleichung erstrebten, wurde fortgearbeitet. Freilich nicht ohne Widerspruch. Klagt doch schon Canter: 'itaque quod iisdem verbis manentibus versuum duntaxat partes quasdam loco mutamus, et qui sint quibus similes, ostendimus, valde profecto sit inhumanus, id qui aegre ferat. cumque Triclinium, qui Sophoclem hoc modo restituere voluit maximi omnes faciant: cur nobis, qui eadem ducti ratione in Euripide et Aeschylo (ut de Sophocle nunc taceam) idem potissimum praestitimus, maledicos et ingratos se exhibeant?' So wurden allmählich einzelne Aenderungen der Versform, ohne bestimmte Methode, eingeführt. Aber es musste anders werden, als die metrische Doctrin durch G. Hermann einen ausserordentlichen Aufschwung nahm. Man fühlte sich auf einem durchaus unsicheren Boden, man suchte Principien in die Versgestaltung zu bringen. Und doch war die Hermann'sche Theorie, welche der Anstoss zu den folgenreichsten Studien wurde, nicht im Stande, sichere Kategorien für die Wiederherstellung der originalen Verstheilung aufzufinden. Daher trat ein sehr ungewisser Zustand ein, von dem am schlagendsten die eigenen Meinungsänderungen Hermanns in seinen verschiedenen metrischen Abhandlungen bezüglich einzelner Verstrennungen zeugen. Wehe demjenigen, welcher damals eine Ausgabe 'für Jedermann aus dem Volke' herzustellen hatte! Wie dreht und wendet sich der wackere G. H. Schäfer, wenn er nichts Schlechtes, was ja seine Art nicht war, und auch nichts durch Neuerungen Unliebsames produciren wollte, damit der 'gute Tauchnitz' nicht zu Schaden käme. Er hält sich daher an Brunck, den letzten, aber geschmackvollsten Vertreter der alten Richtung. An die Gesänge will er sich nicht selbst wagen: 'nam melica, ulcus (ita perhibent) nostris manibus non tractabile, aliis curanda relinquimus.'

Eine gute, scharfe Luft kam in die metrischen Bestrebungen, die leicht wieder zu schulmässiger Verknöcherung hätten ausarten können, durch den Widerspruch, den Hermann erfuhr. Die grossen Verdienste dieses Gelehrten wurden dadurch nicht im geringsten herabgesetzt, wenn er sich auch nicht immer als das bewährte, was er von sich hielt, 'liberi laudator oris Hermannus'. Die Voss-Apel'schen Theorien stehen zwar wissenschaftlich weit unter den Leistungen Hermanns, haben aber doch anregend gewirkt, und zwar auf keinen geringeren Mann als A. Böckh. Unter seinen Beobachtungen ist eine für die Verstheilung sehr wichtige und folgenreiche: er führte wieder den alten Lehrsatz durch, dass der *Vers* und die Periode mit vollem Worte schliesse und keine Silbentrennung am Ende zulasse (de metr. Pindari p. 82). Aber die Anwendung des vollkommen richtigen Satzes war mit Schwierigkeiten verknüpft. Er konnte zunächst nur als negatives Mittel gelten, keinen Vers mit Worttrennung zu schliessen. Da man aber selbst jetzt noch nicht überall genau einen Periodenschluss von einem Gliedschluss unterscheidet, so waren die Herausgeber einseitig bemüht, die Trennung der Worte wo nur immer zu vermeiden.

Wer heutzutage die gangbaren Ausgaben mustert, wird sich abgeschreckt fühlen von der Inconsequenz, die in Folge der verschiedenen Einwirkungen alter Ueberlieferung und Hermann-Böckh'scher Theorien in die Verstheilung gekommen ist. Es droht nun eine theilweise Umgestaltung in Folge der neuesten metrischen Studien, die allerdings sehr langsam Boden zu gewinnen scheinen. So vortrefflich Vieles in der neuen Behandlung der metrischen Theorie von Westphal ist, so hat die specielle Erklärung der einzelnen Versgattungen durchgehends die Schwäche, dass sie nicht auf kritischer Sichtung der überlieferten Versformen ruht. Niemand wird es dem Arbeiter auf so umfangreichem Gebiete zum Vorwurf machen, dass er einen Theil des Bodens nicht von Grund aus umackerte. Aber letzteres wird noch geschehen müssen, und die in historischer Forschung gewonnenen Früchte werden durch eine solche Arbeit gezeitigt werden.

Die allgemein angenommenen Resultate der metrischen Disciplin in ihrer Anwendung auf die Sophokleischen Ge-

sänge werden uns am vollständigsten vorgeführt durch die musterhafte Textesrecension W. Dindorfs (Oxford 1860; zugänglicher mit dem bemerkenswerthen kritischen Apparate in den Poetae scenici Leipzig, Teubner 1867 ff.). Von Dindorfs Leistung, die auch in der ersteren Ausgabe auf die Zeilenüberlieferung mit richtigem Tacte Rücksicht nimmt, haben heutzutage alle Studien über Sophokles auszugehen.

Zweiter Abschnitt.

Einzeluntersuchungen.

§ 1.

Dochmien.

Ueber die Messung des Dochmius herrschen verschiedene Meinungen. Schon die Alten waren nicht darüber klar, ob ein Iambus oder ein Bakchius der vordere Theil der Tactgruppe sei. Nur soviel stand fest, dass die Tactgruppe aus einem fünfzeitigen und einem dreizeitigen Tacte bestehe, eine Zusammensetzung, die sich von selbst dem Ohre ergibt. Nun bietet sie aber der rhythmischen Erklärung Schwierigkeiten; wie können zwei so ungleiche Tacte in längeren Reihen verwendet, wie mit andern Tacten verbunden werden? Es waltet unleugbar in der modernen Disciplin das Streben vor, Tactgleichheit anzunehmen und durchzuführen. Als Illustration dieses Strebens mag die Behandlung dienen, welche Westphal den Dochmien hat angedeihen lassen. 'Im Dochmius, sagt er (Metr. I 697), ist ein rationaler oder irrationaler Bakchius mit einem folgenden rationalen oder irrationalen Iambus verbunden. Dies lehrt Quintilian instit. 9, 4, 97. Zugleich fügt derselbe aber noch eine andere Auffassung hinzu, wonach der Dochmius aus einem Iambus mit einem folgenden Amphimacer besteht: *dochmius, qui fit ex bacchio et iambo, vel iambo et cretico.* Die letztere Auffassung vertritt noch Aristides (§. 10 S. 102 *im ersten Bande der Westphal'schen Metrik*): συντίθεται ἐξ ἰάμβου καὶ παίωνος διαγυίου. Bedenken wir, dass der Name Bakchius für die Tactform ‿ – – erst in späterer Zeit aufgekommen ist, so werden wir wohl die zweite Art der Zerlegung in einen Iambus und Päon als die frühere anzusehen haben.' Ich habe diese Auseinandersetzung wörtlich mitgetheilt, weil sie passend ist. Nicht beipflichten kann ich dagegen, wenn derselbe Metriker fortfährt: 'Für die rhythmische Geltung des Dochmius ist es freilich gleichgültig, ob man ihn auf die eine oder andere Weise zerlegt':

und wenn er sich für die Terminologie entscheidet, wonach Bakchios und Iambus die Bestandtheile des Dochmius sind. Doch gibt Westphal selbst diese Ansicht auf. Indem er nämlich (Metr. II 853) darauf hinweist, dass nach Aristoxenus eine achtzeitige Reihe, wofür der Dochmius den alten Metrikern gilt, eine daktylische Gliederung haben müsse (4 + 4), ist er gezwungen, die Theilung 3 + 5 aufzugeben. Er ersetzt sie durch die auch von andern vorgeschlagene: 5 + 5

wonach der Dochmius ein katalektisches bakcheisches Dimetron ist.

Diese Messung ist ein Ausweg, den das moderne Tactgefühl anzeigt. Er ist aber nicht durch eine aufmerksame Betrachtung der dochmischen Bildungen gefunden. Entscheiden kann man die Art der Messung nur dadurch, dass man beobachtet, welchen rhythmischen Gliedern ein Dochmius in grösseren Compositionen gleich gesetzt wird, oder in welcher Weise er mit alloiometrischen Reihen verbunden wird. Ich hebe ein auffallendes Beispiel hervor. In der dochmischen Partie des Aias 394 ff. — 412 ff. finden sich folgende Zeilen nach der handschriftlichen Tradition:

419 ὦ Σκαμάνδριοι γείτονες ῥοαὶ
εὔφρονες Ἀργείοις,

denen in der Strophe gegenüberstehen

401 ἀλλά μ' ἁ Διὸς ἀλκίμα θεὸς
ὀλέθριον αἰκίζει.

Die Silbe, welche im Verse 402 zu viel ist, hat Dindorf durch die entsprechende Conjectur ὄλεθρ' αἰκίζει beseitigt. Auffallend ist in den vollkommen feststehenden Zeilen 401 = 419 die Indifferenz der Schlusssilbe am Ende der beiden trochäischen Tripodien:

Der rhythmische Abschluss und der Hiatus in der Gegenstrophe (418) zwingen zur Annahme, dass gerade mit den angeführten Versen eine neue Periode beginnt. Ist es nun möglich, dass zwei so kurze Glieder, wie die beiden Tripodien, selbständig mit indifferenten Schlusssilben aneinander gereiht werden? Gewiss nicht, wenn nicht eine besondere Unterbrechung, d. h. eine Pause nach dem dritten Ictus eintritt. In gewöhn-

lichen trochäischen Reihen wäre diese syllaba anceps nicht möglich, weil die drei Tacte dadurch aus einer Periode für sich herausgerissen würden, wenn ihre Grösse nicht ausreicht. Dagegen gibt es eine andere Reihe, in der eine solche indifferente Schlusssilbe natürlich ist und häufig vorkommt, weil durch katalektische Bildung eine Pause am Ende nothwendig erfordert wird. Das ist der Dochmius. Dessen indifferente Schlusssilben sind so häufig, dass man zu ziemlich künstlichen Erklärungen greifen musste, um sie leidlich zu motiviren. Es ist wahr, Interjectionen bedingen eine gewisse Pause zum Athemschöpfen, und daher mögen sie, wenn sie gerade vorhanden sind, die indifferente Schlusssilbe eines Dochmius vertheidigen. Aber Wortwiederholungen, besonderer Affect, der aus dem Inhalte eruirt wird, sind schlechte Stützen für derartige Bildungen; denn im Affect wurde das Meiste gesungen, was dochmisch componirt war, und Wortwiederholungen finden sich in allen Metra, ohne dass sie deren systematischen Bau unterbrechen. Die Indifferenz der Schlusssilbe, wofür man Beispiele nach Seidler bei Hermann und Westphal findet, kann nicht so in das Belieben des Dichters gestellt gewesen sein, dass er bei oft unbedeutenden Wortwiederholungen und Ausrufen gegen das sich sonst überall äussernde Quantitätsgefühl verstossen durfte. Hier muss ein rhythmischer Grund vorhanden sein. Das Vorkommen dochmischer Monometer mit syllaba anceps und Hiatus lässt uns in einem solchen Monometer eine Reihe sehen, welche keines Complementes bedarf, um ein fertiges Glied zu bilden. Wirklich ist aber auch der Dochmius gross genug, um einen Hauptictus zu tragen — und davon hängt ja alle rhythmische Satzbildung ihrem Ursprung nach ab. Nur dann ist die indifferente Silbe und der Hiatus erklärlich, wenn man den Einzeldochmius für eine Tactbildung halten darf, welche am Schluss einer rhythmisch begründeten Pause fähig ist. Es kann sich hier natürlich nicht um eine Pause handeln, die ohne inneren Zusammenhang einen ganzen Tact zwischen zwei Dochmien ausfüllte — eine solche ist uns ja überhaupt nicht mehr sicher nachweislich, würde aber auch keine befriedigende Erklärung bieten; vielmehr verlangt die indifferente Silbe in continuirlicher Verbindung von Dochmien den Nachweis einer mit dieser Silbe im gleichen Tacte stehenden Pause, also folgendes Schema: [illegible] nicht [illegible] Doch lassen wir es zunächst bei dieser unwiderleglichen Thatsache bewenden und constatiren, dass die gleiche Erscheinung in den erwähnten trochäischen Tripodien (401 und 419) zu Tage tritt. Dieselben erweisen sich nicht nur durch die indifferente Schlusssilbe sondern auch durch die gleiche rhythmische Grösse dem Dochmius verwandt; denn sie haben auch acht Zeiteinheiten:

[illegible]

Aeusserlich unterscheiden sich die beiden Reihen nur durch die Stellung des Iambus. In der That unterscheiden sie sich aber durch einen wirklichen oder scheinbaren Tactwechsel, welcher demjenigen in umgebrochenen ionischen Versen nahe steht. Wie die ionischen Verse aus der Verbindung zweier Längen durch Einschiebung einer Kürze heraustreten: [illegible] so tritt auch zwischen die beiden Längen des Dochmius eine der vorhandenen Kürzen: [illegible]. Das heisst der Dochmius erfährt eine Umbrechung (Anaklasis), wie der Ionicus. Wie ist aber diese Umbrechung rhythmisch zu erklären? Der Dochmius besteht aus acht Zeiten und einer Pause, die wir für den Augenblick ausser Rechnung lassen. Acht Zeiten können auf verschiedene Weise zu Längen zusammengezogen werden, entweder indem die erste Zeiteinheit mit der zweiten und die fünfte mit der sechsten oder die dritte mit der vierten und die siebente mit der achten verbunden wird, (daktylische oder anapästische Dipodie), oder indem die erste mit der zweiten, die vierte mit der fünften, die siebente mit der achten sich vereinigt (katalektisch trochäische Tripodie). Dies sind die Verbindungen im einfachen Tact; die ersten beiden gehören dem 'gleichen' Tactgeschlecht, die letzte dem 'doppelten' an. Ausserdem aber sind noch andere Verbindungen möglich, welche gemischte Tactformen ergeben, nämlich:

[illegible]

Von diesen Reihen haben die zweite, die dochmische, die dritte, die iambisch-bakcheische, und die vierte, in der Form eines umgekehrten Dochmius, das Gemeinsame, dass zwei be-

tonte Längen zusammenstossen, und dass dadurch der Wechsel zwischen Thesis und Arsis einmal unterbrochen wird. Welchem Rhythmengeschlechte gehört nun eine solche Reihe an? Aeusserlich ist sie theils iambisch, theils päonisch, sie wechselt also zwischen einem dreizeitigen und fünfzeitigen Tacte. Da wir aber durch zwingende Gründe eine Pause am Schlusse des Dochmius annehmen mussten, so wird sich dieses rhythmische Verhältniss ändern, sobald die Länge der Pause constatirt ist. Es wäre nun eine vergebliche Arbeit, durch blosse Combination die Pausenlänge bestimmen zu wollen, mit Westphal, welcher, sie als zweizeitig voraussetzend, den Dochmius zu einem bakcheischen Dimeter stempelt. Wir haben aber glücklicherweise einen positiven Anhalt an Reihen, in denen statt der Pause die entsprechende Silbe eintritt. Solche Reihen sind die sogenannten hyperkatalektischen Dochmien, in welchen man keine bakcheischen Dimeter sehen darf, weil die 'überschüssige' Silbe kurz sein kann, z. B.

Eumenid. 789 [illegible]*)

Gegen die bakcheische Messung spricht sich schon Hermann aus (elem. 264 vgl. 254).

Der gewöhnliche Dochmius hat eine Schlusspause, und statt ihrer tritt im hyperkatalektischen eine Länge oder Kürze ein. Also ist die Länge irrational und wir betrachten als Grundform den trochäischen Schluss. Mithin hat der hyperkatalektische Dochmius neun Zeiteinheiten [illegible]

Dieses durch einfache Betrachtung des Tactes gewonnene Resultat lässt sich als richtig erweisen. Die im gewöhnlichen Dochmius ausgedrückten Silben sind *achtzeitig* nach dem Zeugnisse der Alten ([illegible] Schol. Heph. p. 60 E. M. p. 285; metrici ed. Westphal p. 185, vgl. dessen Metrik I 600 f.). Aber ein achtzeitiges Glied ist nur in der erwähnten daktylischen Messung 4 + 4 (anapästische oder daktylische Dipodie) für die fortlaufende Composition verwendbar (Aristoxenus [illegible] p. 302. Westphal II 853). Also muss die dochmische Silbengruppe katalektisch

*) Nach der Ueberlieferung. Hermann's Conjectur zerstört den reinen Trochäus am Schlusse (gegen seine Ausgabe des Aeschylus s. elem. 265).

sein, d. h. es muss eine Pause von *einer* oder *zwei* Zeiten am Schlusse eintreten. Neun und zehn Zeiteinheiten lassen sich denken. Wäre der Dochmius zehnzeitig, ein bakcheisches Dimetron katalektikon [illegible], so könnten nicht einmal zwei Dochmien zu einem Gliede verbunden werden. Denn der zehnzeitige Tact gliedert sich *gleich*, 5 + 5, und ein dochmisches Dimetron hätte also die Bestandtheile 5 + 5 + 5 + 5, während die *gleiche* Tactform höchstens 16 Zeiteinheiten haben kann. Demnach sind entweder alle Dochmien Monometer oder keine bakcheischen Dipodien. Dass ein Dochmius Monometer sein *kann*, unterliegt keinem Zweifel. Wer aber getraut sich, alle dochmischen Partien in Monometer aufzulösen, und alle Erweiterungen des Dochmius, als da sind trochäische oder iambische Dipodie, Tripodie u. s. f., abzuschneiden und sie als kleine Gliedlein für sich zappeln zu lassen? Denn diese Erweiterungen werden beim zehnzeitigen Dochmius fast alle unrhythmisch; nur die kretischen und bakcheischen Zusätze liessen sich halten. Also führt die zehnzeitige Messung auf zu viele Absurditäten, um glaublich und annehmbar zu erscheinen. Es bleibt, da eine längere Pause, als die zweizeitige, noch weniger denkbar ist, nur die oben deducirte Messung des Dochmius zu neun Zeiteinheiten übrig, bei der sich die Schwierigkeiten der Tactgrösse heben:

Katalektisch: [illegible] Λ, akatalektisch: [illegible]

Ist nun aber die bezeichnete Ictussetzung bei neunzeitiger Messung möglich? Nicht ganz: denn wir haben hier nichts anderes, als eine Synkopirung des gewöhnlichen trochäischen Tactes (S. 41),

statt [illegible]
synkopirt [illegible]

Der Bequemlichkeit wegen mag man die Länge mit dem Ictus versehen, da sie ihn ja jedenfalls zum Theil hat und vielleicht durch eine Accentversetzung hervorgehoben wurde*). Aber richtig ist nur die angegebene Betonung. Es ist uns

*) Unsere an gleichmässige Tacte gewöhnten Augen verlangen etwa folgende Notirung [illegible]. Auch unsere Musiker kennen und wenden die Synkopen mit Accentversetzungen häufig an, indem sie ein marcato des zweiten Tones durch Haken oder Linien bezeichnen, z. B.

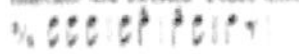

nun erklärlich, was bis jetzt als eine höchst unpraktische Theorie galt, warum die Alten den sogenannten Dochmius mit dem logaödischen zwölfzeitigen Glykoneion zusammenstellten und beide Reihen *dochmische* nannten. Aristides sagt (39 = p. 37, 3 Westph.): Μιγνυμένων δὲ τῶν γενῶν τούτων εἴδη ῥυθμῶν γίνεται πλείονα. δύο μὲν δοχμιακά, ὧν τὸ μὲν συντίθεται ἐξ ἰάμβου καὶ παίωνος διαγυίου, τὸ δὲ δεύτερον ἐξ ἰάμβου καὶ δακτύλου καὶ παίωνος· εὐφυέστεροι γὰρ αἱ μίξεις αὐταὶ κατεφάνησαν. δόχμιοι δὲ ἐκαλοῦντο διὰ τὸ ποικίλον καὶ ἀνόμοιον καὶ μὴ κατ' εὐθὺ θεωρεῖσθαι τῆς ῥυθμοποιίας. Also dochmisch sind die beiden variablen Reihen [illegible] und [illegible], deren Zusammenstellung uns sonderbar erscheint*). Die Sache verhält sich so. Die Rhythmen werden eingetheilt in 'gerade', ὀρθοί, und 'schräge', δόχμιοι. Gerade sind diejenigen, in welchen die Tacttheile gleich sind oder nur um eine Zeiteinheit differiren, schräge diejenigen, in welchen der eine Tacttheil um mehr als eine Zeiteinheit grösser ist (Westphal I 609 f.). Wir sehen nun aber bei Aristides, dass die beiden von ihm angeführten dochmischen Reihen so zerlegt werden, dass der eine Theil dieser zusammengesetzten Tacte aus einem Iambus, der andere aus einem Creticus, respec-

*) An eine solche Zusammenstellung scheinen Walter Berger (de Sophoclis versibus logaoedicis, Bonn 1864. S. 66) und F. Goldmann (de dochmiorum usu Sophocleo, Halle 1867 p. 92) nicht haben glauben zu wollen; denn sie erklären die Worte des Aristides für verderbt und möchten lesen: τὸ δὲ δεύτερον ἐξ ἰαμβικοῦ δακτύλου καὶ παίωνος ([illegible]). Aber müsste es einerseits befremden, dass Aristides von den vielen Unterarten des gewöhnlichen Dochmius nur die eine, und zwar als selbständig, anführt, so erscheint andererseits der Ausdruck ἰαμβικοῦ δακτύλου ungeeignet, weil er unklar ist. Abgesehen davon, dass es nicht ἰαμβικοῦ, sondern ἰαμβοειδοῦς heissen müsste (Aristid. I p. 39 M, 37 W), könnte der Name einen iambisch, d. h. dreizeitig gemessenen, vielleicht auch einen iambisch, d. h. auf den Kürzen betonten, Daktylus bezeichnen. Auf einen ähnlichen Einfall scheint Marcianus Capella gekommen zu sein, wenn die Lesart de nupt. phil. p. 196 Meib. unverderbt ist: '*secunda est species, quae ex iambo dactylico et paeone constare monstratur*.' Ist hier ein 'daktylischer Iambus' [illegible] gemeint, oder hat sich der Schriftsteller so schlecht ausgedrückt, dass er mit dactylico einen daktylischen Fuss bezeichnet, wie Westphal wohl voraussetzt, wenn er interpungirt *iambo, dactylico et paeone* (Metr. I. fragm. p. 27), oder schrieb Marcianus Capella dactylo, wie Meibom zu Aristides p. 267 annimmt? Indessen ist es unnütz, hierüber Vermuthungen anzustellen, da uns Bakchius die Existenz jenes längeren Dochmius unwiderleglich durch ein Beispiel verbürgt, durch dessen Beachtung wohl Berger von seiner Conjectur abgekommen wäre (p. 25 M, 48 Westphal): δόχμιος ἐξ ἰάμβου καὶ ἀναπαίστου καὶ παίωνος ὁ κατὰ βάσιν οἷον· ἔμενεν ἐκ Τροίας χρόνον [illegible]. Der Daktylus heisst ἀνάπαιστος ἀπὸ μείζονος Aristid. I 36 M, 35 Westph. s. dessen Metr. I 95. 103.

tive Creticus und Daktylus besteht. Die Metriker berechnen eben die Zeiteinheiten, indem sie die wirklich ausgedrückten Silben nach Längen und Kürzen einfach zusammenzählen. Also haben die beiden dochmischen Reihen, die eine acht, die andere zwölf Zeiteinheiten. Somit classificirt sich die gesammte Rhythmenbildung, abgesehen von dem selbstverständlich geraden daktylischen Tact (metr. ed. Westph. I p. 185), folgendermassen*).

'Gerade' (ῥυθμοὶ ἴσοι):

ῥ. ἰαμβικός – ⏑ Verhältniss: 1 : 2

ῥ. παιωνικός ⏑ ⏑ | ⏑ ⏑ ⏑ – 2 : 3 Differenz um 1.
z. B. – ⏑ –

ῥ. ἐπίτριτος ⏑ ⏑ | ⏑ ⏑ ⏑ ⏑ – 3 : 4
z. B. – ⏑ – –

'Schräge' (ῥυθμοὶ δόχμιοι):

ῥ. δόχμιος ... ⏑ – | – ⏑ – Verhältniss: 3 : 5 | Differenz um 2.

ῥ. δόχμιος ... ⏑ – | – ⏑ ⏑ – ⏑ – – 3 : 9 = 1 : 3

Dass nur die wirklich ausgedrückten Silben eingerechnet und die Pausen nicht berücksichtigt wurden, zeigt die achtzeitige Messung des gewöhnlichen Dochmius. Natürlich passt auf die an letzter Stelle genannte Reihe auch die richtige Messung – ⏑ ⏑ | – ⏑ ⏑ | – ⏑ ⏑ | – ∧ d. i. 3 : 9. Wenn Bakchius den Daktylus anapästisch misst (introductio artis musicae p. 25 M), so rechnet er ihn gewiss zu vier Zeiten und lässt die Schlusspause ausser Acht. Uebrigens wird man darum dem Bakchius nicht eine anapästische Betonung zuschreiben, sondern mit Aristides den Daktylus schlechthin festhalten, da die Reihe offenbar mit dem Glykoneion identisch ist. Das Glykoneion hat aber wirklich mit dem sogenannten Dochmius das gemeinsam, dass sein erster Tact eine Längenversetzung durch Synkope erleiden *kann*; nur tritt sie nicht so häufig ein, wie beim Dochmius. Dieser hat regelmässig die Versetzung ⏑́ –, die Auflösung erscheint als secundär. Ist die Auflösung aber vorhanden, so entsteht die schon berührte Frage, wie zu betonen sei: ⏑ ⏑́ ⏑ ⏑ ⏑ – ⏑ oder ⏑́ ⏑ ⏑ ⏑ ⏑ – ⏑? Da erstere Betonung jetzt üblich

*) Das Wesen dieser Eintheilung hat Westphal richtig erkannt und dargestellt I 661; nur die praktische Anwendung des Verhältnisses 1:3, des ῥυθμὸς τριπλάσιος, ist ihm unerklärlich geblieben. Wie es sich mit der ... dieses triplasischen Tactes verhält, wird sich später ergeben.

ist, so wird es als Ketzerei erscheinen, wenn man sie nur in Zweifel zu ziehen wagt. Aber auch hier handle ich nicht nach dem neuerdings so beliebten rhythmischen Nivellement, sondern nach dem positiven Anhaltspunkte, welchen die katalektischen trochäischen Tripodien mit indifferenter Schlusssilbe geben. Sie zeigten sich durch diese Schlusssilbe nahe verwandt mit dem Dochmius, sie haben die gleiche rhythmische Grösse, sie haben dieselben rhythmischen Elemente, sie sind nur ungebrochene Dochmien: werden sie nicht auch für die Accentsetzung in der mit ihnen bis auf die erste Auflösung vollkommen identischen Dochmienform massgebend sein? Wenn wir recitiren ⏑́ ⏑ ⏑́ ⏑ –,
so ist die Betonung ⏑́ ⏑ ⏑ ⏑́ ⏑ – so nahe liegend und natürlich, dass schon zwingende positive Gründe vorhanden sein müssten, wenn wir sie nicht als möglich anerkennen wollten. Aber so befangen eine Ableugnung der trochäischen Betonung erscheinen muss, ebenso befangen durch die Neuheit der Theorie würden wir sein, wenn wir nun jene Betonung einseitig durchführen wollten. Liegt es nahe, anzunehmen, dass die Dichter mit der Synkope ⏑ ⏑́ – eine Accentversetzung als wirksames Mittel verbanden, konnten sie dann nicht dieselbe Setzung des Accents im aufgelösten Tacte anwenden (⏑ ⏑́ ⏑ ⏑*)? Wir müssen meines Erachtens darauf verzichten, die Accentuirung der aufgelösten Reihen allgemein bestimmen zu wollen. Als Handhaben einer *annähernden* Bestimmung derart möchte ich den Wortaccent und die Beschaffenheit der angrenzenden Reihen bezeichnen.

Indessen hilft uns hier eine einfache Betrachtung der dochmischen Reihe alle Scrupel beseitigen. Es steht nach Obigem fest, dass der Dochmius gebildet ist aus neun Zeiten, von denen acht regelmässig ausgedrückt werden; die neunte fällt gewöhnlich in eine Pause, seltener findet auch sie einen Ausdruck als kurze oder irrationale Silbe. In den dochmischen Compositionen treten bekanntlich gerne Iamben, Trochäen, kretische und bakcheische, selbst, wenn auch seltener,

*) Dasselbe tritt in unserer Musik ein, ja es gibt längere Piecen mit Accentversetzung, wie , in denen gelegentliche Rückkehr zum gewöhnlichen Accent lehrt, dass von einem Auftact  keine Rede sein kann.

anapästische oder daktylische Versformen ein (Hermann elem. 240 ff.). Wie sind diese rhythmisch mit dem Dochmius vereinigt? Am leichtesten geben folgende Schemata darüber Aufschluss:

Katalektischer Dochmius:	Akatalektischer Dochmius:
[illegible] ∧	[illegible]
[illegible] ∧	[illegible]
[illegible] ∧	[illegible]
[illegible] ∧	[illegible]
[illegible] ∧	[illegible]

Ich habe nur die naheliegenden Variationen aufgezählt, welche beweisen, dass alle jene in dochmischen Compositionen vorkommenden Versformen in der rhythmischen Länge des Dochmius begründet sind. Die Möglichkeit einer so reichen Variation liegt in dem Mittel der Synkope. Wie sie angewendet wird, lehrt uns der einfache Dochmius. Dass dieser nicht aus Iambus und Päon besteht, zeigt die irrationale Silbe des vermeintlichen Päon. Denn eine Reihe, wie [illegible] kann nur ein Iambus und katalektisch-trochäische Dipodie. Diese beiden Theile stehen nach der oben angeführten *äusserlichen Silbenmessung* im Verhältniss von 3 : 5, können also nach Aristoxenischer Theorie nicht in continuirlicher Verbindung (συνεχὴς ῥυθμοποιία) wiederholt werden. In der That aber, mit Einrechung der Pause, haben sie das Verhältniss von 3 : 6 = 1 : 2, d. h. *der Dochmius gehört zum diplasischen Rhythmengeschlecht*, er ist eine wirkliche trochäische Tripodie, in welcher der erste Trochäus durch Synkope das Ansehen eines Iambus erhalten hat. Bei Setzung von Tactstrichen darf also an diesem Iambus die anlautende Kürze nicht abgeschnitten werden (S. 39 ff.). Hat Aristoxenus das richtige Verhältniss zu erkennen vermocht, so kann der Name δόχμιος nicht von ihm herrühren; hat er aber die Einheit nicht erkannt, was wohl möglich ist, so hat er vermuthlich den Dochmius als achtzeitige gemischte Reihe behandelt, auf welche sein Satz von der συνεχὴς ῥυθμοποιία nicht anwendbar ist. Der neunzeitige diplasische und zwölfzeitige Dochmius mit seiner triplasischen Messung fällt dann für ihn unter die Kategorie des Tactwechsels, der Metabole (vgl. unten II § 3). Theilen wir die dreizeitigen Tacte durch Striche ab, und bezeichnen die Zusammenziehung von zwei Kürzen durch einen Bogen [illegible], so springen die Synkopen und ihre Wirkungen in die Augen:

[illegible] | rhythmische Grösse des Dochmius
[illegible] | trochäische Tripodie = aufgelöster Dochmius
[illegible] | troch. Tripodie mit Synkope = gewöhnlicher Dochmius
[illegible] | hyperkatalektischer Dochmius
[illegible] | Dochmius mit Doppelanakrusis
[illegible] | „ „ mittlerer Doppelkürze
[illegible] | iambische Tripodie
[illegible] ∧ | Iambus und Bakchius
[illegible] ∧ | Palimbakchius und Trochäus
[illegible] | scheinbarer Pherekrateus: [illegible]
[illegible] ∧ | scheinbare daktylische Dipodie
[illegible] ∧ | „ anapästische „

Man sieht, dass selbst die so verpönten Abtheilungen der Alten, wie [illegible] u. dgl., nicht absolut unsinnig sind, sondern nur in ihrer allseitigen Anwendung zu Verkehrtheiten führen mussten. Als Bezeichnung der einfachen Synkope sind sie in dochmischen Massen an ihrem Platze.

Indessen lehrt uns die gefundene Grösse und Tactart des Dochmius nicht nur die Möglichkeit einer so bunten Variation verstehen, sondern sie führt uns auch zur Erklärung seiner Erweiterungen. Es ist den Lesern der Hermann'schen Metrik erinnerlich, wie sehr der Dochmius der Erweiterung fähig ist. Hermann führt nach Seidlers Vorgange viele Formen auf, z. B.

[illegible]
[illegible]
[illegible]
[illegible]
u. s. f.

oder mit voraufgehender Erweiterung

[illegible]
[illegible]
u. s. f.

Beobachtungen über diese Zusammensetzung, welche sehr nützlich sind, haben Seidler, Hermann und Böckh angestellt, und man findet sie kurz zusammengefasst in der 'griechisch-römischen Metrik' von C. Freese 2. Aufl. S. 343 ff. Die Erweiterungen zeigen, da sie grösstentheils zu unbedeutend sind, um eigene Glieder zu bilden, dass der Dochmius für sich keine *nothwendig* abgeschlossene rhythmische Reihe ist, sondern dass er beliebig in gleichen Tacten fortgesetzt werden kann. Wir thun daher besser, in solchen Zusammensetzungen, wie die erwähnten, nicht den Dochmius abzusondern. Der Dochmius tritt eben hier nicht als selbständiges Glied auf, sondern ist unvermittelt mit der 'Erweiterung' verbunden, entweder durch regelmässigen Wechsel zwischen Thesen und Arsen, oder, wenn zwei Längen zusammenstossen, durch Synkope oder Dehnung der vorderen. Pause ist wohl nur zwischen selbständigen Reihen anzunehmen.

Hier erhebt sich ein Bedenken, welches auch die Westphalsche Erklärung trifft. Werden zwei gewöhnliche Dochmien so mit einander verbunden, dass zwischen ihnen Worttrennung eintritt, so würden durch die Pause die zusammengehörigen Silben gewaltsam auseinandergerissen. Aber Westphal setzt gewiss in solchen Fällen eine Dehnung voraus, z. B.

Antig. 1269 [illegible]

[illegible] ∧

Wäre ein solches Glied nicht seiner Gesammtgrösse wegen arrhythmisch, so würde die Worttrennung natürlich keine Schwierigkeiten machen. Ich halte jede Messung, in welcher ein Wort durch Pausen auseinandergerissen wird, für falsch, und nehme auch hier Dehnung an:

[illegible] ∧

Derart ist aber auch die einzige dreizeitige Länge, welche überhaupt in Dochmien vorkommen kann; alle übrigen sind zweizeitig, weil sie in zwei Kürzen aufgelöst werden.*) Die Wortbrechungen zwischen aufgelösten Dochmien gleichen sich ohne innere Pause durch Synkope und Schlusspause aus.

Es ist jedenfalls viel entsprechender, von *dochmischen Gliedern*, als von logaödischen, zu reden und unter jenem Namen alle die Formen zu verstehen, in welchen bei diplasischer Messung die dem Dochmius eigenen Synkopen vorkommen, gleichviel ob die regelmässige Aufeinanderfolge von Längen und Kürzen oder eine Abweichung eintritt.

Die Länge des dochmischen Gliedes ist bestimmt durch das Tactgeschlecht, welchem wir dasselbe zugewiesen haben, d. h. es darf höchstens 18 Zeiteinheiten enthalten. Demnach ist

*) Dieser schlagende Grund wird bereits von Westphal gegen solche geltend gemacht, welche sich versucht fühlen möchten, einen Dochmius einfach iambisch zu messen, etwa [illegible]

bei Zusammensetzung einfacher Dochmien das grösstmögliche Glied das Dimetron, und in den variirten oder erweiterten Reihen dürfen die ausser dem Dochmius noch vorhandenen Tacte zusammen natürlich nur neun Zeiteinheiten ausmachen. Also ist gestattet

[illegible]

um von andern Erweiterungen zu schweigen. Es liegt kein geringer Beweis für die Zuverlässigkeit der handschriftlichen Versabtheilung in den Sophokleischen Dochmien darin, dass die Grösse der Reihe, welche man erst seit Westphals Untersuchungen, unabhängig von der Zeilenüberlieferung, annähernd bestimmt hat, nicht überschritten wird. Kleine Versehen abgerechnet, finden wir Dimeter richtig vereinigt, aber einen dritten Dochmius oder zu lange Erweiterungen in besonderen Zeilen abgetrennt.

Steht nun aber all unsern Deductionen nicht die Thatsache entgegen, dass in dochmischen Compositionen Cretici vorkommen und bakcheische Verse mit fünfzeitiger Messung, die sich ganz und gar nicht mit dem diplasischen Rhythmengeschlecht vereinigen wollen? Zwar nimmt es die neueste Epoche in der Entwicklung der metrischen Disciplin nicht allzu genau mit solchen Bedenken, da sie bei äusserlicher Entsprechung, z. B. einer Tactgruppe wie 3, 3, 3, 2, 2, 2, sich zufrieden gibt, mögen nun in der einen Abtheilung drei- und in der andern fünfzeitige Tacte angewendet sein. Man wird wohl in Zukunft strenger zu messen sich gewöhnen, sobald die chorische Poesie mit mehr Respect vor den alten Traditionen untersucht sein wird. Einstweilen möchte ich es nicht wagen, in dochmischen Partien päonische Reihen anzunehmen. Wären solche unwiderleglich vorhanden, so dass sie sich mit dem diplasischen Dochmius nicht ausgleichen könnten, so würde ich auch die diplasische Messung des letzteren in Zweifel ziehen und die Hoffnung auf eine wirklich befriedigende Erklärung desselben aufgeben. Aber dem ist glücklicherweise nicht so. Die scheinbar fünfzeitige Gliederung löst sich mit der dreizeitigen durch Annahme von Synkopen auf. Zunächst ist es schon von Hermann richtig erkannt, dass die Reihe [illegible] nicht als bakcheisches Dimetron, sondern als sogenannter hyperkatalektischer Dochmius aufzufassen sei (elem. 264. 293). Damit fällt die zehnzeitige Messung, und es tritt die neunzeitige ein (S. 63). Grössere Schwierigkeiten macht die kretische Form. Man könnte versucht sein, die Kretiker im Verein mit Dochmien als katalektisch trochäische Dipodien aufzufassen (– ⏑ – ∧ oder – ⏑ –), zumal eine solche Dipodie im eigentlichen regelmässigen Dochmius vorkommt. Und diese Erklärung ist so oft zulässig und sogar geboten, als ein Kretiker mit dem Dochmius zu einem Gliede vereinigt ist. Aber es gibt auch selbständige kretische Tripodien unter den dochmischen Reihen, welche fünf Zeiten aufweisen. Fünfzeitig erscheinen sie nämlich unwiderleglich durch die Auflösungen der Längen. Nichtsdestoweniger werden wir sie nicht der päonischen, sondern der diplasischen Tactform zuschreiben. Es handelt sich hier nur um Reihen, und der Kretiker kommt als Einzeltact nicht in Betracht. Die scheinbare kretische Tripodie mit fünfzehn Zeiteinheiten löst sich von selbst in der diplasischen Messung auf, mit auffallenden und daher wirkungsvollen Synkopen:

[illegible]

und wird einem Dochmius sehr ähnlich: [illegible] Aeusserlich aufgefasst könnte es ebensogut eine trochäische Dipodie mit irrationaler Silbe und folgendem Dochmius, wie eine kretische Tripodie sein, wenn es nicht wesentlich eben eine *dochmische Reihe* wäre. Dasselbe gilt vielleicht von der sogenannten kretischen Dipodie, welche *sich nicht* ohne weiteres auflöst. Synkopisch aufgefasst entspricht sie der Geltung einer katalektisch-iambischen Tetrapodie, aber mit Versetzungen:

[illegible]

versetzt: [illegible]

Auch die Dipodie sieht einem Dochmius sehr ähnlich; derselbe erscheint nur um eine Länge erweitert: [illegible]

Aber ich vermuthe, dass diese Dipodien, wenn sie allein stehen, vielmehr Dehnungen enthalten. Jedenfalls hält die diplasische Messung im Zusammenhang vollkommen Stich, und somit können wir das vielbesprochene Problem der doch-

mischen Composition als gelöst betrachten.*) Die Lösung bewahrheitet sich aber auch in der Praxis und darin liegt ihre hauptsächliche Gewähr.

Es ist mit Absicht in der Untersuchung der Eintritt daktylischer, anapästischer und ionischer Formen innerhalb dochmischer Partien ausser Acht gelassen worden. Treten sie selbständig auf, so könnte man geneigt sein, eine Metabole, einen Tactwechsel, anzunehmen. Bei den wenigen daktylisch-anapästischen Bildungen, welche sich ohne weiteres in die diplasische Messung durch Synkope einfügen lassen, ist aber eine solche Annahme nicht gerechtfertigt. Es dürfte auch nicht gewagt erscheinen, die übrigen Daktylen und Anapäste kyklisch zu messen und sie somit der diplasischen Tactform unterzuordnen. Auf dreizeitige Messung lässt nicht nur die enge Verwandtschaft zwischen den logaödischen und dochmischen Reihen schliessen, sondern wir haben auch einen positiven Anhalt an der dochmischen Form mit anapästischem Schlusse (oder dactylischem Mitteltact), z. B. in den von Seidler und Hermann angeführten Versen Aesch. Suppl. 349 = 360 D:

[illegible]
[illegible]
[illegible]

*) Für diejenigen, welche an keinen rhythmischen Satz glauben, wenn er nicht ihrem modernen Tactgefühl convenirt, sei zur Beruhigung bemerkt, dass alle dochmischen Reihen nach unserer Erklärung nicht nur in unserer Noten- und Tactschrift wiedergegeben werden können, sondern dass sie sogar in Praxi, wenn auch vereinzelt, vorkommen. Der Dochmius entspricht unserem $^3/_8$-Tact. Mit den gewöhnlichen Synkopen sieht er also aus: 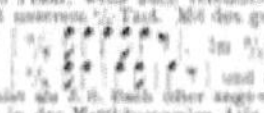 Im $^3/_4$-Tacte notirt würde er sich so ausnehmen: und so hat ihn z. B. kein schlechterer Componist als J. S. Bach öfter angewendet. Einmal mit schlechter Declamation in der Matthäuspassion Arie No. 29 der Stern'schen Bearbeitung:  Richtig declamirt:  Häufiger wird die zusammengezogene Achtel auf 2 Tacte vertheilt: 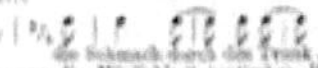

Diese Synkopen veranschaulichen uns die Möglichkeit kretischer Bildungen im diplasischen Tact. Aber wenn es entsprechende Analogien in unserer Musik nicht wären, dürften wir dann das Vorkommen jener dochmischen Bildungen leugnen oder sie vielmehr mit Hilfe von Pausen und Dehnungen einfach in Takte umschreiben?

Zwar kann man diese Verse auch so messen ⏑ ⏑ ⏑ | ⏑́ ⏑ | ⏑́ ⏑ – | ⏑ ⏑ ⏑ | ⏑́ ⏑ ⏑ | – ∧, aber der Anapäst wird durch den sogenannten hyperkatalektischen Dochmius bestätigt. Euripides setzt nämlich die Reihe so in den Bakchae (Hermann elem. 264):

1173 Κιθαιρών. τί Κιθαιρών;
κατεφόνευσέ νιν
1193 ἐπαινεῖς; τί δ' ἐπαινῶ;
τάχα δὲ Καδμεῖοι

⏑ ⏑ | ⏑́ ⏑ ⏑ | – –
⏑ ⏑ ⏑ | ⏑́ – | – ∧

Hieher rechnet man auch den anapästischen Anlaut der Dochmien ⏑ ⏑ ⏑ ⏑ ⏑ ⏑ (Hermann elem. 253); aber die als Beispiele angeführten Verse lassen auch eine andere, einfach trochäische Messung zu oder sind verderbt, jedenfalls entscheiden sie nicht unwiderleglich die kyklische Messung.

Was die Accentsetzung anbetrifft, so gibt uns die diplasische Theilung eine positive Richtschnur. Da der Dochmius so gemessen wird:

3 | 6
⏑ – | ⏑́ ⏑ – ∧
= 1 | 2

so ergibt sich der Iambus von selbst als leichter, die trochäische Dipodie als schwerer Tacttheil. Wenden wir Tactstriche an und bezeichnen demnach nur den Hauptaccent des Ganzen, so notiren wir

| ⏑ – | ⏑́ ⏑ | – ∧ |

§ 2.

Beweise.

Dass die Versabtheilung der Handschrift keine zufällige, willkürliche ist, müssen schon die zahlreichen Zeilen darthun, die eine bestimmte rhythmisch tadellose Form haben. So ist es doch gewiss von Bedeutung, wenn eine im Drama zwar nicht seltene, aber an sich complicirte Messung, wie die *dochmische*, in der Handschrift fast immer durch unverderbte Zeilen überliefert ist. Und dabei ist nicht selten eine besondere, den Dochmien wohl angepasste Eintheilung gewahrt, welche vor unserer schablonirenden Doctrin der Metrik den Vorzug charakteristischer Originalität hat.

Richtig überliefert ist die grosse dochmisch-iambische Partie mit eingeschobenen Logaöden im *Aias* 348—393. Nur ist das anlautende ἰώ als selbständig anzusehen, und in

der ersten Strophe und Gegenstrophe findet sich eine untergeordnete Abtheilung:

351 ἴδεσθέ μ' οἷον ἄρτι κῦμα
352 φοινίας ὑπὸ ζάλης
359 σέ τοι, σέ τοι μόνον δέδορκα
360 πημονᾶν ἐπαρκέσοντ'.

Diese Zerlegung des iambischen Tetrameters ist nicht schlechthin zu verwerfen, wie von Seiten der Herausgeber geschieht. Vielmehr passt sie zur Gliederung desselben, wie sie durch die Cäsur bestimmt wird.*) Es ist also ganz entsprechend, in der Handschrift die Periode in ihren Vordersatz und Nachsatz getheilt zu sehen. Und dass dies nicht etwa nur zufällig an der vorliegenden Stelle statt hat, beweist die gleiche Zeilentrennung im *Oedipus auf Kolonos:*

1483 ἐναισίου δὲ συντύχοιμι
1484 μηδ' ἄλαστον ἄνδρ' ἰδὼν
1496 ὁ γὰρ ξένος σε καὶ τέκνα
1497 καὶ φίλους ἐπαξιοῖ.

Es ist aber jedenfalls inconsequent, die zwei Glieder nicht zu vereinigen, während sonst wenigstens in den meisten Fällen die zweigliedrige Periode eine Zeile füllt. Jedoch ist hierin die Ueberlieferung selbst schon inconsequent, da sie ungetheilte Tetrameter bietet, wie O. C. 1451, wo ἔχω φράσαι, und 1466, wo φλέγει πάλιν entweder des Raumes wegen oder aus Missverständniss nachgetragen ist, weil nach Abtrennung der Dipodie ein gewöhnlicher Trimeter übrig bleibt. Es ist nicht abzusehen, warum in den Versen 373—376 = 387—391 des *Aias* die handschriftliche Gliederung nicht beibehalten wird:

373 ὦ δύσμορος, ὃς χερὶ μὲν
μεθῆκα τοὺς ἀλάστορας
375 ἐν δ' ἑλίκεσσι βουσὶ καὶ
κλυτοῖς πεσὼν αἰπολίοις
ἐρεμνὸν αἷμ' ἔδευσα.
= 387 ὦ Ζεῦ, προγόνων προπάτωρ,
πῶς ἂν τὸν αἱμυλώτατον
ἐχθρὸν ἄλημα τούς τε δισ-
390 άρχας ὀλέσσας βασιλῆς,
τέλος θάνοιμι καὐτός.

Die fünf Glieder bilden nicht *eine* Periode, sondern nach Ausweis der indifferenten Silbe am Schluss der zweiten Zeile

*) Diese Cäsur wendet z. B. auch Alcaeus an (Heph. p. 32 G, 18 W): δέξαι με κωμάζοντα, δέξαι, | λίσσομαί σε, λίσσομαι.

haben wir hier eine zwei- und eine dreigliedrige Periode. Die letztere schliesst mit einer katalektischen Tetrapodie als Nachsatz; ihre zwei Hauptglieder sind viertactig. Ebenso ist der Nachsatz der ersten Periode eine Tetrapodie, doch ihr Vordersatz lässt eine doppelte Messung zu:

[illegible] Tripodie

oder [illegible] Tetrapodie

Die Tetrapodie verdient den Vorzug wegen der Gleichmässigkeit mit den folgenden Gliedern, und weil die erste Dehnung auf Interjectionen fällt, wo sie ausserordentlich wirksam ist. Die Tactirung des Stückes ist also folgende:

	Tactzahl
[illegible]	2 + 2
[illegible]	2 + 2
[illegible]	2 + 2
[illegible]	2 + 2
[illegible]	4

Bemerkenswerth ist die Trennung der Verse 834—836 im *Oedipus auf Kolonos*; von dreien ist **ein** Dochmius in eine besondere Zeile untergeschrieben:

834 ΧΟ. τί δρᾷς, ὦ ξέν'; οὐκ ἀφήσεις; τάχ' ἐς
835 βάσανον εἶ χερῶν.
836 ΚΡ. εἴργου. ΧΟ. σοῦ μὲν οὔ,
τάδε γε μωμένου.

Dagegen sind diese Glieder in den entsprechenden Versen 877—879 irrig zu einem Trimeter und einem Dimeter, wie es scheint, vereinigt. Die Abtrennung des einzelnen Dochmius geht aber hinter die in der Florentiner Handschrift vorliegende Recension zurück. Denn der Schreiber derselben erkannte den Dochmius nicht mehr, wie die Verse 843 f. und 885 f. beweisen:

843 πόλις ἐναίρεται, πόλις ἐμὰ σθένει
προβᾶθ' ὧδέ μοι.
885 μέθεντ' οὖν τόδε, μέθεντ'· ἐπεὶ πέραν
886 περῶσ' δή.

Trotzdem der Dochmius der Zeile 886 entstellt ist, blieb die Trennung bei der ihn beginnenden Silbe bestehen. Elmsley verbesserte: περῶσ' οἵδε δή. So geschah es auch O. C. 1499, wo aber keine Verbesserung gefunden ist. Hier gibt uns die Ueberlieferung einen Wink, dass sie auf guter, alter Doctrin beruht, nach welcher drei Dochmien nicht zu einem Gliede vereinigt werden können. Die gleiche Gliederung in Dimeter

und Monometer findet sich handschriftlich z. B. O. C. 1456 f. 1470 f., wo der dritte Dochmius hyperkatalektisch ist; 1484 f. O. T. 1320 f. 1340 f. 1345 f. verbessert nach 1365 f. El. 1387 f. 1394 f. Aias 394 f. 413 f.

Richtige Glieder sind auch überliefert in den Versen der *Elektra* 1254—1256:

ὁ πᾶς ἐμοὶ
ὁ πᾶς ἂν πρέποι παρὼν ἐννέπειν
τάδε δίκᾳ χρόνος.

Der letzte Dochmius ist abgetrennt, wie in dem entsprechenden Verse 1234. Doch ist hier der andere Fehler begangen, dass die iambische Dipodie mit dem dochmischen Dimeter zu einer Zeile vereinigt ist. Zwar ist dieser Fehler dadurch erklärt, dass zugleich durch Versehen ein Wort ausgefallen war:

1232—1233 ἰὼ γοναί, σωμάτων ἐμοὶ φιλτάτων
ἐμόλετ' ἀρτίως.

Von jüngerer Hand ist das dem wiederholten πᾶς 1254 f. entsprechende zweite γοναί eingefügt, und die Zeilen sind nun so einzutheilen:

ἰὼ γοναί,
γοναὶ σωμάτων ἐμοὶ φιλτάτων
ἐμόλετ' ἀρτίως.

Mit Unrecht ist die handschriftliche Eintheilung der Zeilen 1239—1240 = 1260—1261 in derselben Tragödie verlassen worden:

1239 ἀλλ' οὐ τὰν Ἄρτεμιν τὰν αἰὲν ἀδμήταν
τόδε μὲν οὔ ποτ' ἀξιώσω τρέσαι
= 1260 τίς οὖν ἂν ἀξίαν γε σοῦ πεφηνότος
μεταβάλοιτ' ἂν ὧδε σιγὰν λόγων;

Nachdem man früher die beiden vorderen Zeilen für iambische Trimeter gehalten, respective dazu gemacht hatte, wurden sie von Hermann für 'lendenlahm' erklärt (elem. 235). Demnach zerfielen sie in zwei Tripodien, als welche sie sich auch bei Dindorf, Nauck, Bergk wiederfinden: [illegible]

1239 ἀλλ' οὐ τὰν Ἄρτεμιν	1260 τίς οὖν ἂν ἀξίαν
τὰν αἰὲν ἀδμήταν	γε σοῦ πεφηνότος

Nichts bürgt uns aber dafür, dass der Dichter nicht vielmehr hier **ein** Glied gebildet habe, von derselben rhythmischen Grösse, wie der folgende dochmische Dimeter; denn die Tripodie ist nichts, als ein versetzter voller Dochmius.

Etwas anderes ist es in den Versen 1241 = 1263, von denen der erste in der Handschrift ungetheilt, der zweite aber in zwei Reihen abgetheilt erscheint:

1241 περισσὸν ἄχθος ἔνδον γυναικῶν ὂν ἀεί.
1265 ἐπεί σε νῦν ἐσορῶ
ἀέλπτως τ' ἔσχον.

Die antistrophische Trennung haben z. B. Bergk und Nauck vorgezogen. Mit Recht; denn Hermann hat eine zu grosse Reihe statuirt, wenn er die Verse 'ex diiambo, dochmio et ditrochaeo' bestehen liess (elem. 265). Ihm folgt Dindorf. In der That übersteigt die Zeile die rhythmisch mögliche Grösse eines Gliedes und die Trennung, wie sie die Gegenstrophe richtig erhalten hat, ist nothwendig. Die beiden so entstehenden Glieder sind äusserlich 1) iambische Dipodie und Bakchius, 2) hyperkatalektischer Dochmius:

⏑ –́ ⏑ – ⏑ –́ –
⏑ – –́ ⏑ ⏑ –

Dieselben oder gleichartige Reihen ergibt die Ueberlieferung in den Schlusszeilen des Kommos 1272—1287.

Kein rhythmischer Zwang zur Trennung liegt vor in den kurzen Zeilen der Elektra 1245—1250

ὀτοτοτοτοῖ τοτοῖ
ἀνέφελον ἐνέβαλες
οὔ ποτε καταλύσιμον
οὐδέ ποτε λησόμενον
ἁμέτερον
οἷον ἔφυ κακόν.

So auch in der Gegenstrophe v. 1265—1270, nach welcher in der ersten Zeile das handschriftliche ὀτοτοῖ von Hermann verbessert worden ist. Ich möchte nicht an dieser Gliederung ändern, weil es hinlänglich feststeht, dass ein einzelner Dochmius eine befriedigende rhythmische Reihe ausmachen kann (vgl. die handschriftliche Abtheilung in den Versen O. C. 1449. 1464, wo die Trennung, statt vor, nach der ersten Silbe von διόβολος eintreten müsste: κτύπος ἄφατος ὅτε διόβολος· ἐς δ' ἄκραν. O. T. 1330. 1334; hyperkatalektisch O. C. 1453. O. T. 649. 651; und besonders die dochmisch-iambische Strophe Phil. 391—402 = 507—518).

Unsere Theorie der dochmischen Reihen und die Methode in der Benutzung handschriftlicher Zeilenabtheilungen bewährt sich am besten durch die Erklärung eines schwierigen Beispieles in seinem ganzen Zusammenhange. Als solches sei die dritte Strophe des schönen Kommos im *Aias* 394—411 = 412—429 hervorgehoben. Diese Strophe bietet uns Doch-

mien in reiner und versetzter Form von solcher Mannichfaltigkeit, dass ihre richtige Auffassung erschwert wird. Zugleich ist die handschriftliche Zeilenabtheilung so beschaffen, dass sie zwar in allem Wesentlichen das Richtige ergibt, aber durch Schwankungen in Strophe gegenüber der Gegenstrophe auch die Möglichkeiten und Zufälligkeiten der Verderbniss vor Augen führt. In der Handschrift finden wir folgende Zeilen*):

394 ἰὼ σκότος, ἐμὸν φάος, ἔρεβος ὦ φαεννότατον, ὡς ἐμοί,
ἕλεσθ' ἕλεσθέ μ' οἰκήτορα
ἕλεσθέ μ'· οὔτε γὰρ θεῶν
γένος οὐθ' ἁμερίων ἔτ' ἄξιος βλέπειν τιν' εἰς
400 ὄνασιν ἀνθρώπων.
ἀλλά μ' ἁ Διὸς ἀλκίμα θεὸς
ὀλέθρι' αἰκίζει.
ποῖ τις οὖν φύγῃ;
ποῖ μολὼν μενῶ;
405 εἰ τὰ μὲν φθίνει, φίλοι, τίσι δ' [?]
ὁμοῦ πέλας, μώραις δ' ἄγραις προσκείμεθα
πᾶς δὲ στρατὸς δίπαλτος ἄν με
χειρὶ φονεύοι.
= 412 πόροι ἁλίρροθοι πάραλά τ' ἄντρα καὶ
νέμος ἐπάκτιον
πολὺν πολύν με δαρόν τε δὴ
415 κατείχετ' ἀμφὶ Τροίαν
χρόνον. ἀλλ' οὐκέτι μ', οὐκέτι
ἀμπνοὰς ἔχοντα
τοῦτό τις φρονῶν ἴστω.
ὦ Σκαμάνδριοι γείτονες ῥοαὶ
420 εὔφρονες Ἀργείοις,
οὐκέτ' ἄνδρα μὴ
τόνδ' ἴδητ', ἔπος
ἐξερῶ μέγ', οἷον
οὔτινα
425 Τροία στρατοῦ
δέρχθη χθονὸς μολόντ' ἀπὸ
Ἑλλανίδος· τανῦν δ' ἄτιμος
ὧδε πρόκειμαι.

Trotz aller Abweichungen ist die Zeilenabtheilung so beschaffen, dass ihre ursprüngliche Anlage sicher erschlossen

*) Kleinere Versehen sind mit Dindorf verbessert; auch nach Elmsley die Worte des Codex: 396 ἕλεσθέ μ' ἕλεσθέ μ', mit Dindorf 402 ὀλέθρι' statt ὀλέθριον. 405 τίσι δ' ὁμοῦ πέλας Dindorf statt τοῖσδ' ὁμοῦ πέλας. 412 ἰὼ fügt Brunck hinzu. 419 ὦ Dindorf statt ἰὼ. 423 ἐξερῶ cod. ἐξερῶ Porson.

werden kann. Fest steht das dochmische Dimetron 394 = 412, das Monometron 395 = 413, die gleichartige Abtheilung der übrigen Zeilen ausser 398—400 = 416—418, 402 = 420 und 405 = 423 f. Auch in den letzteren kann die Herstellung des Dochmios 402 als gesichert, eine gegenseitige Ausgleichung der übrigen Glieder als wahrscheinlich angesehen werden.

Doch die Strophe fängt mit einem Fehler an. Ihre erste Zeile ist zu lang, um ein einzelnes Glied zu bilden; denn zwei Dochmien füllen schon 18 Zeiteinheiten, jene Zeile hat aber einundzwanzig. Hier hilft uns die Gegenstrophe: sie zählt drei Zeiteinheiten weniger, sie hat nur zwei Dochmien. Wir werden daher auch in der Strophe den Iambus ἰώ, welcher dem dochmischen Dimeter vorausgeht, abschneiden und in eine besondere Zeile verweisen müssen. Eine gleiche Zeile mit einem wahrscheinlich gedehnten ἰώ, muss die Gegenstrophe eröffnet haben. Dieses zweite ἰώ wurde bereits von Brunck zugesetzt, und in mehreren Ausgaben findet man es richtig als besonderes Glied abgetrennt. Die beiden folgenden Zeilen 396—397 = 414—415 decken sich. Dagegen tritt hierauf eine grosse Verschiedenheit zwischen Strophe und Gegenstrophe ein. Zunächst versteht es sich von selbst, dass das zweite οὐδέν 416, der Responsion und des Hiatus wegen, apostrophirt werden muss οὐδέν'. Nun stellen die Silben der Zeilen 398—400 und 416—418 folgende Zeiteinheiten dar:

Strophe:		Antistrophe:	
Vers 398,9:	22	Vers 416:	11
400:	10	417:	9
		418:	12

Etwaige irrationale Längen sind dabei zweizeitig gemessen. Natürlich übersteigt die erste strophische Zeile die Grösse des diplasischen Gliedes, und da die Zeilen der Gegenstrophe keinen solchen Fehler aufweisen, so ist es natürlich und methodisch, an ihnen die Gliederung zu versuchen. Zeile 416 ist so rhythmisirt:

[illegible]

[illegible]

Das wären nach äusserlicher Silbenzählung elf Zeiteinheiten, also ein ganz unrhythmisches Glied. An eine einzeitige Pause am Schlusse, wodurch die diplasische Messung erzielt würde,

ist nicht zu denken, weil eine betonte Silbe folgt, welche sich an die unbetonte und durch Apostroph mit ihr eng verbundene Silbe ἐν' nothwendig anschliesst. Es können also nicht zwölf und nicht elf Zeiteinheiten in der Reihe enthalten sein; weniger ergeben sich aber nur durch kyklische Messung. Diese ist nun in dochmischen Reihen an zweiter Stelle angewendet worden (S. 73), und hat in dem vorliegenden Falle eine unleugbare Berechtigung. Aber die zweisilbige Anakrusis wird doch nicht auch auf dieselbe Weise gerechtfertigt werden können. Wenigstens wäre ein kyklischer Anapäst neben einem gleichartigen Daktylus sehr gewagt. Zudem ist ja die anapästische Anakrusis überhaupt nicht sicher zu erweisen. Hier muss also nothwendig ein Fehler in der Zeilentrennung liegen, und dieser Fehler ist ein nicht ungewöhnlicher. Wir finden nämlich häufig ein Wort, welches mit verschiedenen Silben zu zwei aneinanderstehenden Gliedern gehört, ganz entweder zu dem einen oder anderen gezogen. Eine solche Vernachlässigung der Silbentrennung liegt auch hier vor; die Zeilen 398 und 415 haben ursprünglich gelautet:

398 [illegible]
415 [illegible]

[illegible]

d. i. eine dochmische zwölfzeitige Reihe (umgekehrter Dochmius mit vorangehendem Amphibrachys). Für die Zeile 416 bleibt ein voller neunzeitiger Dochmius mit anapästischem Schlusse:

[illegible]

Die Strophe hat demnach eine corrupte Theilung, welche so verbessert werden muss:

[illegible]
[illegible]
[illegible]

[illegible]

Auch die drei vorletzten Verse zeigen grosse Verschiedenheit in der Trennung. Offenbar sind in der Strophe die Worte, in der Gegenstrophe die Zeilenabtheilungen verderbt. Die

Verbesserung der ersteren ist durch viele Versuche bereits aus dem Bereich der Wahrscheinlichkeit gerückt. Nehmen wir an, dass die von Dindorf nach Lobecks Vorgang gemachte und in den Text aufgenommene Conjectur richtig sei — sie entspricht der Gegenstrophe —, so finden wir folgende Gliedergrössen, eingerechnet die durch Katalexis entstehenden Schlusspausen:

Strophe:			Antistrophe:		
Vers 405:	15	Zeiteinheiten	Vers 423:	9	Zeiteinheiten
406:	18	„	424:	6	„
407:	15	„	425:	8	„
408:	6	„ (kyklisch)	426:	12	„
			427:	15	„
			428:	6	„ (kyklisch)

Alle Zeilen fügen sich der diplasischen Tactform; jedoch springt es in die Augen, dass die strophischen eine grössere Regelmässigkeit haben, als die antistrophischen. Die Zeitenzahl der letzteren hat noch einen grösseren Anschein von Regelmässigkeit, als die Reihen selbst; denn die zweite ist katalektisch, die dritte akatalektisch. Es kann keinem Zweifel unterliegen, dass die strophischen Abtheilungen richtig sind. Aber ist es nicht auffallend, dass die antistrophischen kürzeren und längeren Zeilen auch alle rhythmisch, dass sie offenbar nicht durch den Mangel an Raum in der Zeilenlänge entstanden sind, da ja in der achtzehnzeitigen Reihe 425—426 (= 406) *im Anfange* ein kleines Stück losgetrennt ist? Als möglich möchte ich hier eine Trennung ansehen, welche die einzelnen Theile der Glieder angibt. Es ist keine Frage, dass mit der 407. und 427. Zeile eine neue Periode beginnt, der Hiatus und die indifferente Silbe beweisen es. Ebenso macht der Hiatus und die syllaba anceps am Ende der Zeilen 404 und 422 einen Periodenschluss sicher; denn wenn hier auch die kleinen trochäischen Tripodien, welche wir als versetzte Dochmien kennen lernten, vorliegen, so ist wenigstens in der folgenden Zeile kein Grund vorhanden, wodurch eine kurze Schlusssilbe oder Hiatus motivirt wäre, ausser Periodenschluss (S. 64). Die Zeilen 406 und 425 + 426 haben den Umfang eines iambischen Trimeters und können sich schwerlich mit den vorhergehenden kürzeren Pentapodien zu einer Periode vereinigen. Dazu kommt, dass die Schlusssilbe in οὔτινα als Länge eine

zu schwache Stütze an der im folgenden Gliede erst eintretenden muta und liquida τρ hat; wir werden sie vielmehr als indifferente Kürze betrachten müssen. Somit wäre eine jede der Zeilen 405, 406, 423 + 424, 425 + 426 als ganze Periode erwiesen, deren Theilung erst aufzusuchen ist. Nun gibt die Gegenstrophe kleine Theile durch ihre Zeilentrennung an; werden wir nicht methodisch handeln, wenn wir die Zeilen darauf hin untersuchen, ob sie eine rhythmisch mögliche Reihenbildung enthalten? Die Theilung ist:

		Zeiteinheiten	Tactzahl
405 = 423 + 424	– ◡ | – ◡ | – ◡ ‖ – ◡ | – ∧ ‖	9 : 6	3 : 2
406 = 425 + 426	◡ – | ◡ – ‖ – – | ◡ – ‖ ◡ – | ◡ – ‖	6 : 12	2 : 4

Eine solche Trennung wird den Beifall derjenigen nicht finden, welche die Tactzahlen in einer Gleichung ansetzen möchten. Ein Beobachter aber, welcher weniger erpicht ist auf Tactspielereien, als auf Feststellung objectiver Thatsachen, möchte an *einer* solchen Gliederbildung festhalten, bis ein gewichtiger Gegengrund vorgebracht ist. Es ist indess auch eine Begründung für die obige Reihenbildung zu finden. Der Einzeldochmius ist seiner Natur nach tripodisch und demgemäss bestehen auch die Zeilen 402—404, 420—422 aus dreitactigen Gliedern; nun aber lässt der Dichter einen Wechsel eintreten um die Eintönigkeit zu vermeiden, er leitet wieder zur dipodischen Messung über, indem er drei Tacte mit zweien zu einer Periode verbindet. Hierauf fährt er in dipodischer Gliederung fort, indem er aus zwei und vier Iamben eine Periode baut. Und zwar sind auch die vier durch Cäsur wieder in zweimal zwei getrennt. Endlich leitet Sophokles, um einen befriedigenden Abschluss zu erzielen, wieder zu den Tripodien zurück: er bildet eine katalektische Pentapodie 407 = 427, in welcher eine erste Dipodie durch Cäsur abgeschnitten wird und dann eine zweite hyperkatalektische folgt. Mit der überzähligen Silbe ist der zweitactige adonische Vers, welcher den Schluss macht, zu einer Tripodie vereinigt. Wer wollte nun der ganzen Partie eurythmische Bildung absprechen, wenn sie so, wie sie im Wesentlichen durch die Handschrift überliefert ist, geordnet und erklärt wird?

ᴗ̆ – innerhalb des Tactes.

	1 2 3 4 5 6	Zeiteinheiten	Tactzahl
I	[illegible]	18	6
	[illegible]	9	3
II	[illegible]	15	3 + 2
	[illegible]	12	2 + 2
III	[illegible]	9	3
	[illegible]	9	3
	[illegible]	12	6 + 1
IV	[illegible]	18	6
	[illegible]	9	3
V	[illegible]	9	3
	[illegible]	9	3
VI	[illegible]	15	3 + 2
VII	[illegible]	18	2 + 2 + 2
VIII	[illegible]		2 + 2
	[illegible]		3

Bei der Accentsetzung ist hier und im Folgenden die gewiss plausible Regel befolgt, dass, so oft sich Tripodien in Entsprechung mit einem Dochmius finden, die dochmische Betonung [illegible] angewendet ist. Sechs Tacte sind entweder tripodisch oder dipodisch zu theilen. Fordern die zusammenhängenden Tacte oder die eurythmische Entsprechung Tripodien, so wird man auf die zweite und fünfte Länge einen Accent setzen; denn die Tripodien sind Glieder für sich, hier also dochmisch z. B.

[illegible]

Werden sechs Tacte dipodisch durchgemessen, so tritt eine Hexapodie im diplasischen Verhältniss ein; denn eine andere Theilung lässt eine solche Hexapodie, die ein Glied ausmacht, nicht zu*). Diplasisch angeordnet besteht sie aus 4 + 2 Einzeltacten, welche einen Nieder- und einen Aufschlag haben. Der Hauptictus liegt auf der ersten oder zweiten, der Aufschlag auf der vierten oder sechsten Länge:

[illegible] 8σημ [illegible] 4σημ

oder die beiden Theile sind umgesetzt

[illegible] 4σημ [illegible] 8σημ

*) Drei Glieder aus je zwei Tacten bestehend sind undenkbar. Die Dipodien, welche zuweilen selbständig eingeschoben werden, sind keine Glieder, sondern beschleunigende Einzeltacte. Der recitirte oder selbständige iambische Trimeter erfordert eine besondere Betonung, S. 38.

Wir notiren aber nur den Hauptaccent, und zwar mit vorangehender Tetrapodie, wenn die Umsetzung nicht zu erweisen ist*). Die Pentapodie bedingt eine Metabole; sie hat einen Hauptschlag, welcher auf drei Tacte fällt und einen Nebenschlag auf den zwei anderen. Wir notiren nur den ersteren und zwar auf der zweiten Länge, weil es so der dochmische Rhythmus zu verlangen scheint. Das gleiche tritt in der Tetrapodie ein, wofür aber erst die Logaöden (§ 3) Rechenschaft geben werden.

Die Iamben innerhalb dochmischer Compositionen sind natürlich alle nicht mit Auftact zu notiren. Denn sie sind der Zeitgeltung nach nur durch abweichende Verbindung der Zeiteinheiten, durch Synkope, von den Trochäen verschieden (S. 40 ff.). Jedoch wird man sie, wenn sie in ganzen Reihen auftreten, nicht als synkopirt notiren ([illegible]); denn die Einmischung unleugbar iambischer Glieder, wie der Trimeter, beweist, dass mit der Längenversetzung auch eine Accentversetzung verbunden war: [illegible]. Kurz, *der durch Synkope vermittelte Eintritt eines iambischen Tactes wird mit Accentwechsel* zur *Einlage ganzer iambischer Reihen benutzt.* Dadurch dass wir dennoch keinen Auftact notiren, wird die Einheit der ganzen Composition dem Auge dargestellt. Bezeichnen wir die Tripodien mit α und die Dipodien mit β, so stellt sich folgende eurythmische Composition des analysirten Gesanges heraus:

I–IV βββα, αβ, ββααββ, βββα

V–VIII αα, αβ, βββ, ββα

§ 3.

Logaöden.

Wir haben an den dochmischen Reihen ersehen, dass die handschriftliche Zeilenabtheilung ungleich näher dem Original stehen muss, als die in unsern Ausgaben übliche. Zumal er-

*) Die Verschiedenartigkeit der Betonung kann man sich an unserer Tactirung vergegenwärtigen. Fassen wir 18 Zeiten zu einem Tacte zusammen, wie die Alten, so beginnt im ersten Falle der Tact thetisch, im zweiten Falle würde ein sechszeitiger Auftact vorausgeschlagen.

scheint die Ueberlieferung der Handschrift in denjenigen Fällen als original, in welchen die erst durch die neuesten metrischen Forschungen und unabhängig von allen Zeilentraditionen aus den alten Theoretikern der Musik erschlossene Gliedergrösse eingehalten wird. Man darf sogar behaupten, dass eine kritische Untersuchung der Zeilenlängen, wie sie z. B. der Laurentianus A bietet, über einige dunkle Punkte in der Theorie der Rhythmiker und Metriker Aufschluss gegeben hätte, insofern manche Thatsache durch die Tradition praktisch vor Augen geführt wird, welche abstract dargestellt minder verständlich bleibt. Ein Gleiches können wir auch von den *logaödischen* Reihen sagen. Nur sind hier die Thatsachen ungleich bekannter und verständlicher, als sie bisher in den dochmischen Reihen, trotz der aufmerksamsten Untersuchungen, waren.

Die factischen Erscheinungen in den logaödischen Compositionen des Sophokles — bekanntlich ist weitaus die Mehrzahl aller Sophokleischen Gesänge logaödisch componirt — sind neuerdings durch die fleissige und umfassende Arbeit des Dr Walter Berger dargestellt worden (de Sophoclis versibus logaoedicis et epitriticis, Bonner Doctordissertation 1864). Die Art und Beschaffenheit der Reihen ist hier nach allen Variationen beschrieben und in Tabellen (S. 55—64) veranschaulicht. Die Kenntniss der Formen ist wohl innerhalb der Sophokleischen Dichtungen keiner Erweiterung mehr fähig, wohl aber die rhythmische Kritik und Erklärung.

Für eine Erweiterung oder vielmehr Vertiefung der rhythmischen Einsicht halte ich die Erklärung der *Hypothesis* oder Versetzung, welche auf positive Angaben gestützt den Wechsel von Iambus und Trochäus, Daktylus und Amphibrachys ins klarste Licht setzt (Westphal Metr. II 731—743; oben S. 41 f.). Auch die Theorie der Alten von der dochmischen Messung des iambisch anlautenden Glykoneions (S. 65) ergibt sich als nützliche Anleitung zum Verständniss logaödischer Bildungen. Wir messen dieses Glykoneion gewöhnlich nicht dochmisch, sondern „gerade" ⏑ ⏑ – ⏑ ⏑ | – ⏑ – ∧ d. i. 1 : 1 oder im 'gleichen Tactgeschlecht'. Indessen ist die unverächtliche Angabe zweier Theoretiker über die dochmische

Natur der Reihe so exact, dass wir übel daran thun würden, sie zu verwerfen. Die 'schräge' Messung kann aber nur darin bestehen, dass die Arsis von der Thesis sich um mehr als eine Zeiteinheit unterscheidet. Betrachtet man nun die zwölfzeitige Reihe, so wird man, ausser dem angeführten geraden Verhältnisse 6 : 6, keine Theilung finden, die irgend eine Wahrscheinlichkeit für sich hätte, wenn nicht die triplasische 1 : 3.*) Aber diese hält man für unzulässig, weil sie nach Aristoxenischer Lehre nicht in continuirlich verbundenen Tacten, nicht in der συνεχὴς ῥυθμοποιία, angewendet werde, während die logaödischen Reihen doch in grösserer und kleinerer Zahl mit einander verbunden sind. Hier stünden wir also in der unangenehmen Alternative, entweder dem Aristides und Bakchius, welche für die dochmische, und, da keine andere dochmische möglich ist, für die triplasische Theilung zeugen, den Glauben zu versagen, oder die Aristoxenische Lehre von dem triplasischen Tacte umzustossen. Aber sagt Aristoxenus wirklich, dass unser präsumirtes Verhältniss 1 : 3 nicht fortlaufend in der Rhythmopoeie vorkomme? Die einschlagenden Zeugnisse, auf welche hin dem Aristoxenus ein solcher Lehrsatz zugeschrieben wird, hat bereits Rossbach besprochen (Jahrb. f. Phil. 1855 S. 210), und sie finden sich vereinigt in den 'Fragmenten der Rhythmiker' von Westphal (Metr. I. 2. Aufl. S. 12 ff.). Das gewichtigste Argument stützt sich auf die Worte in den ῥυθμικὰ στοιχεῖα p. 301 Mor. (12, 14 Westph. 415, 9 Marquard): τῶν δὲ ποδῶν τῶν καὶ συνεχῆ ῥυθμοποιίαν ἐπιδεχομένων τρία γένη ἐστί· τό τε δακτυλικὸν καὶ τὸ ἰαμβικὸν καὶ τὸ παιωνικόν (ausgeschrieben in einem fragm. Paris. 10, von Mar. Victorin. p. 2485, unvollständig von Psellus fr. 17). Also das epitritische und triplasische Mass ist ausgeschlossen. Es kommen triplasische Tacte vor: γίνεται δέ ποτε ποὺς καὶ ἐν τριπλασίῳ λόγῳ (Psell. fr. 9 p. 14, 7 Westph.), aber einzeln, wie man annehmen sollte. Jedoch findet dieser Satz Widerspruch an einer Stelle der 'rhythmischen Elemente' p. 302 (13, 1 W. 415, 19 Mar.), wo es von den vierzeitigen Tacten heisst: ἐν γὰρ τοῖς τέτρασι δύο λαμβάνονται λόγοι, ὅ τε τοῦ ἴσου καὶ ὁ τοῦ τριπλασίου. ὧν ὁ μὲν τοῦ

*) 1 : 11, 3 : 10, 5 : 7 sind an sich unrhythmisch, 4 : 8 passt nicht in die Tactlänge.

τρισκαίδεκα οὐκ ἔρρυθμός ἐστιν. Danach sollte man glauben, das triplasische Verhältniss käme gar nicht vor. Es mussten aber, nach Psellus zu schliessen, gewisse Modificationen dieses Satzes von Aristoxenus gemacht worden sein. Haben sie sich auf vereinzelte triplasische Tacte bezogen, wie wohl Westphal annimmt, wenn er in den ionischen Versen die Form ◡ | – ◡ abtrennt (Metr. I 615), dann bleibt die bestimmte Abweisung eines vierzeitigen Tactes mit diesem Verhältniss sehr bedenklich. Oder Aristoxenus will nur sagen, die vierzeitige Tactgrösse habe kein triplasisches Verhältniss, ohne auf die zusammengesetzten Tacte Rücksicht zu nehmen. Aber so unwahrscheinlich auch diese Annahme ist, so liegt doch die Möglichkeit sehr nahe, dass der Theoretiker *die gemischten Reihen* nicht in Betracht hat ziehen wollen. Denn die erhaltene Stelle der 'rhythmischen Elemente' handelt nur, und will nur handeln von den *einartigen Tacten*; es ist gar nicht abzusehen, ob nicht Aristoxenus über die gemischten Reihen eine andere Betrachtung angestellt hat. Also eine Aristoxenische Angabe über die Unmöglichkeit der triplasischen Theilung in unserer gemischten Reihe liegt nicht vor; wenn es auch keinen verwendbaren vierzeitigen Tact mit den Theilen 1 und 3 gab, so kann in einer gemischten Zusammensetzung dasselbe Verhältniss an seiner Stelle gewesen sein. Wer weiss übrigens, ob nicht Aristoxenische Theorien selbst es sind, die uns in den kargen Notizen des Aristides und Bakchius vorliegen und zur Annahme der triplasischen Messung in der logaödischen Reihe führen? Jedenfalls thun wir besser, die ausdrücklich bezeugte dochmische Theilung festzuhalten, als sie gegen eine durchaus unsichere Schlussfolgerung über die Aristoxenische Theorie preiszugeben.

Wie leicht konnte Aristoxenus die logaödische Reihe mit andern Mischungen besonders behandeln und sich begnügen, die ihm erkennbare Theilung – – | – ◡ ◡ – ◡ – 3 + 4 + 3 + 2 anzugeben und sie in einfacher Weise, wie Aristides und Bakchius, „dochmisch" zu nennen. Es ist ja mit dem gewöhnlichen Dochmius ganz eben so. Alles weist darauf hin, dass bei den alten Theoretikern die rhythmische Einheit desselben keinen bezeichnenden Kunstausdruck gefunden hat. Sie stellten das ihnen äusserlich entgegentretende Verhältniss 3 : 5 einfach

hin, obgleich es unter allen Umständen unrhythmisch ist. Vielleicht haben die Theoretiker, und schon Aristoxenus, längere (logaödische) und kürzere dochmische Reihen unter dem Gesichtspunkte eines Tactwechsels behandelt, auf den ja die einfachen Massverhältnisse nicht anwendbar waren. Dann konnte man auch nicht, von der längeren Reihe ausgehend, eine triplasische Theilung als fortlaufend für die Composition aufstellen. Denn eine solche im einartigen Tacte gibts wirklich nicht.

Es hat demnach der Aristoxenische Satz einen guten Grund; er bezieht sich auf den einfachen vierzeitigen Tact. Aber kein Anhaltspunkt ist vorhanden, nach welchem wir schliessen dürften, dass in jenem Satze eine Norm für gemischte grössere Reihen enthalten sei. In der That hat es auch grosse innere Wahrscheinlichkeit, dass der erste Tact in der vorliegenden Reihe keinen Hauptaccent hat. Man gibt nach allgemeiner Uebereinstimmung doch der zweiten Länge des gewöhnlichen Dochmius einen Ictus, welcher für zwei Tacte gelten muss – – | ◡ ◡ | – ◡: warum sollte nicht statt der Dipodie eine Tripodie eintreten können? Wenn uns alte Quellen das sagen, so wäre es thöricht, eine andere Theilung zu suchen, die vielleicht nur das eine für sich hätte, der modernen Tactgleichung näher zu stehen. Sagt aber Bakchius ausdrücklich, der Vers ἔμεινεν ἐκ Τροίας χρόνον sei dochmisch, d. h. Arsis und Thesis differirten um mehr als eine Zeiteinheit, und nennt Aristides das iambisch anlautende Glykoneion dochmisch, so sind wir auf sicherem Boden, wenn wir die Arsis und Thesis so bestimmen:

| – – | – ◡ ◡ – ◡ – ∧
ἄρσις θέσις

Natürlich werden wir den kürzeren, halltloseren Anfangstact als den leichteren, als die Arsis im antiken Sinne, bezeichnen. Der *Hauptictus* der Reihe fällt dann auf den zweiten Tact. Ich trage kein Bedenken, mit Aristides den Daktylus als solchen zu accentuiren und nicht die anapästische Betonung anzuwenden. Der glykoneische Vers mit iambischem Anlaut kommt so oft zwischen regelmässigen Glykoneen und zwar auch bei solchen vor, deren Mittelpartie zur Bildung choriambischer und daktylischer Reihen dient ([illegible] oder [illegible]), die also offenbar wirkliche Daktylen haben, dass die Möglichkeit daktylischer Accentuirung ausser Frage gestellt ist.

Indessen ist ja für das Factum der dochmischen Messung die Ictusfrage ohne Belang. Aber es drängen sich uns doch die weiteren Fragen mit Nothwendigkeit auf: ist die anapästische Betonung überhaupt möglich, und — ist das iambisch anlautende Glykoneion und die dochmische Reihe denn auch wirklich identisch? Erstens ist der anapästisch betonte Daktylus nicht nur möglich, sondern sogar bevinnahe üblich, wenn die Reihe [illegible] inmitten gewöhnlicher Dochmien vorkommt; denn ist sie ein solcher Dochmius mit der einfachen iambischen Erweiterung am Anfange [illegible]. Und hierauf beruht die ganze Accentverschiedenheit, welche wir überhaupt finden. Ist dieselbe Reihe dagegen trochäisch betonten Glykoneen, Daktylen oder Choriamben einverleibt, so ist sie natürlich nach dem herrschenden Rhythmus zu behandeln [illegible].

Aber, so lautet das zweite Bedenken, dann hat ja wohl die von Aristides und Bakchius angeführte Zusammensetzung eigentlich nichts mit Glykoneen zu thun; es ist ein erweiterter Dochmius, und Glykoneen sind eben nach wie vor logaödische Reihen von zwölf Zeiten mit eigener Theilung, die am bequemsten dipodisch ausfällt, 6 : 6. Die fragliche dochmische Reihe hat allerdings nichts weiter mit dem Glykoneion zu thun, als was alle Dochmien mit glykoneischen Versen zu thun haben; sie sind nämlich die nächsten Verwandten.

So wenig diese Ansicht im ersten Anlauf Glauben finden wird, so gut begründet ist sie. Für dieselbe spricht zunächst und laut genug die Thatsache, dass Dochmien und Logaöden mit einander verbunden werden. Logaödische Verse in dochmischen Partien beruhen aber nicht auf einem Tactwechsel, sondern laufen, wie aus der nachgewiesenen diplasischen Natur der Dochmien erhellt, in gleicher Messung der Einzeltacte. Der Unterschied ist zweifach, erstens, dass reine Dochmien stets Synkopen haben, dass die Logaöden dagegen nur ausnahmsweise synkopiren, und zweitens, dass Dochmien nur ausnahmsweise irrationale Daktylen oder Anapäste aufnehmen, dass aber die Logaöden stetig solche daktylische oder anapä-

stische Tacte haben. Also Verschiedenheiten der Form, nicht des Wesens, sind vorhanden. Es ist nun natürlich, dass gewisse Bildungen auf der Grenze der beiden rhythmischen Spielarten — denn tiefer ist der Unterschied nicht — stehen, und bald der einen, bald der andern zufallen. Derartige Bildungen sind die Pherekrateen und Glykoneen, in denen nur die wenigstens bisher übliche Accentversetzung den Unterschied ausmacht:

Natürlicher Accent: (logaödisch)	Accentversetzung: (dochmisch)
[illegible]	[illegible]
[illegible]	[illegible]

Es ist vielleicht praktisch, die beiden Bezeichnungen 'logaödisch' und 'dochmisch' für diese Varietäten beizubehalten, so wenig sie auch das Wesen derselben bezeichnen. Es liegt ja auf der Hand, dass die beiderseitigen Reihen identisch sind, und dass die Accentversetzung ein künstliches Effectmittel ist. Kein Wunder, dass dieselbe sowohl in dochmischen, als logaödischen Partien vorkommt; vielmehr beruht hierauf zum grössten Theil die Erscheinung des von den Alten so genannten Polyschematismus. Dass abgesehen von den irrationalen Spondeen in den drei letzten Tacten, welche nicht eigentlich polyschematisch genannt werden können, der erste Tact sowohl Trochäus, als Iambus, Spondeus, Tribrachys, Anapäst*) zulässt, findet seine Erklärung in den Synkopen, wie sie der Dochmius in so reichem Masse aufzuweisen hatte. Dass aber gerade nur der **erste Tact** eines so ausgedehnten Polyschematismus fähig ist, **hat seinen** zureichenden Grund in der Stellung dieses Tactes, **als eines** leichten, gegenüber den drei schwer betonten. Denn **das** ist das Schätzenswerthe an den Nachrichten des Aristides und Bakchius, dass sie uns **über** dieses Verhältniss berichtet haben, dass ihre 'dochmische' Messung nothwendig auf die Annahme eines *eintactigen* leichten Theiles (ἄρσις) und eines dreitactigen schweren Theiles (θέσις) der Reihe führt. Der leichte Theil ist, wie bemerkt, eben jener polyschematische Anfangstact. Derselbe ist uns nun in seiner mannigfaltigen Form verständlich:

*) Der Pyrrhichius der Lesbier hat eine Sonderstellung (Westphal Metr. II 744).

Rationale Messung:

	ἄρσις	θέσις
	[illegible]	[illegible]
Zeiteinheiten:	[illegible]	
Synkope:	[illegible]	
=	[illegible]	[illegible]

Irrationale Messung:

	ἄρσις	θέσις
	[illegible]	[illegible]
Zeiteinheiten:	[illegible]	
=	[illegible]	
Synkope:	[illegible]	
=	[illegible]	[illegible]

Hermann und Böckh hatten also *ein* richtiges rhythmisches Gefühl, wenn sie den ersten Tact gesondert von den drei folgenden betrachteten. Freilich darin gingen sie zu weit, dass sie demselben eine selbständige Berechtigung gaben, die unter dem unklaren und unpassenden Namen 'Basis' den wahren Sachverhalt eher zu verdunkeln als zu kennzeichnen geeignet war. Man kann daher Westphal nur beistimmen, wenn er gegen diese Basis zu Felde zieht (Metr. II 749 f.). Dennoch stand die Hermann'sche und Böckh'sche Auffassung, trotz der Meinungsverschiedenheit über die Betonung der sogenannten Basis, dem Wesen der Rhythmenverhältnisse näher, als die Westphal'sche. Der erste Tact hat seine eigenartige Stellung gegenüber den folgenden, aber er ist nicht ein selbständiges Glied, wie Hermann und Böckh glaubten, sondern nur der erste Theil des ganzen 'zusammengesetzten zwölfzeitigen Tactes', wie die Alten sagten. Es ist nach unserer Ausdrucksweise der unbetonte oder schlechte Theil, die drei folgenden bilden den betonten oder guten Theil.

Die Reihe [illegible] besteht aus **vier** diplasischen Tacten, wie der gewöhnliche Dochmius aus dreien besteht ([illegible]). Es ist offenbar nicht der antiken Rhythmik entsprechend, jene Reihe mit zwei Accenten zu versehen, wenn man unter den Accenten Hauptschläge versteht; notiren wir nur den e i n e n Hauptictus, so müssen wir so schreiben:

[illegible]

Und diese Notirung halte ich auch für die beste, weil sie am wenigsten verwirrt; es bleibt ausser ihr nur noch ein Mittel, nämlich *alle* Schläge gleichmässig zu bezeichnen:

[illegible]

[illegible]

[illegible] (dochmisch mit Erweiterung).

Aber zu viele Schläge stören. Falsch ist die Notirung: [illegible], weil sie Dipodien voraussetzt*).

In der Notirung logaödischer Compositionen wird der Unterschied praktisch, den wir zwischen reinen und synkopirten Iamben gemacht haben. Der einzelne anlautende Iambus in der Hypothesis ist synkopirt, also bleibt der Auftact hier aus dem Spiele: [illegible]. Dagegen ist der zweite Theil der Reihe dazu geeignet, trochäische und trochäisch-iambische Erweiterungen oder Anschlüsse aufzunehmen. Trochäisch bleiben solche Anschlüsse, **wenn** sie *in demselben Gliede* angefügt sind, **z. B.**

[illegible] **(sog. erster Glykoneius)**

trochäisch-iambisch werden **dieselben, wenn sie auf das folgende Glied fallen, z. B.**

[illegible] | [illegible]

1. Glied — 2. Glied

Hier lautet das zweite Glied eben iambisch an, ist aber durch keine Pause von den vorhergehenden Trochäen geschieden. Das erste Glied schliesst inmitten des Tactes, und das zweite gehört mit seiner Anfangssilbe noch in denselben Tact, indem diese den *Auftact* zum folgenden bildet. Daher werden wir in solchen iambischen Anschlüssen die Kürze durch den Tactstrich als Auftact bezeichnen:

[illegible]

[illegible]

Dadurch dass wir den Tact auflassen, wird angezeigt, dass jeweils die folgende, durch den ersten Strich abgeschnittene Silbe zu diesem Tacte noch gehört. Zur deutlicheren Versinnbildlichung könnte man die Zugehörigkeit durch eine Klammer (⌣) besonders kennzeichnen, wenn nicht die An-

*) Das Vorstehende wird für einen Musikverständigen verdeutlicht durch die Umschreibung des Glykoneions in unsere Tactschrift, etwa $^{12}/_{8}$ . Die Arsis im alten Sinne fällt natürlich in einen leichten Tacttheil und wird im Anfange als Auftact behandelt.

wendung zu vieler Zeichen störend wäre. Den Auftact selbst muss man aber dem vorhergehenden nicht anakrusischen Gliede einrechnen, wenn man die Zahl der Zeiteinheiten bestimmen will:

	Zeiteinheiten	Tacte
| ⏑ ⏑ | ⏑́ ⏑ ⏑ | – ⏑ | ⌒ |	12	4
⏑ | – ⏑ | ⏑́ ⏑ | – ⏑ | – ∧ |	12	4

In diesem Falle notirt man natürlich die Pause im letzten Tacte des zweiten Gliedes, vorausgesetzt, dass kein drittes mit einem Auftacte folgt.

Die Setzung der Accente hängt von der Tactzahl ab. Die logaödische viertactige Reihe hat einen Accent auf der zweiten Länge; die übrigen Reihen darf man natürlich nur nach Massgabe des herrschenden Rhythmus accentuiren. Je vier Einzeltacte fallen unter einen Ictus. Innerhalb dochmischer Reihen bedeutet das so viel, dass die zweite Länge den Hauptaccent hat. Dies ist der Grund, weshalb wir die mit neunzeitigen Dochmien verbundenen Tetrapodien ebenfalls im zweiten Tacte betont wissen wollten: – ⏑ ⏑́ ⏑ – ⏑ – und ⏑ – ⏑ ⏑́ ⏑ – ⏑ –. Hier zeigt sich wieder die nahe Verwandtschaft zwischen zwölf und neunzeitigen Dochmien (vulgo Logaöden und Dochmien S. 70). Herrscht dagegen gerade Theilung in einem aus gemischten Trochäen und Daktylen componirten Stücke (wie in den sogenannten Dactylo-Epitriten), so fällt der Accent der Tetrapodie auf die Länge des ersten Tactes. Die Tripodie ist gleich dem zweiten Theile, d. h. der Thesis der logaödischen Tetrapodie; sie bildet auch eine selbständige Reihe, welche jedenfalls den ihr eigenthümlichen Ictus auf der ersten Länge bewahrt ⏑́ ⏑ ⏑ – ⏑ – (Pherekrateion), wenn sie nicht mit neunzeitigen Dochmien correspondirt. Werden sechs Tacte nicht in zwei Tripodien zerfällt, was aus den mit ihnen verbundenen oder in Responsion gesetzten Gliedern hervorgeht, so tritt die eingliedrige hexapodische Messung und zwar die früher beschriebene diplasische ein (S. 84). Die Pentapodie wird in eine Tripodie und eine Dipodie mit Nebenictus zerlegt.

Dritter Abschnitt.

Praktische Anweisung.

Die beiden Kardinalpunkte der bisherigen Erörterungen, nämlich die kritische Behandlung der überlieferten Zeilentrennung und die einheitliche Erklärung der dochmischen Reihen, eröffnen uns ein weites und fruchtbares Feld zu mannigfachen Beobachtungen. Die vollständige Ausnutzung der gewonnenen Resultate muss der Einzelerklärung überlassen werden. Im Folgenden gebe ich an praktischen Beispielen nur Grundzüge und Methode der Kritik und Exegese.

Bei der Zeileneintheilung sind die Anfänge der Perioden dadurch kenntlich gemacht, dass sie links vorgerückt sind, ein Verfahren, welches zuerst Böckh in der Antigone angenommen, aber selbst in dieser Tragödie nicht durchgeführt hat.

§ 1.

Aus dem Oedipus auf Kolonos.

Zu denjenigen Chorpartien, in welchen die Ueberlieferung am meisten geschont wurde, gehört der Vortrag einzelner Choreuten und ihres Führers 117—137 = 140—169. Jedoch ist er wegen einiger Abweichungen lehrreich.

117 στρ. ὅρα. τίϲ ἄρ' ἦν; ποῦ ναίει; ποῦ κυρεῖ
ἐκτόπιοϲ ϲυθεὶϲ ὁ πάντων
ὁ πάντων ἀκορέϲτατοϲ;
προϲπεύθου, λεῦϲϲέ νιν
προϲδέρκου πανταχῇ.
πλανάταϲ πλανά-
ταϲ τιϲ ὁ πρέϲβυϲ, οὐδ'
ἔγχωροϲ· προϲέβα γὰρ οὐκ
ἄν ποτ' ἀϲτιβὲϲ ἄλϲοϲ ἐϲ
τᾶνδ' ἀμαιμακετᾶν κορᾶν
ἃϲ τρέμομεν λέγειν
καὶ παραμειβόμεϲθ'
ἀδέρκτωϲ ἀφώνωϲ ἀλόγωϲ τὸ τᾶϲ
εὐφήμου ϲτόμα φροντίδοϲ
ἱέντεϲ, τὰ δὲ νῦν τιν' ἥ-
κειν λόγοϲ οὐδὲν ἅζονθ'

135 ὃν ἐγὼ λεύσσων περὶ πάντ' οὔπω
δύναμαι τέμενος
γνῶναι ποῦ μοί ποτε ναίει.
149 ἀντ. ἐή, ἀλαῶν ὀμμάτων. ἆρα καὶ
ἦσθα φυτάλμιος δυσαίων;
152 μακραίων γ' ὅς' ἐπεικάσαι.
ἀλλ' οὐ μὰν ἔν γ' ἐμοὶ
προσθήσεις τάσδ' ἀράς.
155 περᾷς γὰρ περᾷς·
ἀλλ' ἵνα τῷδ' ἐν ἀ-
φθέγκτῳ μὴ προπέσῃς νάπει
ποιάεντι, κάθυδρος οὗ
κρατὴρ μειλιχίων ποτῶν
160 ῥεύματι συντρέχει,
τόν, ξένε πάμμορ', εὖ
φύλαξαι, μετάσταθ', ἀπόβαθι. πολ-
λὰ κέλευθος ἐρατύοι·
κλύεις, ὦ πολύμοχθ' ἀλᾶτα;
165 λόγον εἴ τιν' οἴσεις
πρὸς ἐμὰν λέσχαν, ἀβάτων ἀποβάς,
ἵνα πᾶσι νόμος,
φώνει· πρόσθεν δ' ἀπερύκου.

Ueberlieferung 121 λεύσατ' αὐτόν, προσδέρκου, προσπεύθου πανταχῇ cod. verbessert von Hermann. 125 ἐγχώριος cod. ἔγχωρος Bothe. 133 ἥκειν | λόγος. 134 ἄλλα | λόγον cod. 149 ἐέ cod. ἐή Dindorf. 152 μακραίων τέ θ' ὡς ἐπ. cod. γ' Dindorf. ὅς' Bothe. 157 προσπέσῃς cod. προπέσῃς Hermann.

So bietet die Handschrift im Wesentlichen die Versabtheilungen. In den Zeilen 123 und 155 schwankt sie aber: 123 πλανάτας | 124 πλανάτας — 155 περᾷς γὰρ περᾷς | 156 ἀλλ'. Was das Richtige sei, kann nicht zweifelhaft bleiben. Es folgen nämlich fünf so gestaltete Tactreihen:

123, 124.

4, 4, 4, 3, 3

Die Gegenstrophe notirt die beiden unbestimmten Zeilen als Tripodien. Somit ist es augenfällig, dass sich hier die zwei Tripodien vor und nach den drei Tetrapodien entsprechen. In der Strophe steckt also der Irrthum, welcher durch nichts anderes, als durch Vernachlässigung der Silbentrennung in πλανά-τας entstanden ist. Die Verse 128 und 129 sind in der Strophe zusammengeschrieben, aber in der Gegenstrophe getrennt. In der folgenden Zeile 130 ist die Silbentheilung so notirt καὶ παραμυθίας|σθ'. Damit ist die Zusammengehörigkeit der Zeilen 130 und 131, freilich nur als zweier Glie-

der, gekennzeichnet. In der Gegenstrophe macht φύλαξαι einen besondern Vers aus. Auch hierin sehe ich keine Zufälligkeit, sondern ein Anzeichen, dass dieses mit Synkope anlautende Wort ⏑ — ⏑ als erster Theil in der Hexapodie des Verses 162 gilt, was aus der strophischen Zeile 131 nicht zu erschliessen war.

	1	2	3	4	5	6	Zeiteinheiten	Tactzahl
	⏑ ⏑	⏑ ⏑ —	—́ ⊙	⊔	— ⏑ ⏑		15	2 + 3
	—́ ⏑ ⏑	— ⏑	— ⏑	⊔	⊔		15	3 + 2
	⏑́ —	—́ ⏑ ⏑	— ⏑	—			12	4
⏑	—́	⊔	— ⏑	—			12	4
⏑	⏑⏑⏑	⊔	— ⏑	—			12	4
	⏑ —	—́ ⏑	⊔				9	3
	—́ ⏑ ⏑	— ⏑	⊔				9	3
	— —	—́ ⏑ ⏑	— ⏑	⊔			12	4
	— ⊙	—́ ⏑ ⏑	— ⏑	⊔			12	4
	— ⊙	—́ ⏑ ⏑	— ⏑	⊔			12	4
	—́ ⏑ ⏑	— ⏑	⊔				9	3
	—́ ⏑ ⏑	— ⏑	⊔				9	3
	⏑ —	—́ ⏑	⊔	—́ ⏑ ⏑	— ⏑	—	18	2 + 4
	— —	—́ ⏑ ⏑	— ⏑	⊙ ∧			12	4
	⏑ —	—́ ⏑ ⏑	— ⏑	⊔			12	4
	— ⏑ ⏑	—́ ⏑	⊔	… ⊓			12*)	4
— ⏑	—́ —	— ⏑ ⏑	—́ —	—			16	4
⏑⏑	—́ ⏑ ⏑	—					8	2
⏑	—́ —	— ⏑ ⏑	⊔	— ∧			16	4

Diese Composition ist einheitlich, was sich ergeben wird, wenn wir die Zusammengehörigkeit der Glieder festgestellt haben. Zwei Periodenschlüsse sind gekennzeichnet durch Hiatus und indifferente Silbe; mit dem dritten und vierzehnten Verse tritt ein solcher Schluss ein. Ausserdem ist es durch die starke Interpunction und den rhythmischen Abschluss höchst wahrscheinlich, dass der vierte mit dem fünften Verse eine Periode ausmacht. Für anderweitige Periodenschlüsse haben wir gar keinen Anhalt; es ist aber auch wohl glaublich, dass die Zeilengruppen 124—132 = 155—163 und 133—137 = 164—168 je eine Periode ausmachten, da sie dem Inhalte nach eng zusammengehören und einen rhythmisch einheitlichen Gang haben. Demnach gliedert sich die Strophe so:

*) Den letzten Tact mit dem folgenden Auftact zusammengerechnet. So auch weiterhin.

I   II
5 5 4 4 4
   III
   3 3 4 4 4 3 3 3 3 4
IV
4 4 4 3 4

Den Schluss der ersten Zeile ποῦ κυρεῖ | ἐκτόπιος hat man vermuthlich deshalb zu vermeiden gesucht, weil der reine Daktylus mit der Verkürzung des Diphthongen im Hiatus kein gutes Versende zu bieten schien. Aber hierin hat man sich von einem falschen Gefühl leiten lassen. Denn abgesehen davon, dass ein Daktylus auch sonst im Schlusstact vorkommt, z. B. Phil. 142, beruht jenes Gefühl auf der Verwechslung von Glied und Vers. Ein selbständiger Tonfall tritt am Ende der ersten Zeile nicht ein, weil diese ein Glied ist, und zwar der fünftactige Vordersatz (προῳδικόν) zu dem folgenden Mittel- und Nachsatz. Hierin lässt sich unschwer eine wohlbedachte Abwechslung zwischen geraden und ungeraden Tactgruppen erkennen. Betrachtet man den Inhalt des Stückes, so wird man die ängstliche Unruhe und Verlegenheit der Greise in jenem Wechsel der Tactreihen auf das sprechendste gemalt finden. Gleich die antithetische Folge von Zweiern und Dreiern im Anfange ist so schön dem besorgten Suchen der Choreuten angepasst, dass wir uns ein deutlicheres Bild von ihrem Auftreten, als es in den Rhythmen selbst gegeben ist, nicht machen können. Dass aber die beiden Pentapodien wirklich antithetisch zusammengesetzt sind, zeigt uns der Satzbau und die Verkürzung des auslautenden Diphthongen in der ersten Zeile. Letztere ist nur möglich, wenn die beiden Pentapodien, wie es auch der Inhalt erfordert, ohne Pause aneinander geschlossen werden, so dass der anlautende Vocal der zweiten auf den auslautenden Diphthongen der ersten wirken kann. Ohnehin erfordert der Inhalt folgende Theilung in der Recitation: 2 3 3 2

Στρ. τίς ἄρ' ἦν; | ποῦ ναίει; | ποῦ κυρεῖ ἐκτόπιος συθείς | ὁ πάντων
2   5   3   2

Dieser Theilung fügt sich auch die Gegenstrophe. Wenn man aber, wie gewöhnlich geschieht, ποῦ κυρεῖ zur zweiten Zeile zieht, so erhält man eine Tetrapodie und eine Hexa-

podie, wodurch für das moderne Gefühl der Rhythmus viel glatter wird, aber seine charakteristische Eigenthümlichkeit gänzlich verliert. In gleicher Weise lassen sich noch mehrere Zeilen der Strophe umgestalten, und werden auch umgestaltet werden, wenn die Willkür in der metrischen Anordnung alter Chorlieder weiter um sich greift.

Mit Kunst ist der Uebergang vom diplasischen Rhythmus zum 'gleichen' in den drei letzten Zeilen gemacht. Die Scene ist voller Bewegung. Die Greise von Kolonos treten, unruhig nach allen Seiten hin spähend, auf, ohne zunächst des Oedipus ansichtig zu werden. Während sie in dochmischen Rhythmen hin und her schreiten, hört sie Oedipus. Er tritt an den Rand des Haines, und dadurch erhält das unruhige Suchen ein Ende. Die Zeit, welche Oedipus zu den wenigen Schritten gebraucht, um sich dem Chor sichtbar zu machen, wird ausgefüllt, und seine Schritte selbst werden in gleichmässigen Tact gebracht durch die Anapäste am Schluss der Strophe. Dieselben sind geschickt eingefügt: das viertletzte Glied endigt auf die betonte Länge; statt der Kürze des diplasischen Tactes rückt unmittelbar der Auftact des Anapästen ein. Nachdem so der Uebergang zu reinen Anapästen gemacht ist, wird das folgende Zwiegespräch in anapästischen Versen durchgeführt. Der Rhythmus dient dazu, das Schreiten des Oedipus zu begleiten, namentlich aber auch, das Zurückgehen des Chors in seine alte Stellung zu vermitteln. Denn bei den Worten (149) ἐή ἀλαῶν ὀμμάτων sind die Greise wieder in die Form ihrer ersten Aufstellung eingetreten, und dieselbe Bewegung mit derselben Gesangsweise beginnt von neuem. Die Unruhe, das Auf- und Abgehen dient nun nicht mehr zum Ausdruck des ängstlichen Suchens, sondern charakterisirt jetzt die besorgten Ermahnungen.

Ein Beispiel einfacher Periodisirung, die wir mit Sicherheit erkennen können, liefert der Kommos zwischen Oedipus, dem Chore und Antigone V. 178—187 = 194—206. Hier scheidet der Personenwechsel die Perioden, und dieser Aeusserlichkeit haben wir es wohl mit zu verdanken, dass die überlieferte Verseintheilung von der nivellirenden Metrik wenig berührt wurde. Freilich sind die meisten Glieder zugleich so gebaut, dass es schwer wird, sie zu verkennen. Da die

Strophe lückenhaft überliefert ist, so ist die Gegenstrophe massgebend:

> ΟΙ. εἶεν; ΧΟ. ἅλις, ὡς ἀκούεις.
> ΟΙ. ἦ 'σθῶ; ΧΟ. λέχριός γ' ἐπ' ἄκρου
> λᾶος βραχὺς ὀκλάσας.
> ΑΝ. πάτερ, ἐμὸν τόδ'· ἐν ἡσυχαί-
> ᾳ βάσει βάσιν ἅρμοσαι,
> ΟΙ. ἰώ μοί μοι.
> ΑΝ. γεραὸν ἐς χέρα σῶμα σὸν
> προκλίνας φιλίαν ἐμάν.
> ΟΙ. ὤμοι δυσφρόνος ἄτας.
> ΧΟ. ὦ τλάμων, ὅτε νῦν χαλᾷς,
> αὔδασον, τίς ἔφυς βροτῶν;
> τίς ὁ πολύπονος ἄγῃ; τίν' ἂν σοῦ
> πατρίδ' ἐκπυθοίμαν;

Die Stellung der Verszeilen 198—199 ist von Hermann verbessert; die Handschrift bietet umgekehrt ἰὼ μοί μοι. βάσει βάσιν ἁρμόσαι (sic). Ferner ist die Worttrennung ἡσυχαί-ᾳ vernachlässigt, wie auch in der Strophe fälschlich ἀμαυρῷ ungetheilt dem Verse 182 eingefügt ist. Zu Grunde liegt folgende Tactgliederung:

	1	2	3	4	5	Tactzahl
⏑	–́ ⏑ ⏑	– ⏑	—	–		2 + 2
⏑	–́ ⏑ ⏑	– ⏑	—	–		2 + 2
⏑	–́ ⏑ ⏑	– ⏑	–			3
	⏑ ⏑ ⏑	–́ ⏑ ⏑	– ⏑	—		2 + 2
	– ⏑	–́ ⏑ ⏑	– ⏑	—		2 + 2
	⏑ –	—́	⏑⏑			3
	⏑ ⏑ ⏑	–́ ⏑ ⏑	– ⏑	—		2 + 2
	⏑́⁀⏑⏑	–́ ⏑ ⏑	– ⏑	—		2 + 2
	–́ –	– ⏑ ⏑	– –			3
	– ⏑	–́ ⏑ ⏑	– ⏑	—		2 + 2
	– ⏑	–́ ⏑ ⏑	– ⏑ –			2 + 2
⏑	–́ ⏑ ⏑	– ⏑ ⏑	– ⏑	—	–	2 + 3
⏑ ⏑	–́ ⏑	—	– ∧			3

Man ersieht leicht die Gleichförmigkeit des ganzen Baues; und selbst die Abweichung vom regelmässigen Wechsel zwischen Tetrapodien und Tripodien am Schluss liesse sich unschwer ausgleichen, wenn wir statt der Pentapodie eine Tetrapodie in Zeile 205 annehmen. Dies ist von den Herausgebern bewerkstelligt, indem sie σοῦ der folgenden Zeile zuwiesen. Aber es ist leichter, eine Eigenthümlichkeit verwischen, als sie in ihrer Berechtigung erkennen. Es ist doch wohl ein breiterer Abschluss der Strophe durch Verlängerung des vorletzten Gliedes erzielt und dadurch zugleich rhythmisch motivirt, dass zwei Tripodien aufeinander folgen. Denn die Pentapodie gliedert sich naturgemäss in einen zwei- und einen dreitactigen Theil. Letzterer, in der Form –́ ⏑ | —́ | –́ ∧, wiederholt sich noch einmal, durch eine zweisilbige Anakrusis eingeleitet.*)

Die Perioden sind zweigliedrig; der ersten geht ein Eingangssatz voraus. Es erhalten aber auch die beiden mittleren Perioden das Ansehen und die Wirkung einer dreigliedrigen Zusammensetzung, da Oedipus beidemale einen tripodischen Epodos nach dem Distichon der Antigone anstimmt. Ob endlich die Schlusspartie, die vier Verse des Chors, eine oder zwei Perioden bilden, ist nicht sicher zu bestimmen. Doch scheint der besondere Bau der beiden letzten Verse eine Theilung in zwei zweigliedrige Perioden zu erfordern. Demnach ist das ganze Stück so zusammengesetzt:

I		II		III		IV	
4,	4 3	4	4, 3	4	4, 3	4 4	5 3

Unklarer und schwieriger ist die Anordnung in dem folgenden Wechselgesang zwischen Oedipus, dem Chor und Antigone. Gleichwohl hat die neue Forschung auf dem Gebiete der Metrik wenigstens hier an einer Stelle die handschriftliche Verseintheilung, von welcher man allgemein abgegangen war, wieder gerechtfertigt. Ohne freilich von der Ueberlieferung auszugehen, schreibt Westphal die Verse 207—211 so (Metr. 2. Aufl. II S. 316):

*) Die Strophe ist so entstellt, dass sie keinen Anhaltspunkt für die Zeilenabtheilung, wenigstens in der letzten Hälfte, gewährt. Sie ist folgendermassen überliefert:

> 178 ΟΙ. ἔτ' οὖν ἔτι προβῶ; ΧΟ. ἐπίβαινε πρόσω.
> 180 ΟΙ. ἔτι; ΧΟ. προσβίβαζε, κούρα,
> πρόσω· σὺ γὰρ ἀίεις.
> (ἕπου μοι) ΑΝ. ἕπεο μ' ὧδ' ἕπε' ὧδ' ἀμαυρῷ
> κώλῳ, πάτερ, ᾇ σ' ἄγω (ex schol.) τόλμα ξεῖ-
> νος ἐπὶ ξένης, ὦ τλάμων, ὅ τι
> 185 καὶ πόλις τέτροφεν ἄφιλον
> ἀποστυγεῖν καὶ τὸ φίλον σέβεσθαι.

Lesbar wurde diese ungefüge Masse durch Hermanns Bemühungen, welcher zwar anfangs eine genaue Entsprechung zwischen Strophe und Gegenstrophe nicht anzunehmen wagte (elementa doctr. metr. p. 770 f.), später aber entschieden die Lücke von vier Versen nach dem Worte ἄγω annahm, wodurch der Weg der Verbesserung angebahnt war (Soph. ed. Erfurdt VII 45).

ΟΙ. ὦ ξένοι, ἀπόπτολις· ἀλλὰ μή
ΧΟ. τί τόδ' ἀπεννέπεις, γέρον;
ΟΙ. μὴ μὴ μή μ' ἀνέρῃ τίς εἰμι,
μηδ' ἐξετάσῃς πέρα ματεύων.

Der erste dieser Verse ist auch so in der Handschrift gebildet; jedoch zogen die Herausgeber vermuthlich wegen des Hiatus eine Abtrennung der beiden Worte ὦ ξένοι mit der Messung – ‿ – vor, ohne zu bedenken, dass der Hiatus so jedenfalls unerträglicher ist. Denn die Anrede kann unmöglich als Ausruf angesehen und durch eine längere Pause von ἀπόπτολις getrennt werden. Vielmehr gehören die drei Worte, man mag sie schreiben wie man will, zusammen, und das Unerträgliche an dem Hiatus muss durch Kürzung des Diphthongen vermieden werden. Also hat Westphal ganz Recht, wenn er auf der angegebenen Versbildung besteht: ‿ – ‿ ‿ – ‿ ‿ – ‿ –
Aber lässt uns nicht die Handschrift in derselben Versgruppe im Stich? Sie verbindet die beiden letzten Zeilen in einer unerhörten Weise:

μὴ μὴ μή μ' ἀνέρῃ τίς εἰμι, μηδ' ἐξε-
τάσῃς πέρα ματεύων.

In dieser Verbindung wird allerdings ein Irrthum liegen, da der Schreiber wohl abzutheilen vergass, ruhig die eine Zeile ganz ausschrieb und den Rest der Worte in die folgende Linie setzte. Immerhin ist es aber auffällig, dass die vier letzten Silben gerade einen Antispasten, also einen der alten Theorie geläufigen Fuss bilden. Es scheint mir gar nicht gewagt, anzunehmen, dass die Zeilenabtheilung von einem Metriker herrührt, der so scandirte:

– – ‿ ‿ ‿ – ‿ – | ‿ – – ‿ | ‿ – ‿ – ‿ – –

Denn die Iamben am Schluss und das zweite Glykoneion sind gar zu verführerisch, zumal in der Mitte der Iambus und Trochäus sich leicht herauslösen lassen. Der Rhythmus duldet zwar keinen Antispasten, gibt aber doch der Möglichkeit jener handschriftlichen Zeilenbildung Raum. Messen wir nämlich folgendermassen

1 2 3 4 5 6
| – – | – ‿ ‿ | – ‿ | – ‿ | ⌴ | – ‿
‿ | – ‿ | – ‿ | ⌴ | – | |

so ergibt sich eine achtzehnzeitige Hexapodie und eine zwölfzeitige Tetrapodie. Wer wollte leugnen, dass dies eine leid-

lich rhythmisirte Periode sei, die sich in Musik setzen liesse? Und schliesslich, welchen rhythmischen Vorzug hat die von den Herausgebern und von Westphal eingehaltene Verstrennung? Diese bietet zwei Tetrapodien, die ihrer Gleichförmigkeit wegen natürlich bei weitem nicht so charakteristisch sind, als die überlieferten Reihen:

1 2 3 4
| – ‿ | – ‿ ‿ | – ‿ | – ‿ |
‿ | – ‿ ‿ | – ‿ | – ‿ | – ‿ |

Die zweite Zeile hat aber den Nachtheil, dass ihre 13 oder $13^1/_2$ χρόνοι πρῶτοι unrhythmisch sind. Also müssen wir einen andern Ausweg suchen, welcher wohl nur in folgender Theilung liegen kann:

Schema	Zeiteinheiten	Takte
| – – | – ‿ ‿ | – ‿ | ⌴ | | |	12	4
| ‿ – | – ‿ ‿ | – ‿ | – ‿ | ⌴ | – |	18	4 + 2

Nun sehen wir auch ein, weshalb die originale Zeilentrennung verderbt wurde; ein Schreiber vergass die Wortbrechung:

μὴ μὴ μή μ' ἀνέρῃ τίς εἰ-
μι μηδ' ἐξετάσῃς πέρα ματεύων.

In den folgenden vier ionischen Versen bewahrheitet sich ebenfalls die Zeilenabtheilung der Handschrift, wenn man, was bei jeder andern Versbildung auch nöthig wäre, die Conjectur Heaths ὦ ξένε für ξεῖνε (sic cod. ξένε Triclin.) aufnimmt.

Die Trennung der zwölf Verse 216—227 steht nach der Handschrift fest. Dagegen glaubten Herausgeber und Metriker mit den überlieferten Zeilen der Chorpartie 228—236 brechen zu müssen, indem sie voraussetzten, die Daktylen müssten sich in die üblichen Tetrapodien vertheilen. Ganz freilich will diese Vertheilung nicht glücken, und sie zieht noch obendrein die unangenehmsten Wortbrechungen nach sich.

Ausgaben (Erfurdt, Dindorf):

οὐδενὶ μοιριδία τίσις ἔρχεται
ὧν προπάθῃ τὸ τίνειν· ἀπάτα δ' ἀπά-
ταις ἑτέραις ἑτέρα παραβαλλομέ-
να πόνον, οὐ χάριν, ἀντιδίδωσιν ἔ-
χειν. σὺ δὲ τῶνδ' ἑδράνων πάλιν ἔκτοπος
αὖθις ἄφορμος ἐμᾶς χθονὸς ἔκθορε,
μή τι πέρα χρέος
ἐμᾷ πόλει προσάψῃς.

Zwei Daktylen sind also überschüssig. Wenn sie aber in der Erfurdt'schen Weise als Dipodie nachgesetzt werden, so verbänden sie sich naturgemäss mit der katalektischen iambischen Tetrapodie am Schluss; denn zwei Daktylen würden sich als selbständige Reihe nach so langen Zeilen zu matt ausnehmen. Es entsteht dann freilich der unangenehme Zusammenstoss dreier unbetonter Kürzen in – χρέος ἐμῷ – ⏑ ⏑ | ⏑ –. Hermann wich diesem Uebelstande aus, indem er einen andern herbeiführte; er nahm einen Päon an, fügte aber eine neue fehlende Silbe ein (elem. doctr. metr. 647. 772 f.):

μή τι πέρα χρέος ἐμῷ
ἐν πόλει προσάψῃς
⏑́ ⏑ ⏑ ⏑́ ⏑ ⏑ ⏑ –
– ⏑ – ⏑ ⏑ –

Anhalt hierfür gaben die Verse 253—254, welche in der That eine Silbe mehr haben, wenn man nämlich gegen die Handschrift aus der 252. Zeile ὅστις ἂν hinzieht:

ὅστις ἄν, εἰ θεὸς ἄγοι
ἐκφυγεῖν δύναιτο.

Uebel nimmt sich aus und dürfte nicht zu rechtfertigen sein der Hiatus zwischen zwei iambisch betonten Silben. Hermann selbst änderte auch seine Ansicht. Er lässt in der Sophokles-Ausgabe (VII S. 65, 68) Daktylen und Iamben einander folgen; ἐκφυγεῖν verliert nun seinen Anlaut: ὅστις ἂν εἰ θεὸς | ἄγοι, 'κφυγεῖν δύναιτο. Westphal suchte sich zu helfen, indem er die widerspänstigen zwei Daktylen der vorhergehenden Tetrapodie zuschlug und so einen sechsfüssigen Vers bildete (Metr. II 396). Wie er diesen Hexameter gemessen wissen will, sagt er nicht. Setzen wir nach der übrigen geraden Messung Dipodien voraus. Wie soll nun das ganze Stück gegliedert sein? Der zweite, dritte und vierte Vers en-

Die Handschrift:

οὐδενὶ μοιριδία τίσις ἔρχεται
ὧν προπάθῃ τὸ τίνειν·
ἀπάτα δ' ἀπάταις
ἑτέραις ἑτέρα παραβαλλομένα
πόνον, οὐ χάριν, ἀντιδίδωσιν ἔχειν.
σὺ δὲ τῶνδ' ἑδράνων
πάλιν ἔκτοπος αὖθις ἄφορμος ἐμᾶς
χθονὸς ἔκθορε, μή τι πέρα χρέος ἐ-
μᾷ πόλει προσάψῃς.

---

digen auf gebrochene Worte; die ersten fünf Verse müssten also schon einer Periode angehört haben. Könnte man sich nach einer aus fünf viertactigen Gliedern bestehenden Periode eine zweite, aus drei zwei- und einem viertactigen Gliede bestehende denken, oder würde vielmehr eine solche Composition rhythmischen Fluss haben? Gewiss nicht. Aber gar den Hexameter hier in zwei Tripodien zu zerlegen, wäre ungereimt.

Doch es ist nicht nöthig, mit rhythmischen Gründen die Unhaltbarkeit der Hermann'schen und Westphal'schen Verseintheilung darzuthun; schon äusserlich erweist sie sich durch die unerhörten Wortbrechungen als unmöglich. Es ist eine Seltenheit, dass je zwei Tetrapodien nicht durch Cäsur getrennt werden, wie im Orestes 1007—1010 N:

τάνδε τ' ἀμείβει δεὶ θανάτους θανά-
των τά τ' ἐπώνυμα δεῖπνα Θυέστου
λέκτρα τε Κρήσσας Ἀερόπας δολί-
οις δολίοισι γάμοις' κ. τ. λ.*),

aber vier Tetrapodien auf diese Weise zu verknüpfen, verstösst zu sehr gegen die Natur des daktylischen Gliederbaues. Man wird doch nicht im Ernste damit den ellenlangen, durch sieben Tetrapodien fortgesponnenen Küchenzettel in des Aristophanes Ekklesiazusen (1169—1176) vergleichen, oder ihn gar zur Entschuldigung herbeiziehen wollen.

Hermann hat in den Elementa doctrinae metricae S. 773 den richtigen Weg der Erklärung eingeschlagen, den er spä-

*) Die Verse der Phoenissinnen 1487 f. und 1580 f. sind zu unsicher, als dass sie zur Vergleichung dienen könnten. Westphal lässt auch hier die erste Hälfte des Tetrameters mit Silbentrennung endigen (Metr. II 386. 390. 394). Ein ferneres Beispiel wird sich im Verse des O. C. 243 ergeben.

ter aufgab. Er respectirte nämlich die Ueberlieferung, welche hier nicht durchgängig Daktylen bietet: 'ambae strophae (228—236 und 237—253) dactylico metro sunt, sed prior in anapaesticos ordines discedens'. Demgemäss hatte Hermann auch die Verse 228—236 nach der überlieferten Zeilenabtheilung drucken lassen (S. 771), mit Ausnahme der falschen Schlussperiode und eines geringfügigeren Irrthums. Freilich, wer es liebt, den Rhythmus mechanisch an der Hand herlaufen zu lassen, wird Hermann dafür keinen Dank wissen, dass er vier-, drei- und zweifüssige Zeilen aufeinander folgen lässt. Und doch wird sich in dieser Folge die schönste Ordnung herausstellen, wenn wir erst den Fehler berichtigt haben, welcher in der 235. Zeile der Handschrift steckt. Die kurze Silbe am Schlusse derselben ist unerträglich; der Dichter schrieb offenbar μή τι πέρα χρέος ἀ-|μᾷ πόλει προσάψῃς, statt ἐμᾷ u. s. f. Zunächst ist die Tacteinheit in der Tradition vollkommen gewahrt:

	1	2	3	4	Tactzahl
	⏑́ ⏑ ⏑	– ⏑ ⏑	–́ ⏑ ⏑	– ⏑ ⏑	2 + 2
	–́ ⏑ ⏑	– ⏑ ⏑	–		3
⏑ ⏑	–́ ⏑ ⏑	–			2
⏑ ⏑	–́ ⏑ ⏑	– ⏑ ⏑	–́ ⏑ ⏑	–	2 + 2
⏑ ⏑	–́ ⏑ ⏑	– ⏑ ⏑	–́ ⏑ ⏑	–	2 + 2
⏑ ⏑	–́ ⏑ ⏑	–			2
⏑ ⏑	–́ ⏑ ⏑	– ⏑ ⏑	–́ ⏑ ⏑	–	2 + 2
⏑ ⏑	–́ ⏑ ⏑	– ⏑ ⏑	–́ ⏑ ⏑	–	2 + 2
	–́ –	– ⏑	– –		3

Wir könnten dieses Stück schlechthin daktylisch vom ersten bis zum achten Verse nennen; denn es tritt nicht der geringste Tactwechsel ein. Nur schliesst die erste Zeile mit dem vollen Daktylus, während die zweite katalektisch mit der Länge endigt. Da aber die dritte Zeile die beiden Kürzen nachholt, gewinnt sie ein anapästisches Aussere. Der letzte Fuss des achten Verses leitet zu dem Schlusstrochäen über, indem er wieder vollzeitig ist, das heisst, seine Länge auf vier Zeiteinheiten ausdehnt. Also haben wir ein daktylisches Stück, in welchem die schöne Glied- und Tactverschlingung durchgeführt ist, indem nur zwei Glieder mit dem vollen Tacte, die übrigen in der Tactmitte schliessen. Wir haben keine positiven Anzeichen der Periodisirung; jedoch weist der rhyth-

mische Bau der Glieder durch seine Regelmässigkeit auf das Zusammengehören der Reihen hin:

4 3, 2 4 4, 2 4 4. 3

Also ein viertactiger Vordersatz mit dreitactigem Nachsatz; dann zwei grössere gleichmässige gerade Tactgruppen ebenfalls mit dreitactigem Nachsatz. So entspricht sich alles, bis auf die erste Tetrapodie, welche als Einleitung motivirt ist.

Die folgenden vier Verse der Antigone sind von Westphal ebenfalls nicht richtig behandelt; denn, indem er die Tradition willkürlich verliess, hat er eine nicht einmal an sich erträgliche Versabtheilung hergestellt (Metr. II S. 396):

Westphal:	Die Handschrift:
ὦ ξένοι αἰδόφρονες	ὦ ξένοι αἰδόφρονες, ἀλλ' ἐπεὶ ἀλαόν
ἀλλ' ἐπεὶ γεραὸν πατέρα	γεραὸν πατέρα τόνδ' ἐμὸν
τόνδ' ἐμὸν οὐκ ἀνέτλατ' ἔργων	οὐκ ἀνέτλατ' ἔργων
ἀκόντων ἀίοντες αὐδάν.	ἀκόντων ἀίοντες αὐδάν.

Dass man im ersten Verse ὦ ξένοι als Daktylus mit betonter Länge messen kann, behauptet Westphal mit Recht; er scandirt seine erste Zeile – ⏑ ⏑ – ⏑ ⏑ – ⏑. Unerträglich ist, dass die indifferente Schlusssilbe zweimal wiederkehrt, da man sie doch nur an einer Stelle durch Periodenschluss motiviren kann. So fallen die ersten drei Verse vollständig auseinander. Aber die Tradition gibt gar keinen Anhaltspunkt für eine so kühne Gliederung; sie lehrt vielmehr, dass die erste Zeile so gebaut ist, wie Vers 207, den Westphal richtig als anakrusisches Glykoneion erkannte. Nur steht statt des trochäischen Tribrachys ein Anapäst mit betonten Kürzen. Dabei ist ὦ ξένοι wie im Verse 207 accentuirt – ⏑́ ⏑

– ⏑́ ⏑ ⏑ –́ ⏑ ⏑ –́ ⏑ ⏑

Die irrationale Messung des Tactes ξένοι αἰ | –́ ⏑ – darf in Logaöden nicht befremden. Dagegen wäre die gleiche Messung im Anfange des folgenden trochäischen Verses gewiss ungerechtfertigt. Indessen ist auch die Lesart γεραὸν πατέρα ⏑́ ⏑ – ⏑́ ⏑ ⏑ verdächtig durch das übergeschriebene ἀλαόν. Nehmen wir letzteres, da es nicht als Glosse, sondern als Nachtrag übergeschrieben sein muss, mit in die Zeile auf, so wird sie um einen Tact zu lang. Nun ist aber der dritte Vers just um einen Tact zu kurz, wenn wir nicht Dehnungen annehmen, die im Inlaut dieser Reihen sonst vermieden sind; es wird also wahrscheinlich, dass der in der zweiten Zeile überschüssige Tact aus der dritten heraufgerückt sei und das ἀλαόν verdrängt habe. Setzen wir die beiden betreffenden Worte ἀλαόν und πατέρα gerade eine Linie tiefer, so erhalten wir zwei Tetrapodien, von denen die eine trochäisch, die andere logaödisch ist:

γεραιὸν ἀλαὸν τόνδ' ἰδὼν
οὐκ ἀνέτλατε πατέρ' ἔργων
–́ ⏑ ⏑ –́ ⏑ – –́ ⏑ ⏑
–́ ⏑ ⏑ –́ ⏑ –́ ⏑ ⏑ –

Die Silben des letzten Verses misst man als Glykoneion mit vollem Schlusstacte, und somit ergibt sich folgende Tacteinheit der vier handschriftlichen Zeilen:

	1	2	3	4
–	⏑ ⏑ –	–́ ⏑ ⏑	– ⏑	–
	⏑ ⏑ ⏑	–́ ⏑ –	– ⏑	× ∧
	– – ⏑	–́ ⏑	⏑ ⏑ –	⏗
	– –	–́ ⏑ ⏑	–́ ⏑	– –

Nur die zweite Zeile schliesst mit indifferenter Silbe und weist sich demnach als Nachsatz einer zweigliedrigen Periode aus. Auch die zwei letzten Verse müssen eine Periode ausmachen, weil sie mit den andersartigen Daktylen, die folgen, nicht zu vereinigen sind.

Die Ueberlieferung dieser Daktylen nun ist wiederum derart, dass man erstaunen muss, sie von den Herausgebern verlassen zu sehen. Die Handschrift theilt so ab:

241 ἀλλ' ἐμὲ τὰν μελέαν, ἱκετεύομεν,
ὦ ξένοι, οἰκτείραθ' ἃ πατρὸς ὑπὲρ
τοῦ μόνου ἄντομαι, ἄντομαι οὐκ ἀλα-
244/5 οῖς προσορωμένα ὄμμα σὸν ὄμμασιν,
ὥς τις ἀφ' αἵματος
ὑμετέρου προφανεῖσα, τὸν ἄθλιον
αἰδοῦς κῦρσαι· ἐν ὕμῖν ὡς θεῷ
κείμεθα τλάμονες· ἀλλ' ἴτε, νεύσατε
249 τὰν ἀδόκητον χάριν
250 πρός σ' ὅ τι σοι φίλον ἐκ σέθεν ἄντομαι,
ἢ τέκνον, ἢ λέχος, ἢ χρέος, ἢ θεός.
οὐ γὰρ ἴδοις ἂν ἀθρῶν βροτόν, ὅστις ἄν,
εἰ θεὸς ἄγοι, ἐκφυγεῖν δύναιτο εἰς.

Es ist sehr verführerisch, die 242. Zeile der 249. gleich zu machen; so that denn auch Hermann und Westphal. Die übrigen Zeilen lassen sich alle in Tetrapodien unterbringen,

mit Ausnahme der letzten, welche der Viertheilung hartnäckig widerstrebt. Aber auch sie wurde gebändigt, oder vielmehr auseinandergerissen. Nach βροτόν kann ja ein Daktylus fehlen; dann gehört ὅστις ἂν zum Folgenden und hilft mit, eine daktylische Dipodie und eine katalektische iambische Tetrapodie bilden: ὅστις ἂν εἰ θεὸς | ἄγοι 'κφυγεῖν δύναιτο. Consequent tilgte dann Dindorf die Präposition, indem er richtig bemerkt: 'non est verisimile Sophoclem ἄγοι 'κφυγεῖν, extrita post οι vocali scripsisse, cum φυγεῖν scribere posset'. Aber wer verbürgt uns, dass der Dichter der inhaltlich und rhythmisch sehr matten Monodie alles in Tetrapodien gesetzt hat? Es ist unmethodisch, die einzige charakteristische Dipodie 246 zu verwischen und zu vernichten in der allgemeinen Gleichförmigkeit, da doch solche Dipodien als belebende Mittelglieder in daktylischen Monodien dienten (wie in der Andromache 1178. 1190, in den Phoenizierinnen 1505). Auch abgesehen davon, versagte noch der dritte neugebildete Vers πατρὸς ὑπὲρ τοῦ μόνου ἄντομαι gerade an der Stelle, wo nach der Handschrift Versschluss eintritt. Triklinius las τοὐμοῦ, wohl weil μόνου selbst in der qualitativen Bedeutung 'einzig' störend ist. Hermann verband diese Conjectur mit der alten Lesart und stellte 'metri indicio' folgenden Vers her:

πατρὸς ὑπὲρ τοὐμοῦ μόνου ἄντομαι.

So war die Tetrapodie zurechtgesetzt. Nur der letzte Vers scheint auch mir wegen des Hiatus wirklich verdorben zu sein. Dindorf erhärtet seine Verbesserung φυγεῖν statt ἐκφυγεῖν passend durch die analoge Erklärung des Scholiasten zu φυγήν V. 280 ἐκφυγεῖν. Oder stand vielleicht ἄγοιτ' ἐκφυγεῖν geschrieben (vgl. 1460), wodurch der Vers zur Pentapodie wird –́ ⏑ ⏑ –́ ⏑ ⏑ –́ ⏑ – ⏑ – ⏑?

Wie nimmt sich nun aber gegen diese Schablonirung die überlieferte Gliederung aus? Die Tactgruppen sind:

1	2	3	4	5	6	Tactzahl
–́ ⏑ ⏑	– ⏑ ⏑	–́ ⏑ ⏑	– ⏑ ⏑			2 + 2
–́ ⏑ ⏑	⏗	–́ ⏑	⏗	–́ ⏑ ⏑	–	2 + 2 + 2
–́ ⏑ ⏑	– ⏑ ⏑	–́ ⏑ ⏑	– ⏑ ⏑			2 + 2
–́ ⏑ ⏑	– ⏑ ⏑	–́ ⏑ ⏑	– ⏑ ⏑			2 + 2
–́ ⏑ ⏑	– ⏑ ⏑					+ 2
–́ ⏑ ⏑	– ⏑ ⏑	–́ ⏑ ⏑	– ⏑ ⏑			2 + 2
–́ –	– ⏑ ⏑	–́ –	– –			2 + 2
–́ ⏑ ⏑	– ⏑ ⏑	–́ ⏑ ⏑	– ⏑ ⏑			2 + 2

| – ∪ ∪ | – – | – – | – ∧ | | 3 + 3
| – ∪ ∪ | – ∪ ∪ | – ∪ ∪ | – ∪ ∪ | | 3 + 3
| – ∪ ∪ | – ∪ ∪ | – ∪ ∪ | – ∪ ∪ | | 3 + 3
| – ∪ ∪ | – ∪ ∪ | – ∪ ∪ | – ∪ ∪ | | 3 + 3
| – ∪ | – ∪ ∪ | – ∪ | – – | – ∪ | | 3 + 3

Ich habe die Reihen dipodisch gemessen, weil der zweite und neunte, besonders aber der fünfte Vers die tripodische Messung nicht zulassen. Rhythmischer Abschluss tritt mit dem Ende der genannten Verse ein, und man könnte versucht sein, in ihnen Schlussglieder von Perioden zu sehen. Dann würde die Gliederung der ganzen Partie folgende sein — je zwei Dipodien zusammengefasst:

4, 4 + 2. 4, 4 + 2. 4, 4, 4, 4. 4, 4, 4, 5.

Einer solchen Composition wird man nicht eurythmischen Bau absprechen wollen. Grundelement ist die Dipodie, welche bald zu den gewöhnlichen Tetrapodien verbunden, bald allein auftritt. Die Zusammengehörigkeit des dritten und vierten Verses ist äusserlich durch die Worttrennung ἀλα-οὺς gekennzeichnet.

Die Unrichtigkeit der Ueberlieferung liegt da natürlich offen zu Tage, wo Strophe und Gegenstrophe verschiedene Zeilenabtheilung aufweisen. Dies ist zum Beispiel der Fall in den Versen 510—520 = 521—533. Die Handschrift bietet:

510 ΧΟ. δεινὸν μὲν τὸ πάλαι κείμενον ἤδη κακόν,
ὦ ξεῖν', ἐπεγείρειν·
ὅμως δ' ἔραμαι πυθέσθαι
ΟΙ. τί τοῦτο; ΧΟ. τᾶς δειλαίας ἀπόρου φανείσας
ἀλγηδόνος ᾇ ξυνέστας.
514 ΟΙ. μὴ πρὸς ξενίας ἀνοίξῃς
τᾶς σᾶς, πέπον, ἔργ' ἀναιδῆ.
ΧΟ. τό τοι πολὺ καὶ μηδαμὰ λῆγον
χρῄζω, ξεῖν', ὀρθὸν ἄκουσμ' ἀκοῦσαι.
ΟΙ. ὤμοι. ΧΟ. στέρξον, ἱκετεύω. ΟΙ. φεῦ φεῦ.
520 ΧΟ. πείθου· κἀγὼ γὰρ ὅσον σὺ προσχρῄζεις.
521 ΟΙ. ἤνεγκον κακότατ', ὦ ξένοι, ἤνεγ-
κον ἑκὼν μέν, θεὸς ἴστω,
τούτων δ' αὐθαίρετον οὐδέν.
ΧΟ. ἀλλ' ἐς τί;
525 ΟΙ. κακᾷ μ' ἐν εὐνᾷ πόλις οὐδὲν ἴδριν

516 πέπον Bothe. πέπονθ' cod. 517 μηδαμὰ Brunck. μηδαμῇ cod. 518 ξεῖν' Neue. ξεῖν' cod. 519 ὤμοι Hermann. ἰώ μοι cod. 523 ἑκὼν Bothe. ἄκων cod. 525 μ' ἐν cod.

γάμων ἐνέδησεν ἄτᾳ.
ΧΟ. ἦ ματρόθεν, ὡς ἀκούω,
δυσώνυμα λέκτρ' ἐπλήσω;
ΟΙ. ὤμοι, θάνατος μὲν τάδ' ἀκούειν,
530 ὦ ξεῖν'· αὗται δὲ δύ' ἐξ ἐμοῦ μὲν
ΧΟ. πῶς φῄς; ΟΙ. παῖδε, δύο δ' ἄτα
ΧΟ. ὦ Ζεῦ.
ΟΙ. ματρὸς κοινᾶς
ἀπέβλαστον ὠδῖνος.

Die Verschiedenheiten sind derart, dass nicht überall diejenige Zeilenabtheilung bestimmt werden kann, welche die originale ist. Gleich im ersten Verse ist sowohl die Theilung der Strophe, wie die der Gegenstrophe an sich möglich:

Str. – ∪ ∪ – ∪ ∪ – ∪ ∪ – ∪ ∪ – ∪ ∪ – ∪ ∪ –
Ant. – ∪ ∪ – ∪ ∪ – ∪ ∪ – ∪ ∪ – ∪ ∪ – ∪ ∪ –

Es ist in dem *rhythmischen* Gange der beiden eng zusammengehörigen Glieder ohne Bedeutung, ob die beiden betreffenden Kürzen zum ersten als Tactende oder zum zweiten als Auftakt gesungen werden. Die *Melodie* entschied hier. Aus einem äusserlichen Grunde möchte ich mich für die Eintheilung der Gegenstrophe aussprechen: es ist nämlich wahrscheinlich, dass die ungewöhnlichere Brechung des Wortes und Tactes nicht von den Abschreibern fingirt ist, während die Abtheilung in der Strophe, da sie leichter verständlich ist, von unbedachtsamen Copisten herrühren kann. Jedenfalls weist die antistrophische Eintheilung darauf hin, dass ὦ im Verse 511 den Ictus hat. In den Versen 512 und 523 hat die zulässige Umsetzung des Daktylus statt. Es ist nicht möglich, dass die Worte der Gegenstrophe ἀλλ' ἐς τί; ein Glied für sich bilden, obgleich sie durch Personenwechsel isolirt sind. Aber schliessen sie sich an das Vorhergehende oder Folgende an? Vorher gehen drei Zeilen, von denen die erste sechs, die zweite und dritte je drei Tacte haben. Sie sind in sich abgeschlossen und können jedenfalls keinen vereinzelten Bakchius nachschleppen. Verweisen wir diesen zum Folgenden, wie in der Strophe geschieht, so entsteht eine neue Schwierigkeit durch die mangelhafte Responsion. Denn ist die Silbe τάς im Inlaut des Verses (513), so kann sie nicht der Kürze in κακᾷ (525) entsprechen, was möglich gewesen

530 μὲν add. Elmsley. 531 παῖδες cod. παῖδε Elmsley.

wäre, wenn τᾶς als indifferente Anfangssilbe den Auftact gebildet hätte. Es muss demnach ein Fehler vorliegen, den wir nicht mit Reisigs verunglückter Conjectur κακῶς, statt κακᾷ in der Gegenstrophe, sondern leichter in der Strophe heben **werden**. Zwar ist der Genitiv τᾶς ἀλγηδόνος, abhängig von πυθέσθαι (511), grammatisch nicht falsch, aber es ist nicht zu leugnen, dass ein Accusativ in der unterbrochenen Rede ungleich verständlicher wäre, da der Accusativ τί τοῦτο das Ohr an die gewöhnliche Construction bereits erinnert hat. Der Dichter schrieb auch gewiss τί τοῦτο; τὰ δειλαίας κ. τ. λ., eine leichte Wortfügung, die dem antistrophischen ἀλλ' ἐς τί; κακᾷ — denn so werden wir nun ohne Zeilenabtheilung schreiben — entspricht. Ferner ist in der Gegenstrophe wohl richtig eine Silbe mehr, als in der Strophe, überliefert κακᾷ μὲν εὐνᾷ, nur dass diese überzählige Silbe nicht μὲν, sondern μ' ἐν zu schreiben ist, was schon Reiske einsah. In der Strophe stellte Hermann die Responsion in ansprechender Weise durch ein eingeschobenes τὰς δ' her, indem er die Mittelsilbe von δειλαίας kurz **mass**. Somit entsprechen **sich** die Zeilen vollständig:

513 τί τοῦτο; τὰ δειλαίας τὰς δ' ἀπόρου φανείσας
521/3 ἀλλ' ἐς τί; κακᾷ μ' ἐν εὐνᾷ πόλις οὐδὲν ἴδριν.

Die Abweichungen in den beiden letzten Zeilen der Strophe und den vier letzten der Gegenstrophe entziehen sich einer sicheren Kritik. Denn da hier Ausrufe eingeschoben sind, die ebensowohl gedehnt, als nach gewöhnlicher Messung verwendet werden konnten, so lässt sich nicht bestimmen, wie lang die rhythmischen Glieder waren. Die strophische Zeile 519 kann eine Tetrapodie bilden, aber auch durch Dehnungen zur Pentapodie oder Hexapodie erweitert werden:

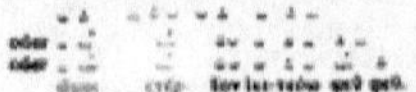

Die letzte Messung ist wohl nach unserem Gefühl die vorzüglichste, weil in der breiten Reihe die Interjectionen besser zur Geltung kommen; sie ist aber auch dadurch motivirt, dass die folgende Zeile unzweifelhaft ein längeres rhythmisches Glied bildet. Uebrigens verdient die Eintheilung der Strophe den Vorzug; denn die Interjectionen, wenn sie nach Muster des antistrophischen ὦ Ζεῦ eine besondere Zeile, d. h. eine Dipodie ausmachten, würden zwischen einer Tetrapodie und Hexapodie haltlos sein.

Die in der Strophe zu einer Zeile 520 vereinigten Worte sind in der Gegenstrophe getheilt; die zweite Hälfte bildet eine Tripodie mit doppelter Anakrusis ⏑ ⏑ ⏑́ ⏑ ⏑́ ⏑́ ⏑, die erste kann sowohl dipodisch ⏑ ⏑́ ⏑ ⏑́, als mit Dehnung tripodisch gemessen werden ⏑ ⏑́ ⏑́ ⏑́. Letzteres verdient nicht nur der Gleichmässigkeit wegen den Vorzug, sondern auch desshalb, weil so zwei betonte Längen auf die gewichtigen Worte αὐτὰ 520 und κακᾷς 533 fallen.

Als falsche Glieder haben sich nur drei herausgestellt, welche durch die Responsion leicht ihre Berichtigung erhielten. Die Gliederung ist jedoch scheinbar übergross (s. Excurs I):

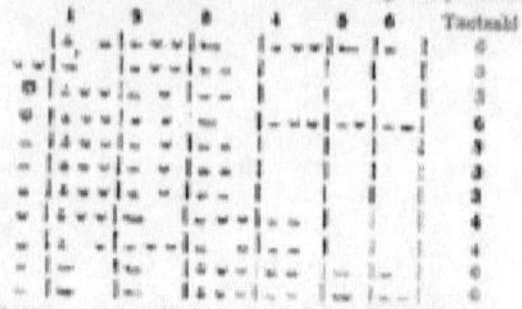

Die Periodisirung des Stückes wird durch den Personenwechsel bestimmt. Hierdurch erweisen sich als zusammengehörig:

	Strophe:	Gegenstr.	Zeile:	Tactzahl:
I	Chor.	Oedipus.	1–3	3 + 3, 3, 3
II	Chor und	Oedipus.	4–5	3 + 3, 3
III	Oedipus.	Chor.	6–7	3, 3
IV	Chor.	Oedipus.	8–9	4, 4
V	Chor und	Oedipus.	10	2 + 2 + 2
VI	Chor.	Oedipus.	11	3 + 3

Wie **schön** symmetrisch würde sich nun ein Zahlenspiel mit diesen sechs Perioden herrichten lassen, wenn wir die zusammengehörigen Dreier und Zweier summirten:

4 3 3 6 3 4 3 4 4 6 6.

So würde man gewiss zwei schöne viergliedrige um eine dreigliedrige Periode gruppiren, und doch wie sehr die wirkliche Eurythmie der Strophe verkennen! Diese ruht nicht sowohl in mechanischer Gleichsetzung der Reihen, als vielmehr in einer wechselvollen Gesammteinheit. Die Strophe beginnt mit ungeraden Reihen, schlägt dann in gerade Theilung um, und löst den dadurch entstehenden Widerspruch durch endliche Rückkehr zur ungeraden Reihe auf.

Auch die folgende Strophe V. 534—541 weist in der Handschrift einige falsche Glieder auf, welche aber durch die Gegenstrophe 542—548 berichtigt werden und in den Ausgaben von Dindorf, Nauck und Bergk bereits richtig abgetheilt sind.

§ 2.
Aus dem König Oedipus.

Falsche Glieder sowohl in der Handschrift, als in den Ausgaben, findet man durch die Abtheilung der Verse 660—668 = 689—697 im König Oedipus producirt. Jedoch steht die Handschrift der Wahrheit ungleich näher, als die Ausgaben; denn eine sorgsame Prüfung der Tradition in Strophe und Gegenstrophe ergibt eine eurythmische Gliederung, wogegen die Herausgeber durch willkürliche Abtheilungen eine mechanische Ausgleichung erzwungen haben. Die Handschrift theilt so ab:

οὐ τὸν πάντων θεῶν
θεὸν πρόμον Ἅλιον·
ἐπεὶ ἄθεος ἄφιλος
ὅ τι πύματον ὀλοίμαν,
φρόνησιν εἰ τάνδ' ἔχω.
ἀλλά μοι δυσμόρῳ
γᾶ φθίνουσα τρύχει ψυχάν
καὶ τάδ' εἰ κακοῖς κακὰ
προσάψει τοῖς πάλαι τὰ πρὸς σφῷν (vel προσφῷν)
689 ὦναξ, εἶπον μὲν οὐχ ἅ-
παξ μόνον ἴσθι δὲ
παραφρόνιμον ἄπορον
ἐπὶ φρόνιμα πεφάνθαι μ'
ἄν, εἴ σε νοσφίζομαι.
ὅς τ' ἐμὰν γᾶν φίλαν
ἐν πόνοις ἀλύουσαν
κατ' ὀρθὸν οὔρισας ταννῦν τ'
εὔπομπος, εἰ δύναιο, γενοῦ.

Die erste Zeile der Gegenstrophe besteht aus einem Bakchius und einer trochäischen Dipodie. In der Strophe fehlt eine Silbe am Schluss, die aber in der zweiten Zeile überflüssig vorhanden ist. Wir haben hier nur eine mangelhafte Silbentrennung, da das Wort θεὸν ganz der folgenden Reihe zugewiesen ist, obgleich seine erste Silbe zur vorhergehenden gehört. Es entspricht also:

οὐ τὸν πάντων θεῶν θε-
ὸν πρόμον Ἅλιον

den überlieferten Zeilen 689—690; die erste Silbe ist indifferent:

⏓ ⏑́ ⏑ ⏑ ⏑ ⏑́ ⏑
⏑ –́ ⏑ –́ ⏑ –

Die folgenden vier Zeilen respondiren: ein aufgelöster Dochmius, ein hyperkatalektischer Dochmius mit zwei Auflösungen, ein Dochmius mit vorausgeschicktem Iambus und eine kretische Dipodie. Dagegen die drei letzten Zeilen weisen starke Abweichungen auf. Vers 666 besteht aus einem kretischen Einzelfuss und einem vollständigen Dochmius; der entsprechende Vers 695 ist um die Schlusslänge kürzer. Vers 667 ist eine katalektisch-trochäische Tetrapodie; ihr gegenüber steht eine volle iambische Tetrapodie. Endlich an letzter Stelle hat die Strophe einen Bakchius mit einer trochäischen Tripodie, die Gegenstrophe aber wieder eine iambische Tetrapodie. Es kann kein Zweifel bestehen, dass die Zeilen der Strophe ungleich charakteristischer und der dochmischen Messung entsprechender sind, als die der Gegenstrophe. Zumal der Schlussvers mit dem anlautenden Bakchius kehrt zum Rhythmus des Anfangs zurück und verleiht dadurch dem Ganzen einen vollen, befriedigenden Abschluss. Verderbt sind die Glieder der Gegenstrophe; es fehlen hier in den Zeilen 695 und 696 zwei lange Silben. Die letzte Zeile dagegen erweist sich durch den Inhalt als verderbt aus. Eine Aufforderung: 'Sei Retter, wenn du kannst' ist hier unmotivirt, wohl aber eignet sich ein Wunsch, wie ihn Bergk's Verbesserung in die Worte legte, εὔπομπος εἰ γένοιο. Weniger passend ist das zuversichtlichere εὔπομπος ἂν γένοιο Heimsöths (Krit. Stud. 315).

Die beiden in den Versen 695—696 fehlenden Silben sind gerade Schlusssilbe von 695 und Anfangsilbe von 696;

gehörten sie zu einem Worte, so ist es leicht erklärlich, wie sie durch die Trennung verloren gingen. Ein solches Wort, welches auch die Möglichkeit seines Wegfalls der gleichartigen Buchstabenfolge wegen nahe legt, ist αὐθις, durch dessen Einsetzung die Responsion hergestellt wird:

ἐν πόνοις ἀκούειν, οὔ-
πως κατ' ὀρθὸν οὐρίσας
γυῖον τ' εἴσομαι εἰ γένοιτο.

Die beiden Silben πιτύν τ' gehören zum letzten Verse und sind wohl nur hinaufgerückt, weil ein unkundiger Metriker zwei gleiche Tetrapodien herstellen wollte. Dieser Diorthotes verstand nichts von Responsion.

Die Strophe ist nun folgendermassen gegliedert:

1	2	3	4	5	Taktzahl	
[illegible]	[illegible]	[illegible]	[illegible]		5	I
[illegible]	[illegible]	[illegible]			3	
[illegible]	[illegible]	[illegible]			3	II
[illegible]	[illegible]	[illegible]			3	
[illegible]	[illegible]	[illegible]	[illegible]		4	
[illegible]	[illegible]	[illegible]	[illegible]		4	III
[illegible]	[illegible]	[illegible]	[illegible]	[illegible]	5	
[illegible]	[illegible]	[illegible]	[illegible]		4	
[illegible]	[illegible]	[illegible]	[illegible]	[illegible]	5 ἐπῳδός.	

Der Periodenschluss nach der zweiten, fünften und achten Zeile ist durch indifferente Silbe oder Hiatus gekennzeichnet. Der epodische Vers kann auch hexapodisch gemessen werden: [illegible]

Eine starke Abweichung zwischen Strophe und Gegenstrophe findet sich in derselben Tragödie 1313—1316 = 1321—1324:

1313 ἰὼ σκότου νέφος ἐμὸν ἀπότροπον
ἐπιπλόμενον ἄφατον
ἀδάματόν τε καὶ δυσούριστον οἴμοι
= 1321 ἰὼ φίλος, σὺ μὲν ἐμὸς
ἐπίπολος ἔτι μόνιμος·
ἔτι γὰρ ὑπομένεις ἐμὲ
τὸν τυφλὸν κηδεύων. φεῦ φεῦ.

Die sicheren Verbesserungen ἐπιπλόμενον statt ἐπιπλώμενον, ἀδάματον statt ἀδάμαστον, habe ich aufgenommen, sonst aber die Lesarten der Handschrift beibehalten. In den Abtheilungen der Gegenstrophe ist störend die zweimalige Wiederkehr der indifferenten Silbe am Schluss des einzelnen Dochmius, wogegen die Strophe sich durch einen concinnen Gliederbau auszeichnet:

1	2	3	4	5	6	Taktzahl
[illegible]	[illegible]	[illegible]	[illegible]	[illegible]		2 + 3
[illegible]	[illegible]	[illegible]				3
[illegible]	[illegible]	[illegible]	[illegible]	[illegible]	[illegible]	2 + 3

Nach einer iambischen Dipodie, welche den Uebergang vom iambischen Trimeter zu den ungeraden Dochmien vermittelt, folgen vier Dochmien, von denen richtig nur zwei zu einem Gliede vereinigt sind, während der erste mit der iambischen Dipodie verbunden ist, und der zweite ein Monometron bildet. Der letzte ist hyperkatalektisch. Bei dieser Anordnung findet auch die Interjection οἴμοι ihre Stelle im Gliede; von den Herausgebern ist sie als gesondertes Kolon behandelt worden. Freilich sieht hierin Hermann (elem. doctr. metr. 255) eine Schönheit, weil er glaubt, die Interjection gehöre zum Folgenden. Jedoch motiviren die Worte οἴμοι μάλ' αὖθις durchaus nicht die Lostrennung der vorhergehenden Interjection οἴμοι aus ihrem dochmischen Gliede. Vielmehr klingt die letztere zuerst schwächer als Schlusstact und wird dann verstärkt im Anfange des neuen Verses wiederholt. Die Gegenstrophe, ausgenommen den Schluss, passt in dieselbe Zeilenform:

ἰὼ φίλος, σὺ μὲν ἐμὸς ἐπίπολος
ἔτι μόνιμος· ἔτι γὰρ
ὑπομένεις [τὸν] τυφλὸν κηδεύων με. φεῦ φεῦ.

Streicht man den Artikel und setzt das offenbar fehlerhafte ἐμὲ in der einsilbigen Form nach κηδεύων, so erhält man einen entsprechenden Vers.*) Doch soll der Vorschlag nur als Beispiel einer möglichen Verbesserung gelten.

Ein blosses Versehen ist es, wenn im Verlaufe desselben Kommos V. 1345 καὶ θεοῖς abgetrennt wird; die Gegenstrophe lehrt das Richtige. Dagegen befindet sich wieder in stärkerem Widerspruche der Vers 1351 zu den Versen 1332—1333, nach denen er verbessert werden muss. In Betreff der Verse 1337 f. und 1357 f. kann man zweifeln, ob die Strophe eine eurythmische Gliederung gewahrt hat, oder ob sie auch, wie die Gegenstrophe, verderbt ist. Die Handschrift bietet:

*) με schrieb schon Erfurdt. An der von mir gewählten Stelle erhält es den erforderlichen reinen Trochäus (Hermann elem. 255).

1337 τί δῆτ' ἐμοὶ βλεπτὸν, ἢ στερκτὸν, ἢ προσήγορον
ἔτ' ἔστ' ἀκούειν ἡδονᾷ, φίλοι;
= 1357 οὔκουν πατρός γ' ἂν φονεὺς ἦλθον
οὐδὲ νυμφίος βροτοῖς ἐκλήθην ὧν ἔφυν ἄπο.

Die beiden letzten Zeilen sind unrhythmisch, wohl aber geben die strophischen Zeilen der Möglichkeit einer rhythmischen Theilung Raum. Der Vers 1337 endigt mit einer indifferenten Silbe, bildet also, da er durch Personenwechsel vom Vorhergehenden getrennt ist, eine volle Periode, bestehend aus acht Tacten, die natürlich in zwei Glieder zu zerlegen sind. Dies ist bereits in den älteren Ausgaben geschehen, indem eine iambische Tetrapodie mit Unterdrückung der dritten Kürze oder Iambus mit Dochmius und eine katalektische trochäische Tetrapodie statuirt wird. Der Vers 1338 weist sich als iambische Pentapodie, d. h. als eingliedrige Periode aus. Dieser Anordnung fügt sich die Gegenstrophe. Indessen sind die beiden Längen in ἐμοὶ βλεπτὸν und πατρός γ' ἂν auffallend; sie deuten entweder auf asynartetische oder auf dochmische Bildung.

1337 τί δῆτ' ἐμοὶ βλεπτὸν ἢ
στερκτὸν ἢ προσήγορον
ἔτ' ἔστ' ἀκούειν ἡδονᾷ, φίλοι;
1357 οὔκουν πατρός γ' ἂν φονεὺς
ἦλθον οὐδὲ νυμφίος
βροτοῖς ἐκλήθην ὧν ἔφυν ἄπο.

Als Asynarteten würden die Verse iambisch gemessen:

[illegible]
[illegible]
[illegible]

Dem Charakter des Kommos entspricht aber mehr die dochmische Rhythmisirung

	Zeiteinheiten	Tacte
[illegible]	12	4
[illegible]	10	4
[illegible]	13	5

§ 3.

Aus dem Aias.

172 στρ. ἦ ῥά σε Ταυροπόλα Διὸς Ἄρτεμις,
ὦ μεγάλα φάτις, ὦ
μᾶτερ αἰσχύνας ἐμᾶς,
ὥρμασε πανδάμους ἐπὶ βοῦς ἀγελαίας

ἤ πού τινος νίκας ἀκαρπώτου χάριν,
ἤ ῥα κλυτῶν ἐνάρων
ψευσθεῖσ' ἀδώροις εἴτ' ἐλαφαβολίαις;
ἢ χαλκοθώραξ ἤ τιν' Ἐνυάλιος
μομφὰν ἔχων ξυνοῦ δορὸς ἐννυχίοις
μαχαναῖς ἐτείσατο λώβαν;
ἀντ. οὔποτε γὰρ φρενόθεν γ' ἐπ' ἀριστερά,
παῖ Τελαμῶνος, ἔβας
τόσσον ἐν ποίμναις πίτνων·
ἥκοι γὰρ ἂν θεία νόσος· ἀλλ' ἀπερύκοι
καὶ Ζεὺς κακὰν καὶ Φοῖβος Ἀργείων φάτιν.
εἰ δ' ὑποβαλλόμενοι
κλέπτουσι μύθους οἱ μεγάλοι βασιλῆς,
ἢ τᾶς ἀσώτου Σισυφιδᾶν γενεᾶς,
μὴ μή μ', ἄναξ, ἔθ' ὧδ' ἐφάλοις κλισίαις
ὄμμ' ἔχων κακὰν φάτιν ἄρῃ.
ἐπ. ἀλλ' ἄνα ἐξ ἑδράνων, ὅπου μακραίωνι
στηρίζει ποτὲ τᾷδ' ἀγωνίῳ σχολᾷ,
ἄταν οὐρανίαν φλέγων.
ἐχθρῶν δ' ὕβρις ὧδ' ἀτάρβητα
ὁρμᾶτ' ἐν εὐανέμοις βάσσαις
πάντων καγχαζόντων γλώσ-
σαις βαρυάλγητ', ἐμοὶ δ' ἄχος ἕστακεν.

In dieser Zeilenabtheilung findet sich keine bedeutende Abweichung von der Handschrift: μαχαναῖς ist dem Vers 181 zugefügt, die Zeilen 191—193 sind durch offenbaren Irrthum so getheilt μὴ μή μ' ἄναξ | ἔθ' — ἔχων | κακάν, und die Silbentrennung in γλώσσαις 199 ist übersehen, indem das ganze Wort zum folgenden Verse gezogen wurde. Beim Vortrag der drei Strophen nach der so überlieferten Versabtheilung wird sich leicht der gleichmässige Bau der Tactgruppen herausheben. Man wird unschwer die Uebereinstimmung vier- und fünftactiger Glieder vernehmen, die sich zu einem kunstvollen rhythmischen Ganzen vereinigen. Und dieser Eindruck der Ordnung, welcher uns von selbst bei der Lectüre des Gesanges entgegentritt, ist nicht trügerisch; eingehende Betrachtung ergibt in der That eine, nach den Begriffen unserer Musiker aussergewöhnliche, aber in sich wohlbegründete, auch für unser Ohr effectvolle Bildung der rhythmischen Sätze. Der Rhythmus ist logaödisch. Die zwei ersten Glieder sind

Ueberlieferung. 185 πολύμναι cod. 197 ὧδ' del. Dindorf. ἀταρβήτως Dindorf. ἀτάρβητα cod. pr. ἀτάρβητα rec. 196 ὁρμᾶται Triclinius. 199 καγχαζόντων cod. a. m. rec. in καγχαλόντων mutatum' Dindorf. ἁπάντων καγχαζόντων Dindorf. βαρυαλγήτως Dindorf.

so gebaut, dass Daktylen die Einleitung bilden, während in den folgenden Gliedern Trochäen anfangen und Daktylen schliessen; diese Bewegung ist aber noch durch zwei mitten in die Strophe gelegte Daktylen unterbrochen. Der Wechsel der Daktylen und heftigen Trochäen malt charakteristisch die Unruhe, Angst und Ungeduld der salaminischen Schiffsleute, welche zu erfahren wünschen, ob das Gerücht von des Aias Wahnsinn begründet sei.

Wie viele Glieder zusammengehören und eine Periode ausmachen, ist nicht so leicht entschieden. Der Anfang der Strophe hebt sich durch eigenartige Satzbildung vom Folgenden ab. Die drei ersten Zeilen nämlich sind 1) eine daktylische Tetrapodie, 2) eine katalektische daktylische Tripodie, 3) eine gleiche trochäische Tetrapodie, während alle übrigen Zeilen mit Ausnahme der drittfolgenden grössere Reihen bilden. Also stellen sich die drei ersten Verse als gesonderte Einheit, als dreigliedrige Einleitungsperiode dar. Der vierte Vers besteht aus einer anakrusischen trochäischen Dipodie und einer daktylischen Tripodie, deren letzter Fuss spondeisch ist. Vergleichen wir mit diesem Verse die in der zweiten Strophenhälfte folgenden drei vorderen Pentapodien, so finden wir insofern Uebereinstimmung, als auch hier eine trochäische anakrusische Dipodie einer daktylischen Tripodie vorausgeht, die aber katalektisch ein cokkaßty ist. Nun erklärt sich das Einzelauftreten dieser katalektischen Tripodie in der zweiten und sechsten Verszeile; dieselbe stellt sich hier als besonderes Glied dar. Die Pentapodien sind also zusammengesetzt aus folgenden Formen:

⏑ ´ ⏑ – ⏑ | ´ ⏑ ⏑ – ⏑ ⏑ –

Durch die sechste tripodische Zeile wird die Selbständigkeit der vorausgehenden beiden Verse deutlich vernehmbar. Jene Zeile enthält nämlich nicht einen Schlusssatz zu den ersten fünf Verszeilen der Strophe — dagegen spricht schon der Inhalt —, vielmehr bildet sie einen Vordersatz zu den folgenden vier Versen. Letzteres geht auch hervor aus der Anlage des fünften Verses, welcher offenbar einen rhythmischen Abschluss bildet; die indifferente Endsilbe desselben weist sich aber ohnehin als Periodenschluss aus. Demnach zerfällt die ganze Strophe in zwei grosse Hälften von je fünf Verszeilen.

Der fünfte Vers besteht aus drei trochäischen Dipodien, sogenannten zweiten Epitriten mit Katalexis am Schlusse, und hat somit sechs Tacte; vorauf geht eine Anakrusis. Dies lehrt uns, dass der vorhergehende Vers nicht etwa fünftactig gemessen werden darf, woraus sich eine störende Ungleichartigkeit ergeben würde, sondern dass er einen Tact mehr haben muss, als er bei Notirung von einfachen Längen und Kürzen zu haben scheint. Eine Länge war also gedehnt und füllte einen ganzen Tact aus. Die Anakrusis des fünften Verses führt nach der sonstigen Anlage der Strophe zu der Annahme, dass der vorhergehende Vers mit dem betonten Tacttheile schloss; war demnach die letzte Länge des vierten Verses betont, d. h., begann sie den Tact, so musste die vorletzte zu einem ganzen Tacte gedehnt sein. Also hatten die beiden Verse folgende Gestalt:

⏑ | ´ ⏑ – ⏑ | ´ ⏑ ⏑ – ⏑ ⏑ | ´ –
⏑ | ´ ⏑ – ⏑ | ´ ⏑ – – | ´ ⏑ ⏑

Da die Folge von drei Epitriten den ganzen letzteren Vers als ein Glied erscheinen lässt — denn drei epitritische Einzelglieder wären zu knapp und rhythmisch haltlos — so werden die beiden Verszeilen zu einer Periode vereinigt gewesen sein.

Etwas anders ist es mit den Epitriten der zweiten Strophenhälfte. Es ist kein Anzeichen vorhanden, dass die Verszeile:

⏑ | ´ ⏑ – ⏑ | ´ ⏑ ⏑ – ⏑ ⏑ –,

welche dreimal wiederkehrt, irgend eine Dehnung hätte erhalten müssen; sie bildet in sich ein zweitheiliges Glied, bestehend aus zweitactigem Vor- und dreitactigem Nachschlag. Das letztere gilt auch von dem Schlussverse der Strophe, welcher mit einer reinen trochäischen Dipodie anfängt, und dessen Nachsatz scheinbar aus Daktylus und Spondeus, in der That aber aus drei Tacten besteht, indem die erste Spondeenlänge zu einem ganzen Tacte gedehnt ist: – ⏑ ⏑ | – | –. Diese Dehnung wird durch die Gleichartigkeit der entsprechenden Glieder in den vorhergehenden Verszeilen erwiesen.

Wenn wir nach der antiken Anschauung die Anakrusis mit zum ersten Tacte rechnen, so ändert sich natürlich nur die Notirung, nicht das Wesen des Rhythmus. Der fünfte

Vers würde aus drei vollständigen dritten Epitriten bestehen: – – ◡ – | – – ◡ – | – – ◡ ◡, und der vierte, siebente, achte und neunte würde nach dem dritten Epitritos eine anapästische Tripodie haben. Jedoch dient diese Terminologie nur dazu, die Einsicht in den rhythmischen Bau für uns, die wir an gleichmässige Tactschrift gewöhnt sind, zu erschweren. Denn den ersten, zweiten, dritten, sechsten und achten Vers müsste man, weil die Anakrusis fehlt, immerhin als daktylisch oder trochäisch bezeichnen, und dann würde sich die störende Mischung von Dactylen, Anapästen, Trochäen und Iamben ergeben. Wir notiren also in moderner Weise die Anakrusen (Auftacte), und erleichtern uns dadurch die Einsicht in den Rhythmus. Zunächst ergibt sich uns eine kunstvolle Verschlingung der Tact- und Gliederschlüsse. Fünfmal fällt der Schluss eines Gliedes in die Mitte des Tactes, wodurch sich die ganze Strophe auch dem Ohr als geschlossene Einheit kundgibt. Die Gliederung, die Tacteinheit und zugleich die Variation der Tactbildung wird veranschaulicht, wenn wir die einzelnen Tacte nach der uns geläufigen Weise so trennen:

So stellt sich auch dem Auge der eurythmische Bau der Glieder dar, welche zwischen zwei und drei Tacten wechseln. Nachdem in der ersten Strophenhälfte in grösseren Partieen gerade und ungerade Tactgruppen einander ablösten, steigert sich in der zweiten Hälfte die Bewegung so sehr, dass kleinere Partien von je zwei Tacten mit dreitactigen verbunden werden. Dieser Gesammtanlage ist es angemessen, wenn im Anfange mehrere, gegen den Schluss eine tactwechselnde Periode eintreten. Denn offenbar bilden die drei ersten Verse für sich, sowie der vierte mit dem fünften eine Periode; es folgt dann die in der ersten Periode mesodisch eingeschobene Tripodie noch einmal als selbständiger Einleitungssatz zu der Periodenreihe des zweiten Strophentheils. Die ganze Periodisirung ist demnach folgendermassen angelegt:

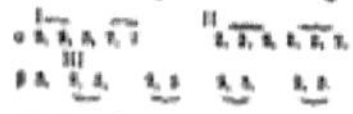

Wenn man die Strophe daktylo-epitritisch genannt hat, so ist dieser Name der äusseren Erscheinung wohl angepasst, aber nicht dem Wesen des Rhythmus. Denn da sich im vierten, siebenten, achten, neunten Verse ein Glied herausgestellt hat, in welchem eine trochäische und daktylische Dipodie verbunden sind, so gehört das Metrum zu den 'gemischten' und nicht zu den 'zusammengesetzten', wozu es von Westphal gerechnet wird (Metrik 2 Aufl. II 683). Die Strophe ist also logaödisch, wie die folgende Epodos, und die Spondeen, Daktylen sind irrational und nicht vierzeitig.

Der Bau der Epodos, wie ihn uns die Ueberlieferung vorführt, ist ungleich einfacher. Zwei logaödische Hexapodien, vier gleiche Tetrapodien und eine abschliessende Hexapodie bilden das Ganze. Die Periodisirung ist durch den Hiatus und indifferente Silbe am Schlusse des zweiten und vierten Verses gekennzeichnet. Die ersten beiden Perioden bestehen demnach aus zwei, die dritte aus drei Gliedern. Dehnungen sind nur fünfmal angewendet; die erste Periode schliesst wegen des Hiatus mit Pause:

Die Dehnung im ersten Verse trifft gerade das gewichtige παμφόρων, was wohl beabsichtigte Tonmalerei voraussetzen lässt. Zwei von den vier mittleren Tetrapodien haben die Form des zweiten Glykoneions. In der letzten sind, gewiss mit Rücksicht auf den Wortinhalt, Trochäen und Daktylus sämmtlich durch Spondeen ersetzt: 'allwärts lauter Zungen Hohn'. Die zweite Tetrapodie steht ihrer Messung nach nicht fest. Die angegebene Notirung ist gewählt, weil sie dem Periodenschluss einen volleren Tonfall verschafft; möglich ist aber auch die härtere Messung ⏑ | ⏑́ – ⏑ | – ⏑ | – – | ⏑ ∧, wodurch die erste glykoneische Form mit Anakrusis deutlicher hervortritt.

An die eigentliche Parodos lehnen sich an und bilden mit ihr ein grossartiges Ganze die folgenden anapästischen Systeme der Tekmessa mit den Anapästen und logaödischen Strophen des Chors. Die letzten dienen ebenfalls zum Beweise, dass eine sorgfältige Beachtung der überlieferten Verseintheilung zur richtigen Erkenntniss des rhythmischen Baues führen muss.

221 στρ. οἵαν ἐδήλωσας ἀνέρος
αἴθονος ἀγγελίαν
ἄτλατον οὐδὲ φευκτάν,
τὰν μεγάλων Δαναῶν
ὑποκληζομέναν
τὰν ὁ μέγας μῦθος ἀέξει.
οἴμοι φοβοῦμαι τὸ προσέρπον.
περίφαντος ἀνὴρ
θανεῖται, παραπλήκτῳ
χερὶ συγκατακτὰς
κελαινοῖς ξίφεσιν βοτὰ καὶ
βοτῆρας ἱππονώμας.

245 ἀντ. ὥρα τιν' ἤδη κάρα κα-
λύμμασι κρυψάμενον
ποδοῖν κλοπὰν ἀρέσθαι
ἢ θοὸν εἰρεσίας
ζυγὸν ἑζόμενον
ποντοπόρῳ ναῒ μεθεῖναι.
τοίας ἐρέσσουσιν ἀπειλὰς
δικρατεῖς Ἀτρεῖδαι
καθ' ἡμῶν· πεφόβημαι
λιθόλευστον Ἄρη
ξυναλγεῖν μετὰ τοῦδε τυπείς,
τὸν αἶσ' ἄπλατος ἴσχει.

Auffallend und störend ist nur die Trennung der Verse 225—226 = 248—249, die man wie die folgende Zeile zu einer Pentapodie vereinigt sehen möchte. Man kann sich geneigt fühlen, anzunehmen, dass die anapästische Dipodie 226 = 249 nur deshalb einen besondern Vers füllt, weil sie nicht mehr in die zugehörige Zeile 225 = 248 zu bringen

war; und das wird allerdings auch der Entstehungsgrund des Verseins in der Strophe sein. Da es aber so getreulich in der Gegenstrophe wiederkehrt, so scheint die Abtrennung gerade einer Dipodie zugleich eine rhythmische Bedeutung zu haben. Diese Bedeutung kann nur die eines Gliedertheiles sein. Betrachten wir die Dipodie wirklich als Abschnitt des zusammengesetzten Tactes, so haben wir folgende Eintheilung der drei Zeilen 225—227 = 248—250:

– ⏑ ⏑ – ⏑ ⏑ – | ⏑ ⏑ – ⏑ ⏑ – | – ⏑ ⏑ – – ⏑ ⏑ – –

Dem Ohre drängen sich vor allem die zwei Choriamben in der Mitte auf, von denen der erste in jene Dipodie, der zweite in den Anfang der folgenden Pentapodie fällt. Dann hebt sich die Tripodie am Anfang und Schluss des Ganzen sehr hervor, so dass sich unwillkürlich das Ohr die Reihe so zerlegt:

– ⏑ ⏑ – ⏑ ⏑ – | ⏑ ⏑ – ⏑ ⏑ – | – ⏑ ⏑ – | – ⏑ ⏑ – –

In der That sehen wir in der Dipodie der Verse 226, 249 die positive Nachweisung einer solchen Eintheilung, wonach die beiden Pentapodien in je einen zwei- und dreitactigen Abschnitt antithetisch zerfallen: 3, 2, 2, 3.

Die beiden ersten Periodenschlüsse sind durch die Zulassung des Hiatus gekennzeichnet: sie fallen an das Ende des dritten (224 = 247) und sechsten Verses (227 = 250). Nach der zweiten Periode folgt aber eine scheinbar ungeordnete Zeilengruppe; wenigstens reiht sich die Zeile 228 = 251 nicht ohne weiteres an die fünf letzten Verse an. Sie lässt eine dreifache Messung zu, jenachdem man eine, zwei oder drei Dehnungen annimmt:

⏑ | – ⏑ | – | – ⏑ ⏑ | – – | Tetrapodie
⏑ | – ⏑ | – | – ⏑ ⏑ | – | – Pentapodie
⏑ | – ⏑ | – | – ⏑ ⏑ | – | – Hexapodie.

Jedoch schliesst sich die letzte Messung von selbst aus, so wirkungsvoll auch die Dehnung in den Worten οἴμοι und τοίας ..́ erscheinen mag; denn eine sechstactige Zeile lässt sich mit keinem vorhergehenden oder folgenden Gliede ausgleichen. Der Vers steht für sich allein, was nicht nur nicht befremden darf, sondern vielmehr in dem ganzen Bau der Strophe begründet erscheinen muss, insofern er dieselbe in zwei gleiche Hälften theilt und gleichsam die Vermittlung zwischen dem Periodenwechsel der ersten und der Periodeneinheit der zweiten Hälfte bildet. Rechnen wir die Zeilen 225—226 = 248—249 als je eine Pentapodie, wie selbstverständlich, so gehen dem Verse 228 — 251 fünf Verse in zwei Perioden voraus und es folgen ebenfalls fünf Verse, die zu einer Periode vereinigt zu sein scheinen. Der mittlere Einzelvers muss also für sich eine rhythmische Geltung haben, die er erhält, wenn er als zweigliedrige Periode aufgefasst wird. Eine Hexapodie würde sich naturgemäss in zwei gleich grosse Glieder (Tripodien) zerlegen, und dadurch ginge die Wirkung zu Grunde, welche der Dichter in den übrigen Versen durch Vereinigung ungleicher Glieder erzielt hat, indem er den unruhvollen Sorgen der Salaminier durch das beständige Auf- und Niederschwanken in den verschieden grossen Tactgruppen einen lebendigen Ausdruck verliehen hat. Aus demselben Grunde ist die Tetrapodie unmöglich, da ihre ohnehin haltlosen kleinen Glieder sich viel zu leicht nach den schwerfälligen Pentapodien ausnehmen würden. Wir entscheiden uns also für die Pentapodie, die in der That am besten die Vermittlung der beiden Strophenhälften zu bilden vermag. Denn indem sie mit einer geraden Tactgruppe (2) beginnt und mit einer ungeraden (3) schliesst, prägt sie dem Ohr den Grundtypus der Periodisirung noch einmal ein, ehe er in den folgenden fünf Versen eine breite, abschliessende und beruhigende Ausführung durch Vereinigung zwei gerader mit zwei ungeraden Gliedern erhält.

Die Tacteinheit der Strophe würden wir so darstellen:

	1	2	3	4	5	Tactzahl
⏑	⏑́ ⏑	—	– ⏑	– ⏑		3 + 2
	⏑́ ⏑ ⏑	– ⏑ ⏑	–			[illegible]
⏑	⏑́ ⏑	– ⏑	—	–		3 + 2
	⏑́ ⏑ ⏑	– ⏑ ⏑	– ⏑ ⏑	– ⏑ ⏑	–	3 + 2
	⏑́ ⏑ ⏑	—	– ⏑ ⏑	—	–	2 + 3
–	⏑́ ⏑	—	– ⏑ ⏑	—	–	[illegible]
⏑ ⏑	⏑́ ⏑	—	—			3
	⏑ –	⏑́ ⏑ ⏑	—	–		2 + 2
⏑ ⏑	⏑́ ⏑	—	⏑			3
⏑	[illegible]	– ⏑ ⏑	– ⏑ ⏑	–		[illegible]
⏑	⏑́ ⏑	– –	– ⏑			3

Auf die Perioden vertheilen sich die Glieder folgendermassen:

α μέσον β

I 4, 3, 4 | II 3, 2, 2, 3 | III 2, 3 | IV 3, 4, 5, 4, 3

§ 4.

Aus dem Philoktet.

Unverändert, mit Ausnahme weniger Verse, ist die Parodos des Philoktet geblieben. Die Messung in der handschriftlichen Zeilenabtheilung ist allerdings so einfach, dass eine Abweichung davon als Willkür zu betrachten ist. Metrische Anhaltspunkte zur Bestimmung der Perioden sind nicht vorhanden; nur die rhythmische Gliederung bietet zwei Kriterien. Rechtfertigen wir zuerst die handschriftliche Verstheilung:

στρ. τί χρή, τί χρή με, δέσποτ', ἐν ξένᾳ ξένον
στέγειν, ἢ τί λέγειν πρὸς ἄνδρ' ὑπόπταν;
φράζε μοι· τέχνα γὰρ
τέχνας ἑτέρας προύχει
καὶ γνώμα παρ' ὅτῳ τὸ θεῖον
Διὸς σκῆπτρον ἀνάσσεται.
σὲ δ', ὦ τέκνον, τόδ' ἐλήλυθεν
πᾶν κράτος ὠγύγιον· τό μοι ἔννεπε
τί σοι χρεὼν ὑπουργεῖν.

ἀντ. μέλον πάλαι μέλημα μοι λέγεις, ἄναξ,
φρουρεῖν ὄμμ' ἐπὶ σῷ μάλιστα καιρῷ·
νῦν δέ μοι λέγ' αὐλὰς
ποίας ἔνεδρος ναίει
καὶ χῶρον τίν' ἔχει. τὸ γάρ μοι
μαθεῖν οὐκ ἀποκαίριον,
μὴ προσπεσών με λάθῃ ποθέν.
τίς τόπος, ἢ τίς ἕδρα, τίν' ἔχει στίβον,
ἔναυλον ἢ θυραῖον;

Eine solche Tactgliederung würde ein moderner Musiker unschwer nachbilden; und doch hat die eine kleine Abweichung von unserer gewöhnlichen Notirung in den Versen 139—140 = 154—155 Veranlassung zur Entstellung der Ueberlieferung gegeben. Die Verse sind logaödisch; es folgen 1) eine katalektische trochäische Hexapodie mit Anakrusis, 2) eine gleiche Hexapodie mit zwei Dehnungen und einem Daktylus, 3) eine trochäische Tetrapodie mit einer Dehnung,

4—7) glykoneische Tetrapodien in variirter Gestalt, 8) eine daktylische Tetrapodie, 9) eine katalektische trochäische Tetrapodie mit Anakrusis. Dass dieser Bau eurythmisch sei, ist leicht einzusehen, wenn wir nur die uns geläufige Notirung der einzelnen Tacte auf ihn anwenden:

	1	2	3	4	5	6	Tactzahl
[illegible]	[illegible]	[illegible]	[illegible]	[illegible]	[illegible]	[illegible]	2 + 2 + 2
[illegible]	[illegible]	[illegible]	[illegible]	[illegible]	[illegible]	[illegible]	2 + 2 + 2
	[illegible]	[illegible]	[illegible]	[illegible]			2 + 2
[illegible]	[illegible]	[illegible]	[illegible]	[illegible]			2 + 2
[illegible]	[illegible]	[illegible]	[illegible]	[illegible]			2 + 2
	[illegible]	[illegible]	[illegible]	[illegible]			2 + 2
[illegible]	[illegible]	[illegible]	[illegible]	[illegible]			2 + 2
	[illegible]	[illegible]	[illegible]	[illegible]			2 + 2
[illegible]	[illegible]	[illegible]	[illegible]	[illegible]			2 + 2

Die Verwirrung in den Ausgaben ist entstanden durch die aussergewöhnliche Form der mittleren Partie. Zunächst musste der Iambus im Anfang des sechsten Verses nach der unbetonten Schlusssilbe der vorhergehenden Zeile stören; doch hebt sich die vermeintliche Tactstörung durch die Accentbrechung auf, der Iambus ist nur ein synkopirter Trochäus, und der lange fünfte Vers endigt regelrecht mit vollem Tacte. Es ist nicht abzusehen, weshalb nun die Herausgeber Freude an einem kretischen Verse in der dritten Zeile gefunden haben: φράζε μοι (137) und νῦν δέ μοι (152) bilden in den Ausgaben einen Vers, welcher auch als katalektischer trochäischer Zweier einen gar wunderlichen Eindruck unter den langen Sechsern und Vierern macht. In der Strophe liesse man sich noch allenfalls die Intention gefallen, den Imperativ gewichtig hervortreten zu sehen, obgleich dieses: 'Sage mirs' nicht den Ton des Befehls, der Angst oder Leidenschaft hat, sondern nur Ausdruck einer geschwätzigen Verlegenheit ist. Aber in der Gegenstrophe hat das abgeknappte νῦν δέ μοι gar keine Bedeutung. Durch die Abtrennung der Einzeldipodie wurden natürlich die beiden folgenden Verse auf verschiedene Weise alterirt.

Unglücklich ist auch Westphal's Verseintheilung (Metrik 2. Aufl. II 841), in welcher zwar jene kurzathmige Dipodie vermieden ist, dafür aber vier Hexapodien aus den ersten fünf Versen gebildet werden; und zwar sind die Zeilen 137—139 so vereinigt:

φράζε μοι. τέχνα γὰρ τέχνας ἑτέρας
προὔχει καὶ γνώμα παρ' ὅτῳ τὸ θεῖον.

[illegible]
[illegible]

Die erste dieser beiden Verszeilen würde nämlich durch Cäsur und innere Katalexis in zwei Tripodien zerfallen, eine Tactgliederung, welche der Gesammtanlage der Strophe widerspricht.

Der fünfte Vers könnte auch so gemessen werden: [illegible] aber ich habe die Anakrusis vorgezogen, weil sie durch den Bau des vorhergehenden Verses motivirt, wenn auch nicht nothwendig erfordert, ist. Die so um einen Auftact verlängerte Zeile gibt der folgenden als Periodenschluss verwendeten Tetrapodie einen festen Halt. Es ist mir nämlich durch die stärkeren Interpunctionen wahrscheinlich geworden, dass die Periodisirung folgende ist:

I 6, 6. II 4, 4, 4, 4. III 4, 4, 4.

Die beiden Hexapodien heben sich von selbst rhythmisch und syntaktisch zugleich von den folgenden sieben Tetrapodien ab. Letztere tragen nicht den Stempel eines einheitlichen Ganzen, vielmehr bildet der Auftact durch sein viermaliges Eintreten eine gewisse Zusammengehörigkeit der Glieder. Zumal hebt er den siebenten Vers gegen den sechsten ab, eine Trennung, welche in der Strophe durch eine stärkere, in der Gegenstrophe durch eine schwächere Interpunction unterstützt wird. Die Schlussperiode, welche aus den drei letzten Versen besteht, ist nicht einheitlich; denn der Zusammenstoss der unbetonten Kürzen am Ende des achten und der Kürze im Anlaut des neunten Verses lässt eine unmittelbare Vereinigung nicht zu. Die Schlusszeile ist daher ein selbständiger Epodos.

Die längere Messung des fünften Verses durch Annahme einer Anakrusis hat noch einen ferneren Grund. Der Vers nimmt sich nämlich schon durch den vollen Tactschluss gewichtiger aus, und es ist ersichtlich, dass der Dichter ihm mit Absicht einen breiteren Tonfall gegeben hat. Demnach hat es eine innere Wahrscheinlichkeit, dass der Vers eine möglichst gedehnte Form hatte, und diese Annahme wird äusserlich dadurch unterstützt, dass er gerade in der Mitte der Strophe zwischen je vier Zeilen steht.

Viel deutlicher tritt eine solche symmetrische Versgruppirung um einen Mittelpunkt in der zweiten Strophe derselben Parodos hervor.

169 στρ. οἰκτείρω νιν ἔγωγ᾽, ὅπως,
μή του κηδομένου βροτῶν
μηδὲ σύντροφον ὄμμ᾽ ἔχων,
δύστανος, μόνος αἰεί
νοσεῖ μὲν νόσον ἀγρίαν,
ἀλύει δ᾽ ἐπὶ παντί τῳ
χρείας ἱσταμένῳ. πῶς ποτε πῶς
δύσμορος ἀντέχει;
ὦ παλάμαι θνητῶν,
ὦ δύστανα γένη βροτῶν,
οἷς μὴ μέτριος αἰών.

180 ἀντ. οὗτος πρωτογόνων γεγὼς
οἴκων οὐδενὸς ὕστερος
πάντων ἄμμορος ἐν βίῳ
κεῖται μοῦνος ἀπ᾽ ἄλλων
στικτῶν ἢ λασίων μετὰ
θηρῶν, ἔν τ᾽ ὀδύναις ὁμοῦ
λιμῷ τ᾽ οἰκτρὸς ἀνήκεστα μερ-
μνήματ᾽ ἔχων βαρεῖ.
ἁ δ᾽ ἀθυρόστομος
ἀχὼ τηλεφανὴς πικρᾶς
οἰμωγᾶς ὑπ᾽ ἀχεῖται.

Die sechs ersten Verse sind sogenannte zweite glykoneische Tetrapodien; im vierten ist eine Kürze unterdrückt. Es folgt dann eine trochäisch-daktylische Pentapodie, eine gleichartige Tripodie, dann eine daktylische Dipodie und wieder ein zweites Glykoneion, endlich ein dem vierten Verse gleiches Glykoneion, welches indess ohne Dehnung auch tripodisch sein kann*).

Ueber die Periodisirung lässt sich vor allem sagen, dass mit der Pentapodie offenbar ein neuer Satz anfängt, welcher mit den vorhergehenden Tetrapodien nicht zu einer rhythmischen Einheit verbunden werden kann, vielmehr sichtlich seinen Abschluss in der folgenden Zeile findet, wie denn auch

Ueberlieferung 177 θνητῶν Lachmann. θεῶν cod. 180 γεγὼς Nauck. ἴσως cod. 187 – 188 βαρεῖα δ᾽ cod. βαρεῖ. ἁ δ᾽ Böckh Hermann.

*) Die dochmische Betonung der Verse 176, 177 = 187, 189 ist nicht zulässig (Böckh de metr. Pindari 232 f. vgl. Hermann elem. 251), ebenso wenig, wie O. C. 117, 124, 129, 130 = 149, 156, 160, 161.

die Pentapodie in der Gegenstrophe mit der nachfolgenden Tripodie durch Wortgemeinschaft zusammenhängt. Wir trennen daher die vordere rein glykoneische Partie von der zweiten mit der Pentapodie beginnenden Strophenhälfte. In der letzteren ist uns ein Periodenschluss positiv gekennzeichnet durch den Hiatus in der Tripodie der Strophe und Gegenstrophe. Demnach heben sich die Pentapodie mit der Tripodie, sowie die drei letzten Verszeilen als gesonderte Perioden hervor. Auch in der ersten Strophenhälfte ist ein Versschluss, welcher als Periodenschluss angesehen werden kann. Es ist wenigstens höchst wahrscheinlich, dass Sophokles keine indifferente Silbe inmitten der glykoneischen Periode geduldet hat. Wenn wir aber mit dem Verse στικτῶν ἢ λασίων μετὰ eine Periode schliessen, so schneiden wir nicht nur zwischen Adjectiv und zugehörigem Substantiv ein, sondern lassen auch das letzte Glykoneion allein stehen. Da dieses aber keine Periode ausmachen kann, so wäre eine solche Gliederung unmöglich, wenn es nicht selbständiger Epodos wäre, und just dieses epodische Schlussglied der ersten Strophenhälfte bildet die Mitte der ganzen Strophe, es ist auf beiden Seiten von je fünf Versen umgeben. Wie es sich selbst durch die vorhergehende indifferente Silbe von der vorderen Partie abhebt, so ist es von den fünf Schlussversen durch die nach ihm beginnende ungerade Gliederung getrennt.

Es ist auffallend, dass die Pentapodie Vorder- und die Tripodie Nachsatz einer zweigliedrigen Periode ist; der Nachsatz erscheint zu kurz, um einen Abschluss zu bilden. Aber gerade das dreitactige Schlussglied, wie die ganze letzte Periode, zeigt uns, dass der Dichter in der zweiten Hälfte kleine ungerade mit geraden Gliedern hat wechseln lassen. Wir vermissen diesen Wechsel in der mittleren Periode, wenn wir fünf Tacte mit dreien vereinigen; wir erhalten ihn, wenn wir die Pentapodie als zusammengesetzt aus einer Tripodie und Dipodie betrachten. Die eurythmische Anlage ist also folgende:

1	2	3	4	5	Taktzahl
– –	´ ⏑ ⏑	– ⏑	–		3 + 3
– –	´ ⏑ ⏑	– ⏑	–		2 + 3
– ⏑	´ ⏑ ⏑	– ⏑	–		3 + 2
– –	´ ⏑ ⏑	–	–		4 + 4

⏑ ⏑⏑	⏑ ⏑ ⏑	– ⏑	⏑ Λ			2 + 2
⏑ ⏑⏑	⏑ ⏑ ⏑	– ⏑	– Λ			2 + 2
– –	⏑ ⏑ ⏑	–	– ⏑ ⏑	–		2 + 2
⏑ ⏑ ⏑	– ⏑	– Λ				3
⏑ ⏑ ⏑	– ⏑⏑					2
– –	⏑ ⏑ ⏑	– ⏑	–			2 + 2
– –	⏑ ⏑ ⏑	– –				3

I II III

4, 4, 4, 4, 4, – 4 – 3, 3, 3. 3, 4, 3.

Die letzte Strophe der Parodos ist wieder in so schöner Eurythmie überliefert, dass man sich wundern muss, die Herausgeber auf willkürlichen Abwegen wandeln zu sehen.

201 στρ. ΧΟ. εὔστομ' ἔχε παῖ. ΝΕ. τί τόδε; ΧΟ. προὐφάνη κτύπος,
φωτὸς σύντροφος ὡς τειρομένου του,
ἤ που τῇδ' ἢ τῇδε τόπων.
205 βάλλει βάλλει μ' ἐτύμα φθογγά
του στίβον κατ' ἀνάγκαν
ἕρποντος, οὐδέ με λάθει
βαρεῖα τηλόθεν αὐδὰ
τρυσάνωρ· διάσημα γὰρ θρηνεῖ.
210 ἀντ. ΧΟ. ἀλλ' ἔχε τέκνον. ΝΕ. λέγ' ὅ τι. ΧΟ. φροντίδας νέας·
ὡς οὐκ ἔξεδρος, ἀλλ' ἔντοπος ἀνήρ,
οὐ μολπὰν σύριγγος ἔχων,
ὡς ποιμὴν ἀγροβότας, ἀλλ' ἤ
215 που πταίων ὑπ' ἀνάγκας
βοᾷ τηλωπὸν ἰωὰν
ἢ ναὸς ἄξενον αὐγά-
ζων ὅρμον· προβοᾷ τι γὰρ δεινόν.

In der Strophe ist der erste Vers getheilt: εὔστομ' – | προὐφάνη –, während durch die Gegenstrophe die Einheit desselben bezeugt wird. Die Worttheilung im Verse 217 ist durch die Handschrift gesichert. Die Strophe fliesst in dreizeitiger Tactgliederung dahin; im Anfange ist die Hast und Aengstlichkeit der Lauschenden durch zwei aufgelöste Tacte, scheinbare Päone – ⏑ ⏑ ⏑, ⏑ ⏑ ⏑ –, gemalt.

1	2	3	4	5	6	Tactzahl
– ⏑ ⏑ ⏑	–	⏑ ⏑ ⏑	– ⏑	– ⏑	–	2 + 4
– ⏑	– ⏑ ⏑	–	– ⏑ ⏑	–	–	4 + 2
– ⏑	– ⏑	⏑ ⏑ ⏑	–			4
– ⏑	– ⏑ ⏑	–	– ⏑			4
– ⏑	– ⏑ ⏑	–	–			4

Ueberlieferung. 207 του von Porson zugefügt. 208 ἐτύμα φθογγὰ cod. 209 θρηνεῖ cod. θρηνεῖ Dindorf. 212 ἀνὴρ cod.

⏑	– ⏑	– ⏑ ⏑	–	–			4
⏑	– ⏑	– ⏑ ⏑	–	–			4
	– ⏑	– ⏑ ⏑	– ⏑	–	–	– Λ	2 + 4

Die erste Zeile sondert sich von den übrigen durch ihre rhythmische Eigenthümlichkeit ab; die Auflösung des ersten und dritten Trochäus entspricht vortrefflich der unruhigen und unterbrochenen Rede. Man kann den Vers, was seine Grösse betrifft, als Glied betrachten, doch hat er keinen Nachsatz; er bildet eine Reihe für sich. Die folgende Versgruppe besteht aus fünf glykoneischen Tetrapodien, denen eine gleichartige Hexapodie vorausgeht und folgt:

6, 4, 4, 4, 4, 4, 6.

Ob der Dichter diese Glieder zu kleineren Perioden verbunden, oder zu einem siebengliedrigen Ganzen vereinigt hat, lässt sich nicht mehr entscheiden.

Vierter Abschnitt.

Kritisch-ästhetischer Versuch über die logaödischen Compositionen in der Antigone.

Die bisherigen Erörterungen hatten den Zweck, einen technischen Beweis für meine rhythmischen Beobachtungen zu liefern. Es ist meines Erachtens ersichtlich geworden, dass so künstliche Compositionen, wie die Sophokleischen, sich nicht zum recitirenden Vortrag eignen. Der Ausfall, welchen unsere Schule durch das Aufgeben der metrischen kunstvollen Recitationen als vermeintlicher Bildungsmittel und Paradeübungen erleiden möchte, wird hinwiederum reichlich ersetzt durch *die ästhetische Erklärung des Rhythmenbaues.* Eine solche Erklärung hat ihre Stelle im fortlaufenden Commentar zu finden und ist mindestens eben so wichtig, wie die grammatischen Partien desselben. Es wird natürlich vor allem darauf ankommen, die ästhetischen Beobachtungen fassbar zu gestalten und sie nicht auf ein subjectives Gefühl zu gründen, welches zu eigenwillig ist, um für die allgemeine Bildung werthvoll zu sein. Es ist sehr leicht, bei mässiger Phantasie dem Leser schöne Tableaux aufzutischen, welche nur den einen Fehler haben, dass sie nirgends, als im Gehirne des Malers, existiren und existirten. Wer Freude an solchen Uebungen der Phantasie hat, kann sie in der neuen Aeschylus-Litteratur an einem nicht uninteressanten Beispiele geniessen. Fruchtbar sind sie nicht.

Die ästhetische Beurtheilung eines Liedes, dessen Melodie verloren ist, nur nach Text und Rhythmus zu bilden, ist an sich bedenklich. Wir müssen jedenfalls nüchtern genug sein, um nicht durch lebhafte Einbildung die erhaltenen Reste zu luftigen Gebilden zusammen zu fügen: wir wollen eine scharfe Zeichnung entwerfen, welche der schimmernden Farben nur zu oft entbehren muss, weil diese unwiederbringlich verwischt sind. Die Conturen aber, welche gerettet sind, helfen uns, bei sorgfältiger und an den schadhaften Stellen bei kritischer Behandlung, eine Anschauung und künstlerische Würdigung der Compositionen gewinnen.

§ 1.

P a r o d o s.

Erster Theil.

στρ. ἀκτὶς ἀελίου τὸ κάλ-
λιστον ἑπταπύλῳ φανὲν
Θήβᾳ τῶν προτέρων φάος,
ἐφάνθης ποτ' ὦ χρυσέας
ἁμέρας βλέφαρον, Διρκαί-
ων ὑπὲρ ῥεέθρων μολοῦσα,
τὸν λεύκασπιν Ἀργόθεν ἐκ
φῶτα βάντα πανσαγίᾳ
φυγάδα πρόδρομον ὀξυτέρῳ
κινήσασα χαλινῷ,
ὃς ἐφ' ἡμετέρᾳ γῇ Πολυνείκους
ἀρθεὶς νεικέων ἐξ ἀμφιλόγων
ὀξέα κλάζων
αἰετὸς ἐς γῆν ὣς ὑπερέπτη,
λευκῆς χιόνος πτέρυγι στεγανός
πολλῶν μεθ' ὅπλων
ξύν θ' ἱπποκόμοις κορύθεσσιν.
ἀντ. στὰς δ' ὑπὲρ μελάθρων φονώ-
σαισιν ἀμφιχανὼν κύκλῳ
λόγχαις ἑπτάπυλον στόμα,
ἔβα, πρίν ποθ' ἁμετέρων
αἱμάτων γένυσιν πλησθῆ-
ναί τε καὶ στεφάνωμα πύργων
πευκάενθ' Ἥφαιστον ἑλεῖν.
τοῖος ἀμφὶ νῶτ' ἐτάθη
πάταγος Ἄρεος ἀντιπάλῳ
δυσχείρωμα δράκοντος.
Ζεὺς γὰρ μεγάλης γλώσσης κόμπους
ὑπερεχθαίρει, καί σφας ἐσιδὼν
πολλῷ ῥεύματι προσνισσομένους
*χρυσοῦ καναχῆς ὑπερόπτας
παλτῷ ῥιπτεῖ πυρὶ βαλβίδων
ἐπ' ἄκρων ἤδη
νίκην ὁρμῶντ' ἀλαλάξαι.

*) Ueberlieferung. Zeilenabtheilung 100—115 ἀκτὶς — | λιστον — | Θήβᾳ — | ἐφάνθης — | ἁμέρας — | Διρκαίων — | ῥεέθρων — | τὸν — | φῶτα — | φυγάδα — | κινήσασα — | ὃν — | ἀρθεὶς — | ὀξέα — | ὡς ὑπερέπτα (vgl. S. 51). 117—126 στὰς — φονίαισιν ἀμφιχανὼν — | λόγχαις — | ἔβα — | αἱμάτων — | πλησθῆναι — | στεφάνωμα — | πευκάενθ' — | τοῖος — | πάταγος — | δυσχείρωμα. 106 Ἀργόθεν φῶτα cod. ex Hermann. Ἀπίαθεν Ahrens. 113 ὡς tilgt Hermann; dochmisch viel- leicht V. 130 verderbt. 117 φονίαισι cod. φονώσαισιν Böckh. 122 τε [illegible] Triklinius. 130 καναχῆ θ' Emperius. ὑπεροπτίας adscriptum marg. [illegible] ὑπερόπτας Dind.

I περίοδος τρίκωλος

II περίοδος τρίκωλος

III περίοδος τετράκωλος

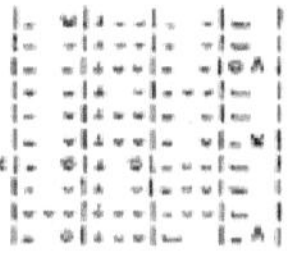

Gegen die finstere Unterredung der Antigone und Ismene hebt sich das erste Lied des Chores mit starkem Contraste ab. Thebanische Greise ziehen in die Orchestra ein, indem sie den Sonnenstrahl begrüssen, der an jenem Morgen zum ersten Male wieder heiter über die Fluthen der Dirke emporgeleuchtet und die argivischen Feinde verscheucht hat.

Der Gesang hat einen so einfach, aber auch so prägnant gegliederten Rhythmus, dass er nicht zu künstlicher Tanzbewegung, sondern zu dem einfachsten Schritt geschrieben sein muss. Diese Beobachtung lehrt uns, dass derselbe beim Aufmarsch des Chores vorgetragen wurde*), dass er ein Marschlied ist, welches die zur festen Aufstellung der Sänger erforderliche Zeit ausfüllt. Zwar der eigentliche Marschtypus, der Anapäst, ist nicht für die vom Gesammtchore vorgetragenen Strophen verwendet, — er tritt nur bei dem Einzelvortrage des Chorführers ein —; aber der vom Dichter gewählte Rhythmus eignet sich nicht weniger zum Schritt des Anmarsches. Wir sind freilich bei dergleichen Liedern mehr an den geraden Tact gewöhnt, während die vorliegende Parodos nach heutiger Bezeichnungsweise ungeraden oder gemischten Tact hat; aber auch moderne Wanderlieder sind im $^6/_8$-Tacte geschrieben, z. B. Härtel Deutsches Liederlexikon No. 69. 932:

"Wohlauf ihr lieben Leute, den Wanderstab zur Hand"

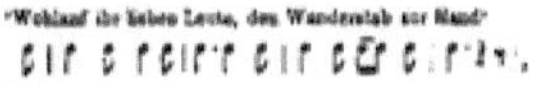

*) Letzteres liegt nicht nothwendig in dem Begriffe der Parodos (vgl. Westphal Metr. 2. Aufl. II S. 305); und Böckh scheint sich den Vortrag erst nach Aufstellung des Chores gedacht zu haben, da er in seiner Uebersetzung beifügt: "Chor, nachdem er in der Orchestra angelangt". Dass aber der Einzug des Chores unter logaödischen Rhythmen vorkam, lehrt das erste Chorikon des Oedipus auf Kolonos.

wie sich überhaupt auf dreitheiligen Rhythmus recht gut gehen lässt.

Die erste Begrüssung des Helios hebt sich syntaktisch und metrisch gesondert hervor. In einer Periode von drei Gliedern wird er angeredet: 'Strahl der Sonne, du schönstes Licht, | Wie's der siebenthorigen Stadt | Thebe nimmer zuvor erschien!'

Der Tact ist der trochäische und so gebildet, dass mit reinen Trochäen irrationale Daktylen gemischt sind. Jedes Glied hat an zweiter Stelle einen solchen Daktylus mit vorangehendem Einzeltrochäus und nachfolgender trochäischer katalektischer Dipodie, d. h. es ist in der Form des sogenannten zweiten Glykoneions abgefasst. Der letzte Tacttheil der katalektischen trochäischen Dipodie ist in den beiden ersten Gliedern durch Dehnung der zweiten Länge ausgefüllt (– ⏑ —), im Schlussglied tritt eine Kürzenpause ein (– ⏑ ⏑ ∧). Dass hier die Pause berechtigt und ein Periodenschluss vorhanden ist, zeigt die unbestimmte Silbe des letzten Wortes φάος.

Warum erscheint den Thebanern das Sonnenlicht an jenem Tage so heiter und schön? Endlich, so singen sie, ist der Morgen gekommen, an dem die Feinde von unserer Stadt entwichen, vor der aufgehenden Sonne geflohen sind. Lebhafter hebt der Rhythmus bei diesem Gedanken in der zweiten ebenfalls dreigliedrigen Periode an. Der erste Tact erhält durch die Bindung der zwei letzten Zeiten eine effectvolle Accentsetzung, indem statt der gewöhnlichen Betonung ⏑́⏑ ⏑ die überraschende –́⏑⏑ gewählt ist, wodurch der zweite mit dem dritten verschmolzene Tacttheil mitbetont, der Accent also zur Hälfte auf die Länge verschoben wird. Die ohnehin schwere Länge ruft den Eindruck der Accentversetzung hervor. Gleich tritt aber der reine trochäische Rhythmus wieder ein, und so entsteht die Gegenstellung zweier Längen ⏑ –| – ⏑ ἐφάνθης ποτ', welche der anhebenden Periode eine ungemeine Frische verleiht. Auf den Trochäus folgt ein kyklischer Daktylus und eine dreizeitige Länge an Stelle eines Trochäus. Das Ganze hat also die Form des dritten katalektischen Glykoneions mit gebrochenem Anfangstacte. Der weitere Verlauf der Periode ist regelmässig: das zweite Glied schliesst mit irrationaler Silbe vor der gedehnten Länge

βλέφαρον Διρκαίων … ⏑ ⏑ – ⏑ —| – ⏑, das Schlussglied dagegen endigt auf eine vollständige trochäische Dipodie.

Dadurch unterscheidet sich also die erste Periode von der zweiten im Tonfall, dass jene mit einer Pause, diese ohne Pause schliesst. Das ist nicht nur etwa in der Melodie begründet, sondern auch im Gedankengange; denn die Worte: 'da strahlst endlich, des goldenen Tages Auge, herrlich herauf, über Dirka's Fluten herüberwandelnd' sind an sich unbefriedigend, weil nicht der Sonnenaufgang selbst, sondern der Umstand die Freude der Greise erweckt, dass die Feinde vor der aufgehenden Sonne geflohen sind. Wie also der Participialsatz τὸν λεύκασπιν φῶτα φυγάδα πρόδρομον ὀξυτέρῳ κινήσασα χαλινῷ sich innerlich als nothwendige Erklärung an die Worte ἐφάνθης ποτ', ὦ χρυσέας ἁμέρας βλέφαρον anschliesst, so setzt sich ohne Unterbrechung die letzte Periode ein: μολοῦσα | τὸν λεύκασπιν ⏑ – ⏑ | – ⏑ ⏑ –. Dieselbe hat vier Glieder und bildet dadurch gegenüber den beiden vorhergehenden Perioden einen breiteren Abschluss. Die drei vordern Glieder haben die Form des dritten katalektischen Glykoneions. Das dritte Glied hebt sich aber prächtig hervor; denn die Flucht des argivischen Mannes wird charakteristisch vorgeführt durch die Auflösung der trochäischen Dipodie: φυγάδα πρόδρομον ⏑́ ⏑ ⏑ ⏑́ ⏑ ⏑, die in Verbindung mit dem kyklischen Daktylus die Eile und Bestürzung des Fliehenden ausmalt. Der Schluss wird durch ein zweites katalektisches Glykoneion mit Unterdrückung der letzten Kürze und dafür eintretende Dehnung der vorletzten Länge gebildet. Der letzte Tact ist durch eine Endpause ausgefüllt χαλινῷ | ⏑ – | — ∧.

Nach Absingung der Strophe durch den Gesammtchor recitirt der Chorführer in *Anapästen* eine poetische Beschreibung des heranziehenden Heereszuges, an welche sich eine wieder zur ersten Melodie und Schrittform gesungene Strophe des Chorliedes, die Gegenstrophe, knüpft. Die erste Periode derselben beschreibt den Feind: 'Stehend über den Dächern, umgähnend unserer Thore Mund', — 'entfloh er', so setzt dann die zweite Periode mit unerwarteter Wendung und der entsprechenden Rhythmusvertauschung ein: ἑπτάπυλον στόμα | ἔβα, πρὶν ποθ' κ. τ. λ. – ⏑ ⏑ | – ⏑ ⏑ ∧ | ⏑ – ⏑. Die zweite und dritte Periode sind, wie in der Strophe, auch sprachlich an einander geschlossen. Eine Pause zwischen ihnen wäre hier fehlerhaft, weil der Nebensatz πρὶν ... καὶ στεφάνωμα πύργων | πευκάενθ' Ἥφαιστον ἑλεῖν erst im Anfang der dritten Periode seinen Abschluss erreicht. Also wurden obige Worte dem Sinne entsprechend ohne Unterbrechung gesungen ... ⏑ ⏑ – | – ⏑ ⏑ – | – ⏑ – ⏑ | – ⏑ ⏑ –. Auch hier ist im dritten Gliede der Schlussperiode die Auflösung der trochäischen Dipodie zur Wort- und Tonmalerei benutzt: πάταγος Ἄρεος ἀντιπάλῳ ⏑ ⏑ ⏑ ⏑ ⏑ ⏑ | – ⏑ ⏑ –.

Die Betrachtung des rhythmischen Baues in seinem Zusammenhang mit dem Gedankengange führt nothwendig zur Dreitheilung der Strophe, wie sie Gleditsch II 3 richtig angegeben hat. Es ist nicht gerathen, mit H. Schmidt (Leitfaden S. 167) die beiden ersten Perioden der gleichen Tactzahl wegen zusammenzufassen, da sie durch eine Pause getrennt, selbständig nebeneinander stehen, die zweite sich vielmehr an die dritte anlehnt.

Was die Gliederung anbetrifft, so ist die schräge Theilung der Logaöden scharf genug durch die gerade der Anapäste unterbrochen. Jedoch ist der Tactwechsel nicht störend. Denn bei dem langsam feierlichen Ausschreiten der Greise kommen in den Anapästen auf die gleiche Tactlänge vier Zeiteinheiten, während die Logaöden dieselbe Zeitdauer in drei Zeiteinheiten theilen. Wie leicht ein solcher Uebergang von der diplasischen zur gleichen Theilung ist, zeigen die Verse des O. C. 134—137 = 165—168, wo innerhalb derselben Periode ein solcher Tactwechsel ohne Störung vor sich geht. Während also der Tactschritt derselbe bleibt, tritt folgende Messungsverschiedenheit ein:

	3	3	3	3
Schlussglied der Strophe	– ⏑	– ⏑ ⏑	– ⏑	–
Anapäste ⏑ ⏑	– ⏑ ⏑	– ⏑ ⏑	– ⏑ ⏑	–

[– Auftact des Verses]

So ist der scharf klingende Tactwechsel harmonisch dem Ganzen untergeordnet.

Es darf nicht auffallen, wenn in der sonst so exact gegliederten Parodos die anapästischen Systeme unsymmetrisch gebaut sind. Die Zahl der Tacte kann für die Abzählung der Schritte nicht absolut massgebend sein, da wir nicht wissen, ob nicht zwischen den logaödischen Strophen und den Anapästen verschieden grosse Pausen eintreten, die durch verschiedene Schwenkungen ausgefüllt waren. Jedenfalls ist es ein unsicheres Verfahren, wenn man die anapästischen Systeme durch Zusätze oder Streichungen zustutzen will. Da keines von den drei anapästischen Systemen nach der Ueberlieferung dem andern ganz gleichmässig ist, so muss man gegen solche Nivellirungen misstrauisch werden (vgl. Westphal Metr. II 177). In der That sind wohl nach jeder Strophe andere Schwenkungen ausgeführt worden, da der Chor ja seine feste Aufstellung noch nicht hat, sondern sie erst durch fortschreitende Bewegungen gewinnen muss. Nur ist es sehr unwahrscheinlich, dass innerhalb der kurzen Systeme ein besonderer Abschluss durch einen katalektischen Vers eingetreten wäre. Vielmehr ist die Ueberlieferung V. 118 richtig, dagegen V. 130 so verderbt, dass eine haltbare Verbesserung bis jetzt nicht gelungen ist.

Zählen wir die Tacte ab, so finden wir den geraden Bau durchgeführt:

Strophe { I 4 4 4 II 4 4 4 / III 4 4 4 4 — Anapäste { α' 2 × 4, 2, 2 × 4, 2, 4 — β' 2 × 4, 2 × 4, 4, 2, 4

Zweiter Theil.

134 στρ. ἀντιτύπᾳ δ' ἐπὶ γᾷ πέσε τανταλωθεὶς
πυρφόρος ὃς τότε μαινομένᾳ ξὺν ὁρμᾷ
βακχεύων ἐπέπνει
ῥιπαῖς ἐχθίστων ἀνέμων.
εἶχε δ' ἄλλᾳ μέν, ἄλ-
λα τὰ δ' ἐπ' ἄλλοις ἐπενώ-
μα στυφελίζων μέγας Ἄρης
δεξιόσειρος.
ἑπτὰ λοχαγοὶ γὰρ ἐφ' ἑπτὰ πύλαις
ταχθέντες ἴσοι πρὸς ἴσους ἔλιπον
Ζηνὶ τροπαίῳ πάγχαλκα τέλη,
πλὴν τοῖν στυγεροῖν, ὣ πατρὸς ἑνὸς
μητρός τε μιᾶς φύντε καθ' αὑτοῖν
δικρατεῖς λόγχας στήσαντ' ἔχετον
κοινοῦ θανάτου μέρος ἄμφω.

Ueberlieferung. Versabtheilung: 134—140 ἀντίτυπα — | πυρφόρος — | βακχεύων — | ῥιπαῖς — | εἶχε δ' ἄλλᾳ τὰ μὲν ἄλλᾳ τὰ δ' ἐπ' ἄλλοις | ἐπενώμα — | μέγας ἄρης δεξιόσειρος. 148—154 ἀλλὰ — | τῷ — | ἐκ — | τῶν νῦν — | θεῶν — | νύχιος — | ὁ Θήβας ἐλελίζων — ἄρχοι Dind. Die Eintheilung nach Gliedern ist V. 138—140 und 152—154 getheilt.

134 ἀντίτυπα superscripto a manu recentissima τᾶι litteris ως per compendium expressis. Dind. ἀντιτυπᾶι Triklinius (der Scholiast?), ἀντιτύπᾳ Porson, ἀντιτυπὰς Wieseler. 138 ἄλλα τὰ μὲν] μὲν a m. ant. pro littera eluta, cui duae aliae superscriptae fuerunt, nunc erasae.

ἀντ. ἀλλὰ γὰρ ἁ μεγαλώνυμος ἦλθε Νίκα
τᾷ πολυαρμάτῳ ἀντιχαρεῖσα Θήβᾳ,
ἐκ μὲν δὴ πολέμων
τῶν νῦν θέσθε λησμοσύναν,
θεῶν δὲ ναοὺς χοροῖς
παννυχίοις πάντας ἐπέλ-
θωμεν, ὁ Θήβας δ' ἐλελίχθων
Βάκχιος ἄρχοι.
ἀλλ' ὅδε γὰρ δὴ βασιλεὺς χώρας
Κρέων ὁ Μενοικέως
νεοχμὸς θεῶν ἐπὶ συντυχίαις
χωρεῖ τινὰ δὴ μῆτιν ἐρέσσων,
ὅτι σύγκλητον τήνδε γερόντων
προὔθετο λέσχην,
κοινῷ κηρύγματι πέμψας.

I περίοδος δίκωλος	⏑́ ⏑ ⏑	— ⏑ ⏑	— ⏑ ⏑	— ⏑	⊔	⊔
	⏑́ ⏑ ⏑	— ⏑ ⏑	— ⏑ ⏑	— ⏑	—	—
II „ „	⊔́	⊔	— ⏑ ⏑	⊔		
	— ⏕	´ ⏕	— ⏑ ⏑	— Λ		
III „ τετράκωλος	´ ⏑	⊔	— ⏑	⊔		
	´ ⏑ ⏑	⊔	— ⏑ ⏑	⊔		
	´ ⏑ ⏑	⊔	— ⏑ ⏑	— ⏕		
	´ ⏑ ⏑	— ⏑				

Der Mann, welcher schon auf den Zinnen den Siegesruf anstimmte (132 f.), der Riese Kapaneus, stürzt vom Strahl des Zeus niedergeschmettert zur Erde. Sein Fall wird durch die rasch dahinrollenden irrationalen Daktylen gemalt, mit welchen die Strophe anhebt: 'Niedergeschmettert zur dröhnenden Erde stürzt er.' Diese Worte füllen das erste Glied der Periode aus, dem das zweite vollkommen entspricht. Es besteht aus drei Dipodien, von welchen die erste zwei Daktylen, die zweite einen Daktylus und einen Trochäus, die dritte zwei zum Ganzlact gedehnte Längen enthält. Da nämlich die Beschreibung des von Kapaneus unternommenen Angriffs in der folgenden Periode fortgesetzt wird und diese in engem syntaktischen Zusammenhange mit der ersten steht, so ist gewiss auch die letzte Dipodie ὁρμᾷ — — durch Dehnung der Schlusslänge und nicht durch Pause — ⏑ Λ gebildet. In der Gegenstrophe ist das anders.

In der zweiten Periode wird die Beschreibung zu Ende geführt, und wir sehen hier die schönste Einheit zwischen Inhalt und metrischer Form. Auch diese Periode besteht aus zwei Gliedern, die wiederum in je zwei Dipodien zerfallen. Gravitätisch leitet die erste, aus zwei gedehnten Längen bestehende Dipodie die Periode ein, um dann rasch in den hurtigen Daktylus umzuspringen: 'Wuthvoll | schnaubt er daher'. Das Ganze ist ein drittes Glykoneion mit unterdrückten Kürzen in der trochäischen Dipodie. Auch das zweite Glied hat die Form des dritten Glykoneions. Nach der letzten Länge tritt die mit dem Gedankengange übereinstimmende Pause ein.

Mit der dritten Periode wendet sich nämlich die Erinnerung von Kapaneus zu den übrigen Heerführern. 'Es ging aber anders': so bricht die Erzählung voller Hohn ab. Diese kurze Wendung ist uns leicht verständlich, da wir dieselbe, freilich bei uns der komischen Rede angehörige Phrase haben ('doch es kam anders'). Solche Redeweisen lassen sich nicht immer streng nach der Logik behandeln; sie knüpfen oft an eine Einzelheit, einen Theil des vorher Gesagten oder auch an einen im Zusammenhange liegenden unausgesprochenen Gedanken an. Hier hängt das εἶχε δ' ἄλλᾳ μέν natürlich nicht an dem Hauptsatze ἐπὶ γᾷ πέσε, sondern es lehnt sich an den im zunächst vorhergehenden Nebensatze liegenden Gedanken an: ὃς μαινομένᾳ ξὺν ὁρμᾷ ἐπέπνει. 'Er schnaubte rasend heran — aber es kam anders' d. h. wider Erwarten. Nachdem so der Chor abgebrochen hat, lenkt er seine Gedanken auf den sonstigen Verlauf des Krieges: 'Das Andere (τὰ δ') theilte der Kriegsgott den Verschiedenen auf verschiedene Art zu (ἄλλᾳ ἄλλοις).'

In dieser Weise ist der Schlusssatz der Strophe wohl verständlich und bietet einen würdigen Sinn, während die gewöhnliche Schreibart und Erklärung theils unverständlich, theils unangemessen ist. Unverständlich ist die Gegenüberstellung von ἄλλᾳ τὰ μέν, ἄλλᾳ τὰ δ' ἐπ' ἄλλοις. Denn wenn das Geschick des Kapaneus dem der andern gegenübergestellt wird, so kann dies entweder geschehen durch τὰ μὲν — τὰ δὲ oder durch τὰ μὲν — τὰ δὲ ἄλλοις, aber tautologisch wäre ἄλλᾳ τὰ δὲ ἄλλοις. Da die überlieferten Worte ohnehin metrisch zu viele Silben haben, so versuchte man die Heilung am einfachsten an dem tautologischen ἄλλᾳ τὰ δέ, indem man τὰ δέ entfernte und dieses, weil man doch ein Object

Dind. ἄλλα δ' ἐπ' ἄλλοις Erfurdt. 148 ἦλθεν, sed ν eras. 153 παννύχιοι.

bedurfte, durch ἄλλα ersetzte. Somit ist allerdings der Logik Genüge gethan: 'die einen (wie Kapaneus) hatten dieses, andere ein anderes Geschick'. Aber gegen den guten Geschmack und gegen den Versbau verstösst diese Lesart. Am meisten fiel natürlich der metrische Fehler τὰ μὲν (⏑ ⏑ statt ⏑ –) auf. Dass in μέν ein Verderbniss stecken könne, bemerkt Dindorf (Oxf. 1860); doch wie ist es schon von alter Hand in den Codex eingetragen? Schlechtweg die lange Silbe herzustellen, versucht Heimsöth (krit. Stud. I 338): εἶχεν ἄλλᾳ τάδ' οὖν, ein willkürlicher Einfall. H. Schmidt geht so weit, die Kürze für richtig zu halten; er hält sie offenbar für ein Anzeichen, dass hier ein Periodenschluss eintrete, und zerreisst daher die mittlere Partie der Strophe in ungleiche Glieder.*) Dabei leidet der Gedankengang besonders in der Gegenstrophe Schaden. Aber der Vers ist nicht nur metrisch fehlerhaft, er enthält auch einen unpassenden Ausdruck. Ist es nicht geradezu prosaisch, wenn der Chor τὰ μὲν und ἄλλα δὲ in der ohnehin banalen Phrase, dass der Kriegsgott verschiedenes Geschick verleihe, unterscheidet? Offenbar ist τὰ (μὲν) ein Zusatz, hervorgegangen aus dem Missverständnisse der Phrase εἶχε δ' ἄλλᾳ μέν, die man dem folgenden Satze ἄλλᾳ τὰ δὲ coordiniren wollte. Dass das erste τὰ verdächtig ist, sah bereits Hermann ein, welcher aber falsch verband: εἶχε δ' ἄλλᾳ μὲν ἄλλᾳ· τὰ δ' ἐπ' ἄλλοις, rus aliis alia ratione se habebat; so ist nämlich, abgesehen von der zwiefachen Bedeutung des ἄλλᾳ, wieder eine Tautologie herbeigeführt. Zur richtigen Lesart musste der Scholiast führen: εἶχε δ' ἄλλᾳ] τὸ εἶχεν οὐκέτι ἐπὶ τοῦ Καπανέως, ἀλλ' ἐπὶ τοῦ Ἄρεως ἐστίν· ὅτι Ἄρης βοηθῶν ἡμῖν πανταχοῦ τροπὰς ἐποιεῖτο τῶν πολεμίων. Wenn auch die Verbindung falsch ist, man sieht wenigstens, dass der Scholiast kein besonderes Subject zu εἶχε hatte. Also τὰ ist jedenfalls zu entfernen. Die übrigen Worte sind zunächst metrisch richtig; εἶχε δ' ἄλλᾳ μὲν ἄλλᾳ bildet ein Glied zu zwei trochäischen Dipodien, worin der zweite und vierte Tact aus gedehnten Längen besteht. Es folgen

*) Seine Eintheilung ist: I 6) 6) II: 4) 5) 4) III: 4) 4) 2 = 40.

dann in zwei Gliedern vier daktylisch-trochäische Dipodien, von denen die drei vordern durch Unterdrückung der Trochäus-Kürze und Dehnung der Länge die Form von Choriamben erhalten – ⏑ ⏑ – – ⏑ ⏑ – – ⏑ ⏑ –. Die Periode wird durch eine Dipodie, den sogenannten adonischen Vers, abgeschlossen. Diese bewegte Rhythmisirung versinnbildlicht den durch die Worte angedeuteten Kriegslärm.

Dass die Worte aber auch verständlich und angemessen sind, zeigt die oben gegebene Erklärung: εἶχε δ' ἄλλᾳ μέν ist also, wie schon Schneidewin einsah, die Schlussbemerkung zur Erzählung von Kapaneus, oder besser, der Uebergang von dieser Erzählung zur Erwähnung der übrigen Helden. Die Geschicke der letzteren (τὰ δὲ) sind hier so, dort so abgelaufen (ἄλλᾳ ἄλλοις).

'Es waren nämlich sieben, an den sieben Thoren, Mann gegen Mann', so berichtet nun in engem Anschluss der Chorführer in Anapästen: 'sie liessen dem Zeus ihre Wehr, und nur die feindlichen Brüder fielen beide.' Doch der Chor will die Erinnerung an den unglückseligen Bruderkrieg nicht festhalten; er lenkt ab mit den Worten:

'Aber es kam ja die gepriesene Siegesgöttin, freudig entgegnend der wagenberühmten Thebe'. Dieser Gedanke füllt die erste Periode der Gegenstrophe aus. In der zweiten Periode hebt die Ermahnung, man möge die Kriegsnoth vergessen, ernst und würdig mit den zwei gedehnten Längen an: ἐκ μὲν δὴ ⏗ – ⏑. Auch hier schliesst der Gedanke mit der rhythmischen Periode ab. Da zwischen der ersten und zweiten Periode ein syntaktischer Zusammenhang, wie in der Strophe, nicht besteht, so können wir zwischen ihnen eine Pause annehmen, das heisst das letzte Wort der ersten: Θήβᾳ so notiren ⏗ – ∧. Zum Schluss ertönt wirksam in den springenden Choriamben die Aufforderung zum nächtlichen Festreigen.

Nach der gegebenen Erklärung einigt sich metrische Form und Inhalt in vollkommener Harmonie, und das wäre meines Erachtens Beweis genug, dass die durchgeführte Gliederung richtig ist. Die Irrthümer, welche Gleditsch und H. Schmidt in der eurythmischen Anordnung der Strophe begangen haben, sind dadurch hervorgerufen, dass beide Erklärer die mittlere Periode nicht erkannt haben. Und doch ist gerade hier die Verseintheilung in der Handschrift ungetrübt, indem die beiden Periodenglieder je eine Zeile ausmachen. Die Tactgliederung ist folgende:

Strophe { I 6 6 II 4 4 / III 4 4 4 2 }   Anapäste β' γ' ⋈ 4 γ' { 4 2 3 2 4 } ⋈ 4

Das letzte anapästische System gehört dem Inhalte nach nicht mehr zum Vorhergehenden, sondern zum Folgenden; denn durch dasselbe wird das Auftreten des Kreon angekündigt. Doch ist es unbedachtsam, dieses System von der Parodos zu trennen, der es der Form nach angefügt ist. Solche Verbindungen sind nicht allein nach dem Gedankenzusammenhange, sondern ebensowohl nach technischen Rücksichten zu beurtheilen. Der Chor muss aus der für die Gegenstrophe angenommenen Stellung zu einer einfachen Aufstellung zurückkehren, und der Schauspieler hat Zeit nöthig, um zu seinen zugehörigen Platz auf der Bühne zu gelangen. Die zu der beiderseitigen Bewegung erforderliche Zeit wird durch das System ausgefüllt, indem die Bewegung selbst zugleich durch die Anapäste geregelt wird. Der Form nach gehört also das System, insofern der Chor während desselben sich bewegt, zur Parodos, als deren letztes Glied es erscheint, während es in natürlicher Weise durch den Inhalt den Uebergang zum ersten Epeisodion vermittelt. Es ist also hier diejenige Form der Parodos gewählt, in welcher die ursprünglich zur Einführung des Chores dienenden Marschanapäste der rhythmischen Variation wegen zwischen die Strophen verlegt sind (vgl. Westphal Metrik 2. Aufl. II 414 f.):

Str. α Anap. α Anap. Str. β Anap. β Anap.

§ 2.

Erstes Stasimon.

Erster Theil.

331 στρ. πολλὰ τὰ δεινὰ κοὐδὲν ἀν-
θρώπου δεινότερον πέλει·
τοῦτο καὶ πολιοῦ πέραν
πόντου χειμερίῳ νότῳ
χωρεῖ, περιβρυχί-
οισιν περῶν ὑπ' οἴδμασιν,

θεῶν τε τὰν ὑπερτάταν Γᾶν
ἄφθιτον ἀκαμάταν ἀποτρύεται
ἰλλομένων ἀρότρων ἔτος εἰς ἔτος,
ἱππείῳ γένει πολεύων.
ἀντ. κουφονόων τε φῦλον ὀρ-
νίθων ἀμφιβαλὼν ἄγει
καὶ θηρῶν ἀγρίων ἔθνη,
πόντου τ' εἰναλίαν φύσιν
σπείραισι δικτυοκλώ-
στοις, περιφραδὴς ἀνήρ·
κρατεῖ δὲ μηχαναῖς ἀγραύλου
θηρὸς ὀρεσσιβάτα, λασιαύχενά θ'
ἵππον ἄξεται ἀμφίλοφον ζυγῶν
οὔρειόν τ' ἀκμῆτα ταῦρον.

I περίοδος ἑξάκωλος
– ⏑ ⏑	⁒ ⏑	– ⏑	–
– ⏑	⁒ ⏑ ⏑	– ⏑	– ∧
– ⏑	⁒ ⏑ ⏑	– ⏑	–
– ⏑	⁒ ⏑ ⏑	– ⏑	–
⌴	⁒ ⏑	– ⏑ ⏑	–
– ⏑	⁒ ⏑	– ⏑	–

II " τετράκωλος
⏑ | ⁒ ⏑ | – ⏑ | – ⏑ | – ⏑ |
⁒ ⏑ ⏑	– ⏑ ⏑	– ⏑ ⏑	– ⏑ ⏑
⁒ ⏑ ⏑	– ⏑ ⏑	– ⏑ ⏑	– ⏑ ⏑
⌴	⌴	⁒ ⏑	– ⏑	⏑	–

'Vieles Gewalt'ge lebt, doch nichts ist gewaltiger als der Mensch.' Dieser Satz bildet die Einleitung zu dem ganzen, ernster Betrachtung gewidmeten Stasimon. Er ist in zwei Gliedern, welche den ersten Theil der ersten Periode füllen, ausgesprochen. Das erste Glied hat die Form des ersten, das zweite die des zweiten katalektischen Glykoneions. Der Schlusstact des letzteren besteht aus einer Länge und einzeitigen Pause; der Gedankengang erfordert nämlich einen rhythmischen Abschluss. Der zweite Theil der Periode ist wiederum aus zwei Gliedern in Form zweiter Glykoneen gebildet. Mit ihm beginnt die Betrachtung der einzelnen vom Menschen mit Kühnheit und Kunst unternommenen Wagnisse. Dem Schlussgliede ist nicht sowohl eine Länge mit Pause im letzten Tacte zuzuschreiben, als vielmehr Dehnung der Länge in νότῳ ⏑ | ⌴ |

Ueberlieferung. Verseintheilung: 332—353 πολλὰ — | θρώπου — | τοῦτο — | πόντου — | χωρεῖ — | περῶν — | θεῶν — | ἄφθιτον — | ἔτος εἰς ἔτος — | ἐκ γένει — | κουφονόων — | νίθων — | καὶ θηρῶν — | πόντου — | σπείραισι — | περιφραδὴς — | κρατεῖ — | θηρὸς — | λασιαύχενα — | ἀμφίλοφον — | ὄν τ' ἀκμῆτα ταῦρον. Dind.

353 ἄξεται] ἕξεται cod. nach Dindorf. ἄξεται cod. nach Eberhard (Gleditsch II 4).

denn die Satzfügung geht unmittelbar weiter. Charakteristisch führt nämlich der dritte Theil der Periode die Beschreibung von der Meerfahrt fort; wirkliche Tonmalerei liegt in dem gedehnten: 'hin zieht er wogenumtost' (χωρεῖ περιβρυχίοισιν π[illegible]). Dieses Glied ist ein drittes Glykoneion mit Dehnung statt des Trochäus im ersten Tacte. Das folgende Glied schliesst die Periode mit zwei trochäischen Dipodien ab, von denen die letzte katalektisch ist. Auch der Gedankengang ist bei einem Absatze angekommen.

Wir haben also hier eine im schönsten Ebenmass aus sechs Gliedern zu drei rhythmischen Sätzen gebildete Periode: der Vorder- und Mittelsatz sind gleichmässig gebaut, der Nachsatz ist zu einem wirkungsvollen Tonfall variirt.

Ein neues Bild wird in der zweiten Hälfte der Strophe gezeichnet. Der Mensch bebaut mit den sich Jahr um Jahr wendenden Pflügen das unerschöpfliche Erdreich. Poetisch ausgeschmückt, ist dieser Gedanke in einer viergliedrigen Periode dargelegt. Sie hebt mit einer Anakrusis an, um mit gewichtigen Worten an die Hoheit der göttlichen Mutter Erde zu mahnen: 'die höchste Göttin auch die Erde', so heisst es in vier gravitätischen Trochäen. Aber gleich springt der Ton in hurtige Daktylen um, welche in zwei Gliedern je viermal wiederkehrend an den fröhlichen Fleiss der mit kräftigen Maulthieren arbeitenden Pflüger erinnern. Einen besonders kräftigen Schluss gewinnt die Periode durch das längere letzte Glied, welches mit zwei durch Dehnung zweier Einzelllängen gebildeten Tacten geradezu einschlägt und dann trochäisch ausläuft. Es besteht aus einer katalektischen trochäischen Hexapodie, in welcher der erste, zweite und fünfte Tact durch Unterdrückung der Kürze und Dehnung der Länge gebaut sind.

In der Gegenstrophe ist die Gliederung nicht minder im Einklang mit dem Gedankengang. Die ersten zwei Glieder umschliessen gerade das Bild des Vogelstellers: 'Flüchtig gesinnter Vögel Schwarm fängt er schlau sie umgarnend ein'; und hier ist also die Pause wohl angebracht. Denn wenn der Satz auch nicht schliesst, so enthalten doch die folgenden vier Glieder nur lose an ἄγει angereihte Objecte: 'und wild schweifende Thier' im Wald und die wimmelnde Brut des Meers mit netzgeflochtenen Streifen (fängt) der kunstbedachte Mann.' So endigt auch hier die Periode mit dem Ab-

schluss eines Bildes. Der zweite Theil der Gegenstrophe beginnt mit einer neuen Hinweisung auf die Kunstfertigkeit des Menschen. Gleichsam die Aufmerksamkeit neu erweckend wirkt hier, wie in der Strophe, die Anakrusis, während die Energie der drei reinen Trochäen mit dem folgenden irrationalen Spondeus an die Macht des Menschen erinnert. Heiterer jedoch färben die nun einsetzenden Daktylen das Bild von der Bändigung des Pferdes und Stieres. Es fehlt aber nicht an kräftigen Strichen; denn die drei Dehnungen in der Hexapodie geben dem hinrollenden Rhythmus festeren Halt.

Der rhythmische Bau der Strophe setzt sich also zu folgenden Tactgruppen zusammen:

I	4	4	4	4	4	4
II	4	4	4	6		

Zweiter Theil.

I περίοδος πεντάκωλος

```
∪ | ⏑́ ∪ ∪ | – ∪ ∪ | –   |   |   |
∪ | ⏑́ ∪ ∪ | – ∪ ∪ | –   |   |   |
∪ | – ∪ ∪ | ⏑́ ∪ ∪ | – ∪ | –   |   |
  | –   ∪ | ⏑́   ∪ | – ∪ ∪ | –   |   |
∪ | –   ∪ | ⏑́     | –   ∪ | – ∧ |   |
```

II περίοδος πεντάκωλος

```
  | –   ∪ | ⏑́ ∪ ∪ | – ∪ ∪ | – ∪ | – – | – |
∪ | –   ∪ | ⏑́     | –   ∪ | –   |   |   |
  | –   ∪ | ⏑́   ∪ | –   ∪ | –   |   |   |
∪ | –   ∪ | ⏑́   ∪ | –   ∪ | –   |   |   |
  | ⏑́   ∪ | –   ∪ |       |     |   |   |
```

354 στρ. καὶ φθέγμα καὶ ἀνεμόεν
φρόνημα καὶ ἀστυνόμους
ὀργὰς ἐδιδάξατο καὶ δυσαύ-
λων πάγων ἐναίθρεια καὶ
δύσομβρα φεύγειν βέλη,
παντοπόρος· ἄπορος ἐπ' οὐδὲν ἔρχεται
τὸ μέλλον· Ἅιδα μόνον
φεῦξιν οὐκ ἐπάξεται,
νόσων δ' ἀμηχάνων φυγὰς
ξυμπέφρασται.

Ueberlieferung: Zeilenabtheilung 354—375 καὶ φθέγμα — | φρόνημα — | ὀργὰς — | πάγων — | δύσομβρα — | ἄπορος — | τὸ μέλλον — | φεῦξιν — | νόσων — | ξυμπέφρασται. 'ad eandem rationem in antistropha 365—375, nisi quod versui 366 prima vocabuli τέχνας syllaba adiuncta est' Dind.
354/5 καὶ φθέγματος ἀνεμόεν | φρόνημα (so schon Valckenaer und Bergk) καὶ ἀστυνόμους ὀργάς 'obgleich die ungenaue Responsion unbedenklich wäre' Gleditsch. 356 αἴθρια cod. ὑπαίθρεια Böckh. ἐναίθρεια Meineke. 361 φεῦξιν cod. φύξιν Meineke.

Ἀντ. σοφόν τι τὸ μηχανόεν
τέχνας ὑπὲρ ἐλπίδ' ἔχων
ποτὲ μὲν κακόν, ἄλλοτ' ἐπ' ἐσθλὸν ἕρ-
πει· νόμους παρείρων χθονὸς
θεῶν τ' ἔνορκον δίκαν
ὑψίπολις· ἄπολις ὅτῳ τὸ μὴ καλὸν
ξύνεστι τόλμας χάριν.
μήτ' ἐμοὶ παρέστιος
γένοιτο μήτ' ἴσον φρονῶν
ὃς τάδ' ἔρδει.

Die Strophe gestattet mehrfache, an sich eurythmische Eintheilung in Glieder und Perioden; wir würden die vom Dichter durchgeführte nicht zu finden, wenn nicht die überlieferte Versabtheilung uns wenigstens für den Anfang eine Richtschnur böte. In der Handschrift werden vorab zwei dreitactige Glieder gebildet, die mit einem Auftact anfangen. Die folgende Zeile ὀργὰς ἐδιδάξατο καὶ δυσαύλων ist viertactig, ebenfalls mit Auftact: ◡ | – ◡ ◡ | – ◡ ◡ | – ◡ | – – oder, wenn eine Dehnung erforderlich werden sollte, fünftactig. Es ist aber eine Dehnung nothwendig, sei es wegen der folgenden Kürze in πάγων, die sich rhythmisch an den Spondeus in δυσαύλων nicht anschliessen kann, sei es wegen Periodenschluss, den man hier annehmen zu müssen glaubt. Letztere Annahme führt uns zu folgender Gestaltung der Periode:

◡ | – ◡ ◡ – ◡ ◡ – ◡ ... 5
◡ | – ◡ ◡ – ◡ ◡ – ◡ ... 3 + 5

Da ein solches Verhältniss der Glieder unwahrscheinlich ist, so half man sich durch einfache Abzählung der Tacte in drei gleichmässigere Gruppen 3 . 4 + 4, ohne zu bedenken, dass auf diese Weise die im zweiten Gliede dem Ohre scharf vernehmbare dreitheilige Rhythmisirung zerstört wird. Aber der Periodenschluss selbst muss sehr unangenehm und für das Verständniss geradezu störend wirken, wenn durch ihn die Worte δυσαύλων | πάγων ὑπαίθρεια καὶ δύσομβρα φεύγειν βέλη auseinandergerissen werden. Eine so falsche Declamation wäre nirgendwo so unpassend, als im Theater. Der wahre Rhythmus ist indessen durch Verderbniss der Worte πάγων αἴθρεια καὶ verdeckt worden. Dass die so überlieferte Zeile kein Glied ausmachen könne, ist längst anerkannt. Man suchte metri-

367 ποτὲ] τοτὲ cod. ποτὲ vermuthlich der Scholiast. Vulgata. τότε Wecklein. 369 παρείρων cod. γεραίρων Dindorf.

sche Hilfe natürlich zunächst in der Gegenstrophe; doch die Worte νόμους παρείρων χθονὸς sind ebenfalls, und zwar aus logischen Gründen, verderbt. Indem man sie freilich für richtig hielt, musste man, ausser einer Kürze an dritter Stelle, noch eine Länge statt des ι in αἴθρεια erwarten. Die Lesart παρείρων, wodurch jene Länge erfordert wurde, ist indessen so unverständlich, dass sie mit Recht bereits aufgegeben ist.

So viel bleibt also gewiss, dass weder in der Strophe, noch in der Gegenstrophe die Zeile hinlänglich sicher überliefert ist, um für eine metrische Restitution massgebend zu sein. Ziehen wir nun aber in Betracht, dass ein Periodenschluss nach δυσαύλων unzulässig ist, so erhalten wir folgende rhythmische Gruppe:

Str. καὶ δυσαύλων | πάγων αἴθρεια καὶ – ◡ – – | – ◡ ◡ – ◡ ◡ –
Gegenstr. ἐσθλὸν ἕρπει | νόμους παρείρων χθονὸς – ◡ – ◡ | ◡ – – ◡ – ◡ ◡ –

Es versteht sich, dass in dieser Eintheilung kein gesundes rhythmisches Fortschreiten vernehmbar ist. Die anlautende Kürze der zweiten Zeile muss mit der auslautenden Länge der ersten zu einem Tacte verbunden werden. Die Glieder trennen sich also inmitten der Worte δυσαύλων πάγων und ἕρπει νόμους – – | – ◡ ◡ und bei der Zeilenabtheilung ist in den Handschriften irrig die Schlusssilbe der getrennten Worte dem ersteren Gliede verblieben. Haben wir demnach in den Worten | λων πάγων αἴθρεια καὶ folgendes Glied gefunden:

Str. – ◡ – ◡ ◡ – ◡ – Gegenstr. ◡ – ◡ – ◡ ◡ – ◡ –,

so kann nicht mehr zweifelhaft sein, wo wir den metrischen Fehler zu suchen haben. Denn es prägt sich der glykoneische Rhythmus der Strophe zu energisch dem Ohre ein, um verkannt zu werden. Der Choriambus αἴθρεια καὶ muss den Schluss eines Gliedes bilden, und die vorhergehenden Silben machen eine trochäische Dipodie aus, entweder mit Unterdrückung einer Kürze und Dehnung – ◡ –, oder mit Ausfall einer Silbe: kurz wir haben hier ein in die rhythmische Anlage der Periode so wohl eingefügtes drittes Glykoneion, dass es unmethodisch wäre, dasselbe der thatsächlich corrupten Gegenstrophe zu opfern. Aber der respondirende Vers wäre an sich schon ein zweites Glykoneion, wenn nur eine Silbe, und zwar die Mittelsilbe in dem sinnlosen παρείρων, verkürzt würde. Nach der zutreffenden Erörterung W. Dindorfs (Oxf. 1860) verlangt der Gedankengang hier ein auf ποτὲ μὲν ἐπὶ κακόν ἔρωτι bezügliches Verbum, etwa mit der Bedeutung: 'verdrehen' oder 'verachten.' Ob das von ihm vorgeschlagene παρορῶν dem Sinne ganz entspricht, bezweifle ich; metrisch passt es nach obiger Erörterung nun nicht mehr. Es dürfte dagegen in beiderlei Rücksicht παρορῶν ('nicht achtend') entsprechen, wie es sich auch aus diplomatischen Gründen empfiehlt. Ist somit ein glykoneischer Vers ∪ νόμους παρορῶν χθονός gefunden, so fragt sich nur noch, ob die Responsion correct ist. Es wäre nichts leichter, als auch aus dem letzteren Verse ein drittes Glykoneion zu bilden: ∪ νόμους χθονὸς παρορῶν, wie in der That Heimsöth auf einem sehr verschiedenen Wege zu einer solchen Gestaltung des Verses gelangt ist (Krit. Stud. 364): ∪ νόμους περῶν χθονίους. Doch ist ein solches Vorgehen zu missbilligen.

Zunächst lernen wir aus dem Verse der Gegenstrophe, dass in den zwei Trochäen keine Kürze unterdrückt ist; also muss in der Strophe vor [illegible] eine kurze Silbe ausgefallen sein, die sowohl durch das Böckh'sche [illegible], als das Helmke'sche [illegible] passend ergänzt wird, ohne dass wir also zu einer, noch dazu fraglichen Nebenbildung auf ∪ zu Zuflucht nehmen müssten. Graphisch liegt [illegible] natürlich näher. Es entspricht sich also:

.. [illegible] καὶ [illegible]

und

.. [illegible] νόμους παρορῶν χθονός [illegible]

eine Hyperthesis, wie sie gerade bei dieser Versform nicht selten ist (Beispiele hat Westphal Metr. 2. Aufl. II S. 732 gesammelt; aus Sophokles Phil. 1124 [illegible] = 1147 [illegible]*).

Wenn wir mit Recht die Periode nicht nach [illegible] geschlossen haben, so ist sie ebenso wenig nach καὶ (χθονός) zu Ende; sie erhält vielmehr erst durch das folgende Glied einen in Rhythmus und Gedankengang gleichmässig begründeten Abschluss. Hier ist die handschriftliche Verstheilung verwirrt, und zwar in einer Weise, die deutlich zeigt, dass die übliche falsche Construction an der Verwirrung schuld

*) In der melodischen Phrasirung ist es leicht, z. B.  und  abwechseln zu lassen.

ist. Man verband, und verbindet wohl noch irrig παντοπόρος mit dem vorhergehenden ἐδιδάξατο u. s. f.; wie es der Scholiast ausdrücklich bezeugt, dass in der Gegenstrophe ὑψίπολις mit dem vorhergehenden νόμους παρείρων zu einem Satze vereinigt wurde. Was aber der Gedankengang verlangt, wird in gleicher Weise vom Rhythmus gefordert, nämlich eine Pause und Periodenschluss vor παντοπόρος und ὑψίπολις.

Die Wiederherstellung der somit in eine Periode zusammengefassten Glieder hat auch Heimsöth versucht (krit. Stud. 363 f.); er ist in der metrischen Anordnung den richtigen Weg gegangen, indem er dem vorletzten Gliede die glykoneische Form gab. Nur ist die von ihm durchgeführte Responsion nicht etwa zu streng — denn auch Sophokles hat strenge Responsionsgesetze — sondern zu mechanisch. Zwar das νῦν (367) empfiehlt sich aus Wahrscheinlichkeitsgründen, doch die auf einer gekünstelten Deduction beruhende Aenderung νόμους περῶν χθονίους wird schwerlich Beifall finden, obwohl dadurch eine Responsion der Silbenstellung erzielt ist.*)

Die Strophe zerfällt in zwei Perioden, von welchen wir die erste wiederhergestellt haben. Diese ist aus fünf Gliedern zusammengesetzt, in denen die Erfindung der Sprache, der Flug der Gedanken, der Trieb zur Staatenordnung und der Bau geschützter Wohnungen als Beweise der wunderbaren, dem Menschen innewohnenden Kraft und Geschicklichkeit genannt werden. Die Darstellung hat einen so innigen Zusammenhang, dass sie unmöglich durch eine Pause unterbrochen werden kann; die Tacte reihen sich in stetigem Flusse, auch ohne starke rhythmische Schläge leicht und hurtig aneinander. Der Dichter hat nämlich kleine, scharf begrenzte und deshalb beim Vortrag leicht fassliche Glieder gebildet, die eine ungewöhnliche Lebendigkeit besitzen, ohne jedoch in eine leidenschaftliche Bewegung auszuarten. Diesem Charakter der Strophe entspricht es, wenn wir in Ueber-

*) Ueberhaupt sind die Textänderungen Heimsöths an dieser Stelle weit mehr Spielerei, als kritische Verbesserung. Freilich konnte Sophokles auch so schreiben, wie Heimsöth will: δεινὸς τε τὸ μηχανόεν τέχνας ὑπὲρ ἐλπίδ' ἔχων. Ueber [illegible] und [illegible] ist nicht zu streiten; aber wenn zu ὑπὲρ ἐλπίδα eine Beziehung vermisst wird, so ist dies selbst ὑπὲρ ἐλπίδα d. h. [illegible], wie der Scholiast sagt, oder wie wir auch von 'unerwarteten', 'ungeahnten' Kunstgriffen ohne nähere Beziehung sprechen.

einstimmung mit der handschriftlichen Ueberlieferung die zwei ersten Glieder als dreitactige auffassen und sie nicht zu einem sechstactigen vereinigen. Es folgen dann drei viertactige. Was die Notirung anbetrifft, so ist nach alter Anschauung der Auftact zum Tacte gerechnet, und demnach sind die drei ersten Glieder iambisch-anapästisch, das dritte trochäisch-daktylisch, das vierte iambisch. Da wir an die Tactgleichheit gewöhnt sind, so befremdet uns eine solche Nomenclatur, wir stellen uns die wirklich vorhandene Tactgleichheit auch äusserlich her durch Absonderung des Auftacts:

[illegible]
6 3 4 4 4

So löst sich die buntscheckige Notirung nach Iamben, Anapästen, Daktylen und Trochäen sehr einfach in den dreitheiligen logaödischen Tact auf. Zugleich wird auf diese Weise sichtbar, wie schön Gliederschluss und Tacteintheilung verschlungen sind, indem dreimal der Gliederschluss — wie es auch in unserer Musik geschieht — in den Tact fällt, während nur einmal Tact und Glied zugleich schliessen. Der letzte Tact ist natürlich durch eine Pause ausgefüllt.

Hüpfend beginnt die zweite Periode mit aufgelösten Trochäen, wodurch die unermüdliche Thätigkeit des Menschen rhythmisch gemalt wird. Doch schnell tritt sie in die ruhigere Bewegung reiner Trochäen ein, und diesen ist durch dreimalige Unterdrückung der Kürze grosser Ernst verliehen. 'Nur vor dem Tód spä́ht er kein Flíehen aus' heisst es feierlich; und schwer fallen die unvermittelten Längen ins Ohr: Ἅιδα μόνον φεῦξιν — — — — — —

Die einzelnen Glieder dieser Periode sind in der Ueberlieferung ungetrübt erhalten, abgesehen von dem mangelhaften Anfang. Das erste schliesst im sechsten Tact, das zweite und dritte sind gleichmässig aus vier Tacten gebaut. Die beiden letzten bilden eine gemeinsame Reihe, welche aus sechs Trochäen und Auftact besteht, jedoch so, dass durch Unterdrückung der drittletzten Kürze die Schlussdipodie einen selbständigen Tonfall und den Werth eines Sondergliedes erhält. Daher ist in der Handschrift diese Dipodie in eine besondere Zeile geschrieben. Hier ist nicht mit Unrecht die Tactzahl 4 + 2 gerechnet, obwohl die höhere rhythmische Einheit ein Ganzes von 6 Tacten bildet.

Auch in der zweiten Periode ist die Gliederung mit der Tactbildung verschlungen:

[illegible]
3 4 4 4 2
6

Die Gegenstrophe wendet sich zur Betrachtung der menschlichen Kunstfertigkeit: in ungeahnter Gewandtheit findet der Mensch neue Wege, die ihn bald zum Bösen, bald zum Guten lenken, indem er nicht mehr die vorhandenen Satzungen seines Landes und der Götter Recht zur Richtschnur hat. Auch hier hat die Darstellung einen unlösbaren syntaktischen Zusammenhang, so dass die fünf Glieder gewiss durch keine rhythmische Pause unterbrochen wurden. Die Auflösungen beim Beginn der zweiten Periode fallen in die Worte ὑψίπολις ἄπολις und erhöhen die lautliche Wirkung des Wortspiels: 'hoch im Staate ist staatlos, wer dem Laster zugesellet vóll Trótz sich blä́ht: mög er nicht an meinen Herd gelangen.' So klingen die unvermittelten Längen τόλμας χάριν μήτ' ἐμοὶ wuchtig und geben der Abwehr des Frevlers vom häuslichen Herd den starken Ausdruck ernster Furcht.

Die ganze Strophe ist folgendermassen gebaut:

$$\frac{1}{2}\ \ {}^{3}\ {}_{6}\ \ {}^{3}\ {}_{4}\ \ {}^{4}\ {}_{4}\ \ {}^{4}\ \underbrace{{}_{6}}_{4+2}\ \ {}^{4}$$

§ 8.

Zweites Stasimon.

Erster Theil.

582 στρ. εὐδαίμονες οἷσι κακῶν ἄγευστος αἰών.
οἷς γὰρ ἂν σεισθῇ θεόθεν δόμος, ἄτας
οὐδὲν ἐλλείπει γενεᾶς ἐπὶ πλῆθος ἕρπον·
ὅμοιον ὥστε ποντίαις
οἶδμα δυσπνόοις ὅταν
Θρῄσσαισιν ἔρεβος ὕφαλον ἐπιδράμῃ πνοαῖς,
κυλίνδει βυσσόθεν κελαινὰν
θῖνα καὶ δυσάνεμοι
στόνῳ βρέμουσι δ' ἀντιπλῆγες ἀκταί.

Ueberlieferung. Versabtheilung 582—603 εὐδαίμονες — | οἷς — | οὐδὲν — | ἐπιπλῆθος — | ὅμοιον — | οἶδμα — | Θρῄσσαισιν — | κυλίνδει — | θῖνα — | στόνῳ — | ἀρχαῖα — | πήματα — | οὐδ' — | γένος, ἀλλ' ἐρείπει (sic) | θεῶν — | νῦν — | ῥίζας — | κατ' — | νερτέρων — | λόγου — 587 ποντίαις [illegible] ἅλος. ἅλος delevit Elmsleius ad Heracl. 590 Dind. ποντίαισ schol. ὅμοιον tilgen Seidler,

ἀντ. ἀρχαῖα τὰ Λαβδακιδᾶν οἴκων ὁρῶμαι
πήματα φθιτῶν ἐπὶ πήμασι πίπτοντ',
οὐδ' ἀπαλλάσσει γενεὰν γένος, ἀλλ' ἐρείπει
θεῶν τις, οὐδ' ἔχει λύσιν·
νῦν γὰρ ἐσχάτας ὑπὲρ
ῥίζας ὃ τέτατο φάος ἐν Οἰδίπου δόμοις,
κατ' αὖ νιν φοινία θεῶν τῶν
νερτέρων ἀμᾷ κοπίς,
λόγου τ' ἄνοια καὶ φρενῶν Ἐρινύς.

I περίοδος τρίκωλος – | – ⏑ ⏑ | ⏊ ⏑ ⏑ | – ⏑ | – ⏑ | – | – |
| – ⏑ | ⏊ ⏑ | – ⏑ ⏑ | – ⏑ – | – | – |
| – ⏑ | ⏊ – | – ⏑ ⏑ | – ⏑ ⏑ | – ⏑ | – ⏑ |

II „ „ ⏑ | – ⏑ | ⏊ ⏑ | – ⏑ | – | | |
| – ⏑ | – ⏑ | – ⏑ | – | | |
– | – ⏑ | ⏊ ⏑ ⏑ | – ⏑ ⏑ | [illegible] ⏑ | – ⏑ | – |

III „ „ ⏑ | – ⏑ | ⏊ ⏑ | – ⏑ | – ⏑ | | |
| – ⏑ | ⏊ ⏑ | – ⏑ | – | | |
– | – ⏑ | ⏊ ⏑ | – ⏑ | – ⏑ | – | – |

Eine ruhige, ernste Betrachtung über die Wege des Schicksals. Ruhig fliesst auch der Rhythmus dahin, ohne leidenschaftliche Unterbrechungen. Dehnung und Unterdrückung von Kürzen ist am Schluss der Glieder so angewendet, dass keine unruhigen Schläge erfolgen, sondern feierlich die Töne hingezogen werden.

Die Glieder sind richtig überliefert; das dritte ist in ein drittes Glykoneion und in eine protanapästische Dipodie zerlegt (4 + 2), während wir leichter eine sechstactige Reihe annehmen. Eine eigenthümliche Färbung erhält die Strophe durch die epitritische Messung einzelner trochäischer Dipodien. Jedoch ist eine solche Messung nicht durchgeführt, sondern nur an fünf Stellen durch irrationale Spondeen bewirkt, während sonst Daktylen mit reinen Trochäen wechseln. Man kann hierin das feine rhythmische Gefühl des Dichters erkennen, welcher durch die ruhigen Epitrite das Feuer der logaödischen Verse dämpfte.

Bergk, jedoch ist dieses κοπίς ἄλλ. wegen der kurzen Endsilbe unmetrisch. Ebenso: [illegible] nach Schneidewin. [illegible] 'cum [illegible] coniungendum.' Dind. Gleditsch. Die Häufung der Adjective scheint beabsichtigt zu sein, da eine Vermeidung derselben leicht war, z. B. durch [illegible]. 600 [illegible] Hermann [illegible] Dindorf u. a. [illegible] Dindorf. Leipz. 1867. 600 ῥίζας τέτατο cod. [illegible] τὸ ὃ schol. 601 κατ' αὖ cod. κατ' schol.: [illegible] κατ' αὖ νιν, [illegible] τῷ λόγῳ.

Der Ausruf: 'Ihr Seligen, deren Geschick nie kostet Unheil!' bildet das erste Glied, welches aus einer daktylischen Dipodie mit einsilbiger Anakrusis und zwei trochäischen Dipodien besteht. In der letzten sind die Kürzen unterdrückt und dadurch ist ein gravitätischer Tonfall auf αἰὼν — ⏑ erzielt. Die beiden folgenden Glieder haben einen identischen Bau; sie bestehen aus einer epitritisch gemessenen trochäischen Dipodie, welcher zwei Daktylen und wieder zwei Trochäen folgen. Nur sind die beiden Schlusstrochäen im dritten Gliede rein, im zweiten durch Dehnung der Längen gebildet. Auf eine bewunderungswürdige Weise ist hier Detailmalerei mit grossen Charakterzügen verbunden:

Wem das Haus je Götter erschütterten, niemals
lässt Fluch ihm ab, von Geschlecht zu Geschlechte schreitend.

Denn während die Erschütterung des Hauses und das Hereinbrechen unaufhörlichen Unheils durch bewegte Daktylen und Trochäen geschildert wird, ist der furchtbare Ernst des Gedankens durch wirkungsvoll gedehnte Längen und eingemischte Spondeen gewahrt.*)

Bewegter hebt sich der Ton in dem nun folgenden Bilde, dessen Ausmalung die zweite und dritte Periode in Anspruch nimmt. Das über ganze Geschlechter verhängte Geschick ist dem Thrakersturme vergleichbar, welcher das Meer bis in seine Tiefen aufregt und den schwarzen Sand aus dem Abgrunde emporwühlt. Dem gewaltigen Bilde entspricht der einfache, feste Bau der Glieder, die meist aus reinen Iamben oder Trochäen bestehen. Während aber die mittlere Periode, etwas bewegter durch Auflösung der Längen, das Wehen des Sturmwindes zeichnet, fällt die Schlussperiode in einen ruhigen Gang zurück, indem gleich das erste Glied derselben durch Spondeen festen Halt gewinnt.

Der Bau der Strophe ist deshalb besonders durchsichtig, weil in der ersten Periode ganz und in den beiden folgenden grösstentheils die Gliederschlüsse mit Tactschlüssen zusammenfallen.

*) Es ist nicht einzusehen, wie man das zweite und dritte Glied trennen und verschiedenen Perioden hat zuweisen können. Abgesehen von dem unlösbaren Gedankenzusammenhange, hätte schon die Elision der Gegenstrophe πίπτοντ' die Unmöglichkeit eines Periodenschlusses darthun können.

Die Tacteinheit der beiden letzten Perioden ist:

II [illegible] 4 [illegible] 4 [illegible] 8

III [illegible] 4 [illegible] 4 [illegible] 6

Die Strophe bildet ein syntaktisches Ganze, in welchem die Glieder nicht durch Pausen von einander geschieden sind. Die stärkste Interpunction tritt ein nach der ersten Periode, wo der Gedankengang vor dem Vergleiche einen Ruhepunkt findet. Noch inniger, als in der Strophe, sind die Glieder in der Gegenstrophe an einander geschlossen. Diese enthält die Anwendung der ausgeführten Betrachtung auf das Geschick des Labdakidenhauses. Keine Periode ist durch eine Gedankenpause markirt, und doch sind die Schlüsse so gelegt, dass man die Gliederung leicht erkennt. Vielmehr ist durch diese Anlage eine eigenthümliche Wirkung erzielt. Die Anfangsworte einer Periode heben sich nämlich von selbst, hier aber noch besonders durch den Hauptictus hervor. Der Dichter hat nun gerade in den Anfang der zweiten und dritten Periode solche Worte gelegt, die theils ein grösseres Gewicht haben, theils eine wirkungsvolle Wendung einleiten. So tritt wuchtig die zweite Periode mit dem Subjecte ein, welches in dem vorhergehenden Gliede vorenthalten ist, und auf welches der Zuhörer erwartungsvoll horcht. Im Hause des Labdakos, heisst es, sah ich Leid auf Leid stürzen, nicht befreit ein Geschlecht das andere: 'hinab wirft | ein Gott sie, löset nie den Fluch.' Und wieder wird des Zuhörers Erwartung durch einen Vordersatz erregt, welcher erst in der neuen Periode seine Auflösung findet. 'Denn', so fährt der Chor in den bewegt aufgelösten Trochäen fort, 'die letzte Wurzel, der glücklicheres Licht erstrahlt' in dem Haus des Oedipus, | auch die mäht nun der Todesgötter blutigrothe Sichel ab'.

Die Responsion ist an drei Stellen nicht ganz genau. Während aber der reine und der aufgelöste Trochäus in ὑπερβασία und Οἰδίπου (589 = 600), ebenso Trochäus und Spondeus nach der daktylischen Dipodie 582 = 593 sich leicht entsprechen, ist die reine trochäische Dipodie im zweiten Gliede der Gegenstrophe, statt des zweiten Epitriten, verdächtig. Zwar wenn sie uns überliefert wäre, so würden wir sie wegen der ähnlichen Messung der Verse 582 und 593 unangefochten lassen, aber gestehen müssen, dass Sophokles nicht wohl daran gethan habe, an einer so auffälligen Stelle, wie die in zwei aufeinanderfolgenden Gliedern gleichmässige Anfangsdipodie ist, eine strenge Responsion nicht zu beobachten. Indess die Worte der Gegenstrophe sind corrupt, und die reinen Trochäen sind durch eine, dem Sinne nach nicht einmal ganz passende Conjectur in den Text gebracht. Freilich sind die andern Verbesserungsvorschläge noch weniger entsprechend. W. Dindorf scheint zur Ueberzeugung gekommen zu sein, dass auf Grundlage der überlieferten Lesart keine Wiederherstellung möglich ist; er gibt das φρενῶν der Handschrift ganz auf, um eine an sich passende, aber durch nichts angezeigte Lesart πόρευ' ἀλλ' ἄλλοις in den Text zu setzen.

Die **eurythmische Composition der Strophe ist:**

I	6	6	6
II	4	4	8
III	4	4	6

Zweiter Theil.

604 στρ. τεάν, Ζεῦ, δύνασιν τίς ἀν-
δρῶν ὑπερβασία κατά-
σχοι; τὰν οὔθ' ὕπνος αἱρεῖ ποθ' ὁ παντογήρως
οὔτ' ἄκματοι θεῶν νιν
μῆνες, ἀγήρῳ δὲ χρόνῳ δυνάστας
κατέχεις Ὀλύμπου
μαρμαρόεσσαν αἴγλαν.
τό τ' ἔπειτα καὶ τὸ μέλλον
καὶ τὸ πρὶν ἐπαρκέσει
νόμος ὅδ', – ⏑ – –
θνατῶν βιότῳ πάμ-
πολις – ⏑ – ⏑.
ἀντ. ἁ γὰρ δὴ πολύπλαγκτος ἐλ-
πὶς πολλοῖς μὲν ὄνασις ἀν-

Ueberlieferung. Versabtheilung 604—625 τεάν — | ὑπερβασία — | τάν — | οὔτ' — | μῆνες — | κατέχεις — | μαρμαρόεσσαν — | τό τ' ἔπειτα — | καὶ τὸ πρίν — | νόμος ὅδ' οὐδὲν ἕρπει | θνατῶν βιότῳ πάμπολις ἐκτὸς ἄτας | ἁ γάρ — | πολλοῖς μέν — | πολλοῖς δ' — | εἰδότι — | πρὶν — | σοφίᾳ — | κλεινόν — | τὸ κακόν — | τῷδ' — | θεὸς — | πράσσει — | χρόνον.

605 κατάσχοι cod. κατάσχῃ Dindorf. 607 sic Dindorf. οὔτ' ἀκάματοι θεῶν μῆνες cod. 606—607 ὁ παντογήρως οὔτ' | ἀκάματοι θέοντες [illegible] G. Wolff und Donaldson' Gleditsch. θέοντες auch Bonitz [illegible] (Krit. Stud. 157). οὔτε θεῶν ἄκματοι oder οὔτ' ἔτεων ἄκμ. Schneidewin. 613—614 verstümmelt und aus V. 618. 625 willkürlich ergänzt, wie W. Dindorf einsah.

ἀνδρῶν, πολλοῖς δ' ἀπάτα κουφονόων ἐρώτων·
εἰδότι δ' οὐδὲν ἕρπει,
πρὶν πυρὶ θερμῷ πόδα τις προσαύσῃ.
σοφίᾳ γὰρ ἔκ του
κλεινὸν ἔπος πέφανται,
τὸ κακὸν δοκεῖν ποτ' ἐσθλὸν
τῷδ' ἔμμεν ὅτῳ φρένας
θεὸς ἄγει πρὸς ἄταν·
πράσσει δ' ὀλιγοστὸν
χρόνον ἐκτὸς ἄτας.

I περίοδος τρίκωλος

II „ τρίκωλος

III „ τετράκωλος

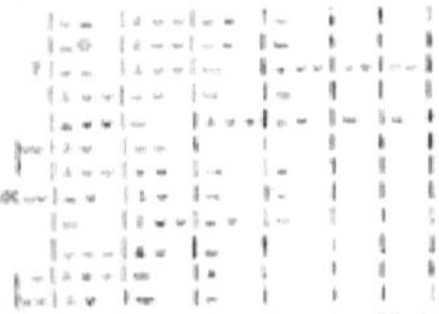

Ueber der Menschen Geschick waltet die ewige Macht des Zeus, an welcher der Uebermuth der Sterblichen zu Schanden wird. Dieser Gedanke leitet die zweite Hälfte des Stasimons ein. Dem hohen Gedanken entspricht die majestätische Rhythmisirung. Indem der Dichter die gewöhnliche Glykoneenform zu Grunde legte, hat er durch Dehnungen ihren leichten Gang zu vermeiden gewusst. Vielmehr heben die unvermittelten Längen den heiteren Charakter des Glykoneions auf und verleihen dem Rhythmus eine wuchtige Schwere. Diese Anlage der Strophe wäre aber nicht mehr erkennbar gewesen, wenn nicht die Ueberlieferung uns die Form der einzelnen Glieder erhalten hätte. Getrübt ist die Gliedereintheilung nur dadurch, dass Worte, deren Silben zwei Gliedern angehören, ganz zum ersten gezogen sind: ἀν|δρῶν, κατά|σχῃ, ἄλ|σις. Im V. 610 = 622 wird eine anakrusische Dipodie (wie V. 585 = 595) mit irrationaler Schlusssilbe von der folgenden Reihe getrennt, welch' letztere nach der Silbenzahl ein Pherekrateion ist. Ebenso ist irrig die Tripodie im Schlussglied der Strophe abgetheilt. Mit Beibehaltung dieser Versabtheilung lässt sich die Strophe eurythmisch gliedern, wenn man den Vers 606 als Hexapodie auffasst:

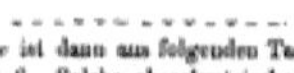

Die erste Periode ist dann aus folgenden Tactgruppen zusammengesetzt: 4 4 6. Solche pherekrateische Formen, wie in dieser Hexapodie, kommen sonst in der Strophe noch V. 608, 609, 611, 619, 620, 621, 623 vor. Da aber die gerade Gliederung in der Strophe vorherrscht, so habe ich sie mit einer Dehnung tetrapodisch gemessen. Es sind vielleicht sogar im Vers 606 zwei Glieder verschmolzen: eine glykoneische und eine scheinbar pherekrateische Tetrapodie, die aber auch dem Wesen nach ein erstes katalektisches Glykoneion mit Unterdrückung der Kürze im vorletzten Fuss ist:

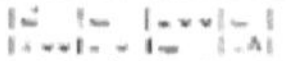

Der Ausruf, welcher die Strophe einleitet: 'Wer mag deine Gewalt, o Zeus, kühn aufhalten in frevlem Hochmuth?' erhält eine ungestüme Gewalt durch die Accentversetzung des ersten Tactes. Der Ictus vertheilt sich nämlich auf die erste Kürze und die folgende Länge: τεάν ⏑́–́, wie V. 103; in der ruhigeren Gegenstrophe ist diese starke Accentuirung vermieden. Die vier Glieder der ersten Periode sind viertactig, und sämmtlich auf Grundlage der glykoneischen Messung mit verschiedener Stellung des Daktylus gebaut.

Auch die folgenden Perioden sind ihrem Wesen nach tetrapodisch; jedoch zwei Tetrapodien ist ein dipodischer Satz vorausgeschickt, gleichsam ein Mittelsatz, welcher die Einfachheit der Gliederung unterbricht. Diese Dipodien werden als Erweiterungen der Glieder betrachtet und jeweils mit der folgenden Tetrapodie als ein Ganzes gefasst.

Der Gedanke der ersten Periode wird in der zweiten weiter ausgemalt und zum Abschluss geführt. In der letzten Periode, welche mit einem Auftact anhebt, gab offenbar eine allgemeine Sentenz der Betrachtung einen würdigen Hintergrund; leider ist diese Sentenz unwiederbringlich verloren.

Die Gegenstrophe beginnt mit regelmässiger Accentuirung: ἁ γὰρ | δὴ ⏑ – | –. In ihr wird der Grund der menschlichen Bethörung dargelegt: 'die schweifende Hoffnung ist wohl manchem Manne eine Stütze, doch für viele eine Bethörung in leichtsinnigen Begierden.' Der Gedanke, in der ersten Periode kurz und kräftig ausgesprochen, erhält in den folgenden eine Beleuchtung. 'Ohne dass es der Mensch merkt, beschleicht ihn der Trug, bis er den Fuss an heisser Flamme sengt; denn weisheitsvoll erscholl das gepriesene Wort, — hier beginnt die Schlussperiode — „es erscheine gut das Böse dem, welchem ein Gott das Herz zum Unheil lenkt." Wie in der Strophe, so endigt auch hier die zweite Periode mit einer stärkeren Interpunction, die nach ἔπος πέφανται eintretend auf die folgende Sentenz aufmerksam macht.

Die rhythmische Wirkung der Strophe liegt nicht zum geringsten Theile in der Anordnung der Gliederschlüsse. Während in der ersten Periode die Glieder sich streng dadurch von einander abheben, dass sie regelmässig mit dem vollen Tacte schliessen, wodurch die glykoneische Grundform sich dem Ohre scharf einprägt, ist in den folgenden Perioden eine Verschlingung der Glieder- und Tactbildung an zwei Stellen angebracht und hierdurch die rhythmische Kette fester geschlossen.

Die Tacteinheit der Strophe ist mit Ausnahme der zwei Dehnungen im dritten Gliede folgende:

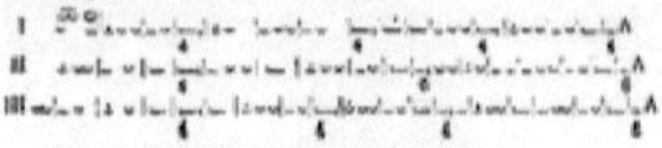

I [illegible]
4 4 4 4

II [illegible]
4 6 6

III [illegible]
4 4 4 6

Die eurythmische Gliederung ist einfach:

I	4	4	4	4
II	4	4	4	
III	4	4	4	6

§ 4.
Drittes Stasimon.

στρ. Ἔρως ἀνίκατε μάχαν,
Ἔρως, ὃς ἐν κτήμασι πί-
πτεις, ὃς ἐν μαλακαῖς παρει-
αῖς νεάνιδος ἐννυχεύεις·
φοιτᾷς δ' ὑπερπόντιος ἐν

Ueberlieferung. Versabtheilung 781—800 ἔρως — | ἔρως — | ὃς ἐν — | νεάνιδος — | φοιτᾷς — | τ' ἀγρονόμοις — | καί σ' — | οὔθ' — | ἀνθρώπων — | σὺ καὶ δικαίων — | φρένας — | σὺ καὶ τόδε — | ξύναιμον — | νικᾷ — | ἵμερος — | νύμφας — | θεσμῶν — | παίζει —.

782 ὃς ἐν κτήμασι cod. litteris κτ uno ductu scriptis. ὃς εἰν ἀνθρώποις Blaydes. ὃς ἐν τ' ἀνθρώποις — φοιτᾷς δ' Dindorf 1867. ὃς ἐν δώμασι Meineke, Heimsöth.

τ' ἀγρονόμοις αὐλαῖς,
καί σ' οὔτ' ἀθανάτων φύξιμος οὐδεὶς
οὔθ' ἁμερίων ἐπ' ἀν-
θρώπων, ὁ δ' ἔχων μέμηνεν.

ἀντ. Σὺ καὶ δικαίων ἀδίκους
φρένας παρασπᾷς ἐπὶ λώ-
βᾳ· σὺ καὶ τόδε νεῖκος ἀν-
δρῶν ξύναιμον ἔχεις ταράξας·
νικᾷ δ' ἐναργὴς βλεφάρων
ἵμερος εὐλέκτρου
νύμφας, τῶν μεγάλων ἐκτὸς ἀμιλλᾶν
θεσμῶν· ἄμαχος γὰρ ἐμ-
παίζει θεὸς Ἀφροδίτα.

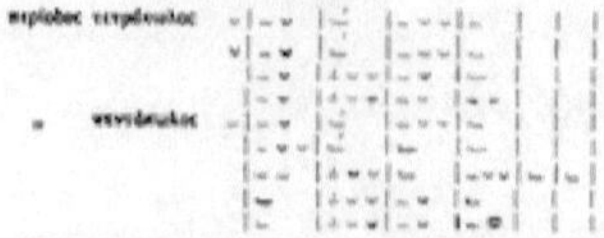

περίοδος τετράκωλος [illegible]

„ πεντάκωλος [illegible]

Die unbesiegbare Macht der Liebe wird in einem kurzen, feurigen Liede besungen. Es ist wieder die glykoneische Reihe, welche dem festen Gange des Rhythmus zu Grunde liegt, aber durch Auftact und Versetzung eine ganz andere, zugleich frischere Färbung erhält, als im zweiten Stasimon. Selbst die Dehnungen, die auch hier nicht fehlen, sind so gesetzt, dass sich nicht, wie im vorhergehenden Chorgesange, schwermüthiger Ernst, sondern leidenschaftliche Unruhe ausspricht.

Die einzelnen Glieder sind durch die Ueberlieferung in ihrer Form nicht getrübt, ausgenommen das zweimalige Herüberziehen der Endsilbe zum vorhergehenden Gliede. Recitiren wir die letzte Silbe von πίπτεις (in der Gegenstrophe λώβᾳ) so, dass sie den vollen Tact beginnt, so tritt die tetrapodische Messung in schönster Klarheit hervor, während dieselbe Silbe als tonloser Schlusstheil eines Gliedes etwas lästig Schleppendes in den Rhythmus bringt und den gleichmässigen Bau

789 ἁμερίων σέ γ' ἀνθρώπων Nauck. 797 μεγάλων πάρεδρος (πρ in litura litterarum ργ) ἐν ἀρχαῖς cod. μεγάλων ἀγχιπάρεδρος Meineke. Die alte Interpolation entfernt am verständigsten Dindorf; das Substitut ἐκτὸς ἀμιλλᾶν ist natürlich unsicher, aber sinngemäss.

der Periode stört. Man müsste folgende Gliederung annehmen:

Ἔρως ἀνίκατε μάχαν	[illegible]	4
Ἔρως ὃς ἐν κτήμασι πίπτεις	[illegible]	4
ὃς ἐν μαλακαῖς παρειαῖς	[illegible]	3
νεάνιδος ἐννυχεύεις	[illegible]	3
oder		
	[illegible]	4

Wie unschön und verwirrend die Endsilbe des zweiten Verses wirkt, ist leicht zu hören. Dass sie vielmehr der folgenden Reihe als betonte Länge dient, findet seine sichere Bestätigung. Denn werden die Schlusssilben von πίπτεις und παρειαῖς als Anfangslängen der folgenden Glieder betrachtet, so entstehen zweite Glykoneen in reiner Form, welche der Dichter unmöglich durch schiefe Gruppirung um ihren rhythmischen Fluss gebracht haben kann. Den letzten Vers hat schon Böckh auf diese Weise zu einem akatalektischen Glykoneion gebildet, ohne freilich die Zustimmung Heimsöths zu finden, welcher über die rhythmische Malerei in den Worten etwas wunderlich bemerkt (Krit. Stud. 365): 'dort (in der Strophe) trat bei den zarten Wangen des Mädchens, hier (in der Gegenstrophe) bei dem Uebergange auf die gegenwärtige unglückliche Wirkung des Ἔρως der weichere Rhythmus ein, dessen Klang Böckhs Versabtheilung verwischte.' Heimsöth hat zwar eingesehen, dass der zweite Vers um eine Silbe zu lang ist, aber nicht gefühlt, dass die reinen Glykoneen mit ihrer unruhig lebhaften Bewegung den auf der Jungfrau Wangen lauernden Liebesschützen und den Zank der Männer besser zeichnen, als der vermeintlich weichere Rhythmus, dessen Weichheit in dem gleichen Tonfall am Ende des Verses sehr träge wird.*)

Die Strophe beginnt vielmehr mit vier deutlich, in feuriger Kraft einherschreitenden Tetrapodien, welche Anrufungen an den Liebesgott enthalten. Lebhaft, wie der Rhythmus, ist auch die Satzfügung, die asyndetisch zweimal anhebt und im zweiten Satzgliede wieder aus zwei ohne Verbindung angereihten Relativsätzen besteht. In der Gegenstrophe ist eine ähnliche Wirkung durch das zweimalige σὺ καὶ erzielt.

Die zweite Periode entwickelt die Idee von der Allmacht der Liebe: aller Orten und über alle Wesen, göttliche und sterbliche, bleibt sie Siegerin. In der Gegenstrophe wird die Anwendung auf den vorliegenden Fall gemacht. Der Liebreiz der Braut siegt über die den hohen Gesetzen schuldige Achtung; 'denn unbezwungen treibt Aphrodite ihr Spiel'.

Das erste Glied der zweiten Periode ist dem Anfangsgliede der Strophe gleich, nämlich ein drittes Glykoneion mit Auftact und Dehnung im zweiten Fuss der trochäischen Dipodie. In der zweiten Periode tritt Katalexis ein, während in der ersten das zweite Glied unmittelbar im gleichen Tact anfängt. Die Melodie muss in der zweiten Periode getragene Töne gehabt haben; denn es treten häufig rhythmische Dehnungen ein, deren das zweite und dritte Glied je drei haben. Von besonderer Wirkung sind die drei am Schlusse des dritten und im Anfange des vierten Gliedes auf einander folgenden Dehnungen mit dem Gleichklange οὐδείς οὔθ': 'und vom Göttergeschlecht fliehet dir Niemand, | Niemand von den Sterblichen.' Wie in der Gegenstrophe Rhythmus und Gedanke mit einander harmonirten, können wir nur errathen: jedenfalls passte die Hinweisung auf die erhabenen Satzungen zu den gewichtig gehaltenen Tönen.*)

Tact- und Gliederbildung sind nur im Anfange an einer Stelle verschlungen. Indem das zweite Glied der Strophe im Tacte anfängt, ist die Wirkung des ersten Auftactes wiederholt und eine vollständige Gleichförmigkeit der beiden ersten Glieder erzielt:

*) Man sollte fast glauben, dass Heimsöth die Endsilbe von παρειαῖς unbetont lässt; denn wenn er sie betont, wird der Rhythmus durch die blosse Versabtheilung um nichts weicher. Uebrigens vernichtet er den asyndetischen Bau der Satzglieder und schwächt also das Lied innerlich und äusserlich ab: 'Ἔρως, ὃς ἐν κτήμασι πίπτεις ὃς ἐν μαλακαῖς παρειαῖς | νεάνιδος ἐννυχεύεις — [illegible]'

*) Zur Annahme der drei aufeinander folgenden Dehnungen in οὐδείς οὔθ' führt die Bedeutung der einzelnen Worte und der Wohlklang. Aeusserlich betrachtet, bietet nämlich die dritte Reihe auch die Möglichkeit dieser Messung: [illegible]. Doch würden so in der Strophe auf die bedeutungsloseren Worte καὶ σ' οὔτ', in der Gegenstrophe auf das wenigstens nicht von einem Hauptton getragene [illegible] die Dehnungen fallen. Ausserdem aber können am Schluss des zweiten und Anfang des dritten Gliedes drei Dehnungen zusammen, was zwar an sich nicht unmöglich ist, wiewohl es in der Melodie seine gute Berücksichtigung haben kann, wenn jedoch die Worte an der vorliegenden Stelle gerade nicht geeignet sind.

⏑ | –́ ⏑ | — | – ⏑ ⏑ | –́ ⏑ | –́ ⏑ | — | – ⏑ ⏑ | — |
4 4

Weiterhin schliessen die Glieder mit vollem Tacte und dadurch ist dem ganzen Liede eine ausserordentliche Durchsichtigkeit des rhythmischen Baues verliehen, wie auch die Gruppirung der Tactreihen die grösste Einfachheit zeigt:

I 4 4 4 4
II 4 4 6 4 4

§ 5.

Kommos.

Erster Theil.

Ἀντιγόνη.

στρ. ὁρᾶτ' ἔμ', ὦ γᾶς πατρίας | πολῖται
τὰν νεάταν ὁδὸν
στείχουσαν, νέατον δὲ φέγγος
λεύσσουσαν ἀελίου
κοὔποτ' αὖθις· ἀλλά μ' ὁ παγκοίτας
Ἅιδας ζῶσαν ἄγει
τὰν Ἀχέροντος | ἀκτάν, οὔθ' ὑμεναίων
ἔγκληρον, οὔτ' ἐπινύμφειός
πώ μέ τις ὕμνος |
ὕμνησεν ἀλλ' Ἀχέροντι νυμφεύσω.

Χορός.

οὐκοῦν κλεινὴ καὶ ἔπαινον ἔχουσ'
ἐς τόδ' ἀπέρχει κεῦθος νεκύων,
οὔτε φθινάσιν πληγεῖσα νόσοις
οὔτε ξιφέων ἐπίχειρα λαχοῦσ',
ἀλλ' αὐτόνομος ζῶσα μόνη δὴ
θνητῶν Ἀΐδην καταβήσει.

Ἀντιγόνη.

ἀντ. ἤκουσα δὴ λυγροτάταν | ὀλέσθαι
τὰν Φρυγίαν ξέναν
Ταντάλου Σιπύλῳ πρὸς ἄ | κρῳ
τὰν κισσὸς ὡς ἀτενὴς
πετραία βλάστα δάμασεν καί | νιν
ὄμβροι τακομέναν,
ὡς φάτις ἀνδρῶν | χιών τ' οὐδαμὰ λείπει

Ueberlieferung. Versabtheilung 806—816 ὁρᾶτ' — | τάν — | στείχουσαν — | λεύσσουσαν — | κοὔποτ' — | ἄγει — | τὰν — | ἔγκληρον — | πώ — | ὕμνησεν — 'ad eandemque rationem in antistropha' Dindorf. Die richtige Theilung ist oben durch Striche bezeichnet.
810 πάγκοιτος Blaydes. 814 ἐπινυμφίδιος cod. von Dindorf verbessert.

τέγγει δ' ὑπ' ὀφρύσι παγκλαύτοις
δειράδας· ᾇ με |
δαίμων ὁμοιοτάταν κατευνάζει.

Χορός.

ἀλλὰ θεός τοι καὶ θεογεννής,
ἡμεῖς δὲ βροτοὶ καὶ θνητογενεῖς.
καίτοι φθιμένῳ τοῖς ἰσοθέοις
σύγκληρα λαχεῖν μέγ' ἀκοῦσαι.
. . . .
. . . .

	e'						
I περίοδος δίκωλος	⏒	– ⏑	–́	– ⏑ ⏑	–		
	⏑	– ⏒	–́ ⏑ ⏑	– ⏑	–		
II " "		– ⏒	–́ ⏑ ⏑	– ⏑	—		
		– –	–́ ⏑	– ⏑ ⏑	—		
III " "		– ⏒	–́ ⏒	– ⏑ ⏑	—		
		– ⏒	–́ –	– ⏑ ⏑	—	–́ ⏑ ⏑	– ⏒
IV " τρίκωλος		⏔ –	–́ ⏑ ⏑	– –	—		
		– ⏑	–́ ⏑ ⏑	– –	—	– ⏑ ⏑	– ⏑
		—	– ⏑	–́ ⏑ ⏑	– ⏑	—	⏑ –

Anapäste.

Durch die Anapäste des Chorführers 800—805 angekündigt, erscheint Antigone und klagt dem Chore ihr Geschick, welches sie lebend in die Arme des Acheron führt. Der Chorführer antwortet tröstend.

Die Ueberlieferung dieses Kommos ist bemerkenswerth. Es wechseln nämlich mittelgrosse Verszeilen mit kleineren von so ungleicher Länge, dass an einen symmetrischen Bau derselben nicht zu denken ist. Schliessen wir dagegen je eine kleine Zeile an die vorhergehende grössere an, so treten zwei- und eingliedrige Tactgruppen deutlich hervor. Dieser Umstand lässt den Schluss sicher erscheinen, dass ursprünglich das Klagelied aus einer Reihe von längeren Versen bestand, welche nur ihrer Grösse wegen nicht in eine Zeile geschrieben werden konnten, deren Schlussworte daher eine Linie tiefer nachgetragen wurden. Dass in solcher Weise die kleinen Zeilen entstanden sind, erhellt auch aus der Versabtheilung in der zweiten Hälfte der Strophe. Hier treten nämlich Tactgruppen ein, wie sie bei nicht zu consonanten-

836 φθιμένα, ω supra scriptum a m. pr. 836—838 φθιμένῳ μέγ' ἀκοῦσαι | τοῖς ἰσοθέοις ἔγκληρα λαχεῖν | ζῶσαν καὶ ἔπειτα θανοῦσαν verderbt, interpolirt und von Hermann nothdürftig zurechtgerückt. Der Chorführer muss sechs Verse gesprochen haben.

reichen Silben in eine Zeile geschrieben werden können. Wirklich ist denn auch die dritte dieser Tactgruppen (816 [illegible] — [illegible]) unverkürzt in der Handschrift erhalten, während in der zweiten, ohnehin verschriebenen, fünf Silben überzählig waren und untergeschrieben wurden. In den Ausgaben ist man sehr inconsequent bei der Versabtheilung verfahren, denn im ersten Theile der Strophe hat man die grösseren und kleineren Zeilen der Handschrift beibehalten, dagegen im zweiten Theile willkürlich zusammengesetzt oder auseinandergerissen. Ich habe die Abtheilungen der Handschrift beispielsweise beibehalten, aber die kleineren Zeilen unter das Ende der grösseren so eingerückt, dass die Zusammengehörigkeit der einzelnen Gliedertheile und die Entstehung der handschriftlichen Zerstückelung in die Augen springt.

Wir müssen uns aber fragen, wie es möglich war, dass in der handschriftlichen Tradition eine so einfache Tactgliederung, wie die glykoneische im Anfang der Strophe, zerstückelt wurde. Wenn im Original oder in dem von Theoretikern geregelten Exemplaren die einzelnen Glieder getrennt waren, so bildeten diese so kleine Zeilen, dass es unbegreiflich wäre, wie die Ueberlieferung davon hätte abirren können. War es nicht viel leichter und bequemer zu schreiben:

[illegible]
[illegible] u. s. f.

statt in der oben bezeichneten Weise? Man kann dagegen einwenden, dass vielleicht der Satzbau zu der Verwirrung im ersten Verse führte, dass willkürlich [illegible] zur Interjection gezogen wurde, dass in den folgenden zwei Versen die Worttrennung [illegible], [illegible], wie so häufig, vermieden ist. Aber solcher Erklärungen spotten der erste und dritte Vers der Gegenstrophe, in denen Satzbau und Worttrennung zu einem Irrthum nicht verführen, vielmehr die richtige Trennung unterstützen. Es muss also einen besonderen Grund geben, weshalb die naheliegende Gliedertrennung zu Grunde gegangen ist. In der That bietet sich uns eine Erklärung dar: im Original war die zweigliedrige Periodisirung angewendet und drei Langverse, aus je zwei glykoneischen Tetrapodien bestehend, bildeten den Anfang der Strophe. Demnach ist uns die auf den ersten Anblick so wirre und krause Ueberlieferung sehr schätzenswerth; denn sie sagt uns, dass das Klagelied in keinem weit ausgesponnenen Periodengang der Melodie componirt war, sondern dass der Dichter eine kurze, bestimmte melische Phrasirung angewendet hatte. Es zog sich die Tonreihe nicht durch sechs viertactige Glieder hin, sondern sie fand nach jedem zweiten Glied einen Haltepunkt.

Bei einer so scharfen Melodisirung sprach sich die Klage ohne Zweifel heftig aus, und es ist nicht unwahrscheinlich, dass auch in der zweiten Hälfte der Strophe das letzte sechstactige Glied eine scharf ausgesprochene melische Phrase umschloss. Freilich gehören unsere Rückschlüsse auf die musikalische Form meist in den Bereich der Möglichkeit, und es ist nur bei einem durch Hiatus oder Syllaba anceps nachgewiesenen Periodenschluss die Länge einer melischen Phrase unwiderleglich sicher gestellt. Aber in der vorliegenden Strophe deutet ausser der handschriftlichen Ueberlieferung auch die Wortabtheilung auf knappe melische Form. Denn in der ersten Strophenhälfte schliesst jedes zweite Glied mit vollem Worte — was in dieser Regelmässigkeit als ein Zeichen des Periodenschlusses gelten muss —; in der zweiten Hälfte endigt die mittlere Hexapodie ebenfalls mit vollem Worte. Wenn also der Dichter nicht geradezu zwei selbständige Tonreihen (Perioden) gebildet hat, so hat er wenigstens besonders scharf abgegrenzte Sätze zu einer Periode verbunden.

Der Chor tröstet die klagende Jungfrau in Anapästen, indem er sie erinnert, dass ihr Tod ohne langes Siechthum und ohne Schwertstreich erfolge, dass sie allein unter den Sterblichen nicht ohne Ruhm in das Todtenreich lebend, und zwar in Folge freiwilliger Thaten, hinabsteige. Dadurch wird aber Antigone an das ähnliche Geschick der Niobe gemahnt, deren Untergang im umklammernden Felsen ihr grauenhaft vor die Seele tritt. Wie die Strophe nur den einen Gedanken an Antigone's schreckliches Ende ausmalt, so ist die Gegenstrophe ganz der Beschreibung der unglücklichen Niobe in ihrer Versteinerung gewidmet.

Die Entsprechung der Perioden und Glieder ist genau; nur in einzelnen Tacten tritt irrationale Messung der unbetonten Silben ein, d. h. es entsprechen sich sechsmal Trochäen und trochäische Spondeen, wodurch der Tact ebenso wenig, wie durch die irrationalen Daktylen gestört wird. Die Aenderung eines dieser Spondeen in παγκοίτας (πάγκοιτος 810) ist daher grundlos. Auffallender, doch anzuerkennen ist der Wechsel zwischen trochäischem Spondeus und Iambus ὕμνος 814 — χιών 830. Vermuthlich ist dieser Wechsel die Veranlassung gewesen, weshalb schon Gleditsch und H. Schmidt die betreffenden Worte in den Anfang einer Periode setzen, indem sie eine harmlose, unbestimmte Anakrusis erzielen und den Spondeus natürlich iambisch messen. Vielmehr ist χιών nur äusserlich Iambus, in Wahrheit ein trochäischer dreizeitiger Tact, dessen Accent auf die Kürze und halbe Länge vertheilt ist, d. h. ein Iambus mit versetztem Accent ⏑́⏗, wie im V. 103. In der Declamation ist von besonderer Wirkung die beidemal betonte und das zweitemal gedehnte Anfangssilbe in ὕμνος ὕμνησεν – ⏑ ⏑́ – ⏑, und auch in den entsprechenden Worten tritt ernst und feierlich die Dehnung von δαίμων ⏗ – 832.

Eine Verschlingung von Tact- und Gliedschluss tritt nur einmal ein, in der ersten Periode:

8 ⏑ | –́ ⏑ | ⏗ | – ⏑ ⏑ – | ⏑ ⏑ – | –́ ⏑ | – ⏑ ⏑ – | – ⏑ | ⏗
(4) (4)

Die eurythmische Anordnung ist:

α I 4, 4 II 4, 4 III 4, 6
β IV 4 6 6

Das verderbte anapästische System des Chors ist noch in sofern verständlich, als wir ersehen, dass Antigone mild zurechtgewiesen wird. Wie aber der Chor wohlwollend bemerkt, es sei immerhin ruhmvoll, gleich einer Heroine zu sterben, sieht das hochfahrende Mädchen nur Ironie in einem solchen Trost und ruft in leidenschaftlichem Schmerze Stadt und Bürger und Flur zu Zeugen seines jammervollen Todes an. Mit diesen Schmerzensausbrüchen beginnt

Der zweite Theil.

Ἀντιγόνη.

838 στρ. οἴμοι γελῶμαι. τί με, πρὸς
θεῶν πατρῴ-
ων, οὐκ οἰχομέναν ὑβρίζεις
ἀλλ᾽ ἐπίφαντον;
ὦ πόλις, ὦ πόλεως
πολυκτήμονες ἄνδρες·
ἰὼ Διρκαῖαι κρῆναι
Θήβας τ᾽ εὐαρμάτου ἄλσος ἔμπας
ξυμμάρτυρας ὔμμ᾽ ἐπικτῶμαι,
οἵα φίλων ἄκλαυτος, οἵοις νόμοις
πρὸς ἕργμα τυμβόχωστον ἔρ-
χομαι τάφου ποταινίου·
ἰὼ δύστανος,
⏑ – – ⏑ ⏑ – ⏑ –
– μέτοικος οὐ ζῶσιν, οὐ θανοῦσιν.

Χορός.

προβᾶσ᾽ ἐπ᾽ ἔσχατον θράσους
ὑψηλὸν ἐς Δίκας βάθρον
προσέπεσες, ὦ τέκνον, πολύ.
πατρῷον δ᾽ ἐκτίνεις τιν᾽ ἆθλον.

Ἀντιγόνη.

ἀντ. ἔψαυσας ἀλγεινοτάτας ἐμοὶ μερί-
μνας πατρὸς τριπολίστου οἶτον
τοῦ τε πρόπαντος
ἁμετέρου πότμου
κλεινοῖς Λαβδακίδαισιν.
ἰὼ ματρῷαι λέκτρων
ἆται κοιμήματά τ᾽ αὐτογέννητ᾽
ἀμῷ πατρὶ δυσμόρου ματρός,
οἵων ἐγώ ποθ᾽ ἁ ταλαίφρων ἔφυν·
πρὸς οὓς ἀραῖος ἄγαμος ἅδ᾽
ἐγὼ μέτοικος ἔρχομαι.
ἰὼ δυσπότμων
κασίγνητε γάμων κυρή-
σας θανὼν ἔτ᾽ οὖσαν κατήναρές με.

Ueberlieferung. Versabtheilung 838—871 οἴμοι — | θεῶν — | οὐκ — | ἀλλ᾽ — | ὦ πόλις — | πολυκτήμονες — | ἰὼ — | Θήβας — | ξυμμάρτυρας — | οἵα — | πρὸς — | χομαι — | ἰὼ — | οὔτ᾽ ἐν βροτοῖσιν οὔτ᾽ ἐν νεκροῖσι | μέτοικος — 857—871 ἔψαυσας — | πατρὸς — | τοῦ τε — | ἁμετέρου — | κλεινοῖς — | ἰὼ — | ἆται — | ἀμῷ — | οἵων — | πρὸς — | ἅδ᾽ ἐγὼ — | ἰὼ — | κασίγνητε — | θανὼν —.
840 ὀλομέναν cod. οἰχομέναν J. Fr. Martin. 841 καὶ κρῆναι cod. 847 οἵοισιν cod. οἵοις Triklinius. 851 Die Interpolation hat Dindorf getilgt. 856 ἐκτίνεις cod. ἐκτίνεις apogr. 858 οἶκτον cod. οἶτον Brunck. 864 κοιμήματ᾽ αὐτογέννητ᾽ cod. 865 ἐμῷ cod. ἀμῷ Triklinius. 867 ἅδ᾽ cod. 869 ἰὼ ἰώ. — Heimsöths Aenderungen weist Gleditsch ab II S. 8.

Χορός.
σέβειν μὲν εὐσέβειά τις,
κράτος δ' ὅτῳ κράτος μέλει
παραβατὸν οὐδαμᾷ πέλει,
σὲ δ' αὐτόγνωτος ὤλεσ' ὀργά.

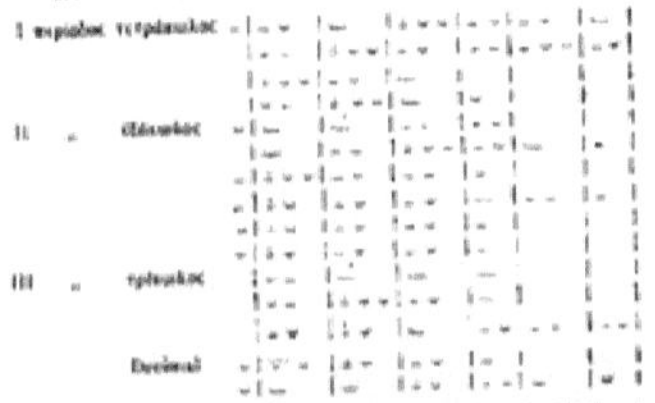

Die Gliederung der Strophe ist sowohl durch die handschriftliche Versabtheilung, wie durch den syntaktischen Bau angegeben. Was die handschriftliche Versabtheilung betrifft, so entspricht eben jede Zeile einem Gliede; nur in den Versen 838, (851), 857, 870 ist die Wortbrechung nicht beobachtet; und einmal sind überschüssige Silben unter der Zeile nachgetragen (838), wodurch ein kleiner Scheinvers entstand. Dass Letzteres sich so verhalte, beweist der Vers 857; denn während im V. 838 die beiden Worte θεῶν πατρῴων untergeschrieben sind, konnten alle Worte des Verses 857 in eine Zeile gebracht werden. Zweifelhaft wird es bleiben, ob auch die Verse 840—841 = 858—859 ein Glied bilden. Denn so gut es möglich ist, dass der Dichter das zweite Glykoneion 840 = 858 mit der adonischen Dipodie 841 = 859 zu einer Hexapodie verband, eben so gut kann er die beiden Tactgruppen als besondere Glieder phrasirt haben (vgl. 149—154). Dass er aber in diesem Kommos kurz und scharf ausgesprochene Glieder gebildet hat, zeigt sowohl die erste Strophe, als das Verspaar 842—843 = 860—861. Denn welche Wahrscheinlichkeit würde es für sich haben, wollten wir hier Tripodien zu einer Hexapodie vereinigen? Die vorderen Zeilen sind so klein, dass kein Abschreiber die Hexapodie ihrer

Länge wegen gerade so in zwei gleiche Theile zerlegt haben wird; vielmehr ist die zweite Zeile 861 länger als die vorhergehende. Es ist auch ein nur mechanisches Auskunftsmittel, wenn man zu Gunsten einer Hexapodie die Zahlengleichheit der Tacte in den Versen 838—843 = 857—861 geltend macht: 6 (838/9) 6 (840/1) 6 (842/3) = 6 (857) 6 (858/9) 6 (860/1). Denn die Melodie ist ebenso wenig, wie der Rhythmus, an solch' äusserliche Gleichheit gebunden, die Wirkung der Gleichmässigkeit ist durch innere Zusammengehörigkeit kleinerer Tactgruppen erreicht: 2 + 4 4 + 2 3 4. Eine solche Gruppirung hat den Vorzug, dass die Melodie sich reicher entfalten kann, indem kleinere Tonfolgen charakteristische Form bewahren und der ganzen Reihe dadurch grössere Lebhaftigkeit verleihen. Wie leidenschaftlich mussten die klagenden Rufe des Mädchens ertönen, wenn die Melodie sich durch die scheinbar wirren Reihen von 4, 2, 3 Tacten bewegte! Und doch musste die Gesammtwirkung eine einheitliche sein, da die kleinen Reihen sich einem wohlgebauten Ganzen unterordnen.

Die Strophe zerfällt in drei Perioden. Dies ersehen wir aus der prachtvollen Symmetrie des syntaktischen Baues. Die erste Periode der Strophe beginnt mit der Klage: 'Weh mir! verlacht werd' ich!' und die beiden folgenden Perioden werden gleichfalls durch Interjectionen eingeleitet. Ganz so ist die Gegenstrophe angelegt. Die erste Periode knüpft an die Zurechtweisung des Chors mit den schmerzlichen Worten an: 'Du regtest herzkränkenden Gram mir auf im Busen'; und die beiden folgenden beginnen mit derselben Interjection ἰώ, wie in der Strophe. Aber die Symmetrie der Perioden ist auch eine innerliche. Wie eine jede mit schmerzlichen Worten der Klage anhebt, so gedenkt Antigone bei jedem neuen Ausruf eines anderen Unheils in ihrem vielgestaltigen Jammergeschick: bei dem ersten ἰώ ihres unbeweinten und ungerechten Todes, beim zweiten ihres grausigen Grabes, beim dritten ihrer Abstammung aus einer gottlosen Ehe, beim vierten der folgenschweren Ehe des Polyneikes. Der Anfang in Strophe und Gegenstrophe knüpft natürlich an die vorhergehende Rede des Chors an und bereitet die vierfache Klage vor.

In der zweiten und dritten Periode ist zugleich mit der

syntaktischen Symmetrie auch die handschriftliche Versabtheilung zu Ehren gebracht. Es wechseln vier- und sechstactige Glieder theils logaödisch, theils iambisch. Leidenschaftlich hebt sich der Rhythmus bei den lang hingezogenen Worten ἰὼ Διρκαῖαι κρῆναι, die offenbar vier Tacte ausfüllen; die zwei zu dehnenden Silben sind wohl -αι Διρ-, da sie den Nachdruck haben. Die folgende Hexapodie ist ein durch zwei Tacte im Anfange erweitertes erstes Glykoneion, dem ein gleiches mit Anakrusis folgt. Die übrigen Glieder sind iambisch, mit Ausnahme des anakrusischen zweiten Glykoneions, welches den Mittelsatz der dritten Periode bildet. Das erste Glied dieser Periode ἰὼ δύστανος — ἰὼ δυστάνων kann ebensogut dreitactig [illegible] als viertactig sein mit Dehnung der als Länge verwendeten Paenultima in δυστάνων; die Endsilbe in δύστανος war dann durch Position lang. Die viertactige Messung empfiehlt sich in der That durch die gleiche Messung des folgenden Gliedes.

Tact- und Gliederverschlingung kommt nur in der zweiten Periode vor. Die Tacteinheit der betreffenden Glieder ist folgende:

[illegible]*)

Der eurythmische Bau ist bei Berücksichtigung der kleinen Tactgruppen so anzuordnen:

I	2 + 4		4 + 2		3	4
II	4	2	4	6	4	4
III	4		4		6	

Die Ermahnungen, welche der Chor an die Jungfrau richtet, sind in Iamben gehalten. Drei iambische Dimeter werden abgeschlossen durch eine dikatalektische Hexapodie. Auf die letzten Worte des Chors antwortet Antigone nicht mehr, sondern wendet sich ab mit einem

*) Es ist verführerisch, in den beiden vorhergehenden Gliedern dieselben Tactschlüsse anzunehmen, was zu der Trennung [illegible] und [illegible] zwänge.

Schlussgesang.

I προῳδικόν

II περίοδος τρίκωλος

III ἐπῳδικόν

[illegible]

ἐπῳδός. ἄκλαυτος, ἄφιλος, ἀνυμέναιος, ταλαίφρων ἄγομαι
τὰν ἑτοίμαν ὁδόν· οὐκέτι
μοι τόδε λαμπάδος ἱερὸν ὄμ-
μα θέμις ὁρᾶν ταλαίνᾳ· τὸν δ' ἐ-
μὸν πότμον ἀδάκρυτον οὐδεὶς φίλων στενάζει.

Behalten wir die handschriftliche Versabtheilung bei, so ergibt sich ein einfacher Bau der Strophe in strenger Gleichmässigkeit. Der erste Vers, in seiner überlieferten Form bisher nicht verstanden, besteht aus zwei viertactigen Gliedern, einer iambischen Tetrapodie und einem dritten Glykoneion mit unterdrückter Kürze des zweiten Trochäus. Hier bietet uns also wieder die Handschrift ein Ganzes von zwei Sätzen, das wir um so weniger anstehen, für eine selbständige Abtheilung zu halten, als auch am Schlusse der Strophe ein gleichartiges Ganze, aus zwei trochäischen Tetrapodien bestehend, überliefert ist. Umschlossen von diesem zweigliedrigen Vor- und Nachsatz sind drei viertactige Glieder, die offenbar auch ein Ganzes ausmachen. Sie bestehen aus Daktylen, denen eine trochäische Dipodie mit unterdrückter Kürze des zweiten Tactes vorgesetzt ist, aus Iamben und Trochäen. Die drei Sätze des Schlussgesanges, zu einer Periode vereinigt, sind durch keine stärkere Interpunction getrennt; sie geben nur dem einen Gedanken an die jammervolle Art des frühzeitigen Todes Ausdruck. Demgemäss bildet die ganze Strophe eine continuirliche syntaktische Reihe, die wir nicht eigenmächtig durch Pausen unterbrechen dürfen. Unserem modernen Gefühle sagt es zwar mehr zu, mit dem Worte ταλαίνᾳ eine Periode zu schliessen und den letzten Vers so zu gestalten (τὸν δ' ἐμὸν — στενάζει): [illegible]. Diese Versabtheilung empfiehlt sich sogar sehr durch die Länge der Schlusssilbe in

Ueberlieferung. Versabtheilung wie oben. [illegible] ταλαίνᾳ cod. pr. ταλαίνᾳ [illegible] vulgata.

τάλαινα, welches man bequem mit dem vorhergehenden μοι in denselben Casus gesetzt hat, während die lange Silbe unter den Iamben ..μοι θέμις ὁρῶν ταλαίνᾳ τὸν δ' ἐκ | [illegible] einen unverkennbaren Fehler des Dichters voraussetzte. Aber die Varianten der Handschrift lassen vielmehr einen Fehler der Abschreiber vermuthen. Man ersieht noch, dass eine kurze Silbe statt des ῃ vorhanden war. Der Nominativ τάλαινα, wie er im Codex steht, wäre ein gar zu hartes Anakoluth; mir ist es dagegen nicht zweifelhaft, dass das Femininum von unkundiger Hand statt der männlichen Form τάλαν, welche generis communis ist, eingesetzt worden. So lässt Euripides die Andromeda ihr Geschick beklagen: ἀλλ' ἐν πολλοῖς δεσμοῖσιν ἐμπεπλεγμένη κήτει φορὰ πρόκειμαι … ὦ τάλας ἐγὼ τάλας fr. 122 Dind. Aristoph. Thesmoph. 1038. Der Vers ist also rein iambisch, gewinnt dazu durch die Dehnung in ὁρῶν und die folgende schwere Betonung von τάλαν [illegible] ungemein an leidenschaftlichem Ausdruck.

Glieder- und Tactschluss fallen in der mittleren Partie der Strophe nicht zusammen. Die Tacteinheit ist folgende:

879—880 [illegible];

die eurythmische Gruppirung des Ganzen:

I	4		4
II	4	4	4
III	4		4

§ 6.

Viertes Stasimon.

Erster Theil.

στρ. ἔτλα καὶ Δανάας οὐράνιον φῶς
ἀλλάξαι δέμας ἐν χαλκοδέτοις
αὐλαῖς· κρυπτομένα δ' ἐν
τυμβήρει θαλάμῳ κατεζεύχθη·
καίτοι καὶ γενεᾷ τίμιος, ὦ παῖ παῖ,
καὶ Ζηνὸς ταμιεύ-
εσκε γονὰς χρυσορύτους.
ἀλλ' ἁ μοιριδία τις δύνασις δεινά·
οὔτ' ἄν νιν ὄλβος οὔτ' Ἄρης,
οὐ πύργος, οὐχ ἁλίκτυποι
κελαιναὶ νᾶες ἐκφύγοιεν.

Ueberlieferung. Versabtheilung wie oben. 948 καίτοι γενεᾷ cod. καὶ Hermann. 950 χρυσορύτους Triklinius, vulgata. 951 ἀλλ' ἁ] ἀλλὰ cod. 953 ὄλβος Erfurdt. ὄμβρος cod.

ἀντ. ζεύχθη δ' ὀξύχολος παῖς ὁ Δρύαντος,
Ἠδωνῶν βασιλεύς, κερτομίοις
ὀργαῖς ἐκ Διονύσου
πετρώδει κατάφαρκτος ἐν δεσμῷ.
οὕτω τᾶς μανίας δεινὸν ἀποστάζων
ἀνθηρόν τε μένος. κεῖ-
νος ἐπέγνω, μανίαις
ψαύων τὸν θεὸν ἐν κερτομίοις γλώσσαις.
παύεσκε μὲν γὰρ ἐνθέους
γυναῖκας εὔιόν τε πῦρ,
φιλαύλους τ' ἠρέθιζε Μούσας.

I περίοδος τετράκωλος	[illegible]
	[illegible]
	[illegible]
	[illegible]
II	[illegible]
	[illegible]
	[illegible]
	[illegible]
III „ τρίκωλος	[illegible]
	[illegible]
	[illegible]

Nachdem Antigone in Anapästen (937—943) die letzten Klagen, während sie hinweggeführt wird*), ausgestossen hat, wendet sich der Chor ernsten Betrachtungen über ihr Schicksal zu. Er gedenkt der Beispiele, an welchen sich in der Heidenzeit die Macht des Verhängnisses auf ähnliche Weise geäussert hat. Zwei Beispiele führt er in den zwei ersten Strophen des Stasimons vor; die beiden Schlussstrophen sind ganz einem dritten gewidmet.

In der ersten Strophe wird an das Geschick der von ihrem Vater in ein ehernes Gemach gesperrten Danae erin-

959—961 ἀποστάζει ἀνθηρόν τε μένος. κεῖνος ἐπέγνω μανίαις cod. ἀποστάζων Dindorf.

*) Antigone wird offenbar bei den Worten ἄγομαι δὴ κοὐκέτι μέλλω abgeführt. Wenn der Chor in seinem Liede noch die Apostrophe ὦ παῖ 948, 986 anbringt, so darf man daraus nicht schliessen, die Personen wären auf der Bühne bis zum Schluss des Liedes unthätig stehen geblieben. Die Worte ὦ παῖ sind nur die in Form der Anrede gekleideten Ausrufungen der Trauer und des Mitleidens. Wie ungeschmackt, das Mädchen erst jammern zu lassen: 'ich schleppen mich ohne Frist hin' (939), und ihr dann die Musse zum Anhören eines langen, beschigenden Chorliedes zu geben! Welchen komischen Effect hätte es machen müssen, wenn nach dem Chorliede die bei dieser unthätig ruhende Antigone still und klaglos abgegangen und von der andern Seite Tiresias mit seiner allgemeinen Redensart aufgetreten wäre?

nert. Der syntaktische Bau und die Art der Verschlüsse lassen die metrische Gliederung deutlich erkennen: sie stimmt vollkommen mit der handschriftlichen Zeilenabtheilung überein. Drei Perioden, durch syntaktische Abschlüsse geschieden und durch Hiatus 951, 958, gekennzeichnet, heben sich hervor. Die erste besteht aus drei sechstactigen und einem viertactigen Gliede, gebildet aus Daktylen, Trochäen und trochäischen Spondeen. Durch Unterdrückung von unbetonten Tacttheilen sind Choriamben erzielt.

Man kann zweifeln, ob das erste Glied anakrusisch, oder, wie oben notirt, thetisch anlautet. Für letzteres habe ich mich entschieden, weil durch den thetischen Anlaut eine Gleichförmigkeit der vier ersten Glieder herbeigeführt wird, die von grosser Wirkung ist. Denn das zweite Glied beginnt jedenfalls mit zwei gedehnten Längen, das dritte und vierte höchst wahrscheinlich, weil sonst in unschöner Weise die Schlusslängen δ' ἐν τ. und χθη zu dehnen wären. Dagegen verleihen die beiden Dehnungen jeweils im Anfange der vier Glieder dem Rhythmus eine gewaltige Schwere. Wir können sie folgendermassen nachbilden:

Einst auch Danae's Reiz musste des Himmels
Licht entsagen im erzfugigen Raum;
Erzbau wölbte sich um sie,
Grabnacht hielt die Gebannte umfangen.

Frischer setzt, dem Inhalte entsprechend, der Rhythmus in der zweiten Periode ein. Zwar bestehen die Glieder auch nur aus Daktylen, Trochäen und Spondeen, doch sind die Dehnungen leichter vertheilt. Selbst die zwei gedehnten Längen im dritten Gliede machen sich nicht übermässig schwerfällig, da sie ein Gegengewicht an den beiden anlautenden Kürzen und dem reinen Trochäus haben. Es sind nämlich hier mit der Handschrift zwei gedehnte Längen anzunehmen, da kein Grund vorhanden ist, mit Triklinius die überlieferte Lesart χρυσορρύτους zu ändern (ἐν ᾧ διὰ τὸ μέτρον); denn die entsprechende Stelle der Gegenstrophe, wonach χρυσορύτους gebildet wurde, ist dem Sinne nach so verderbt, dass sie keine metrische Norm abgibt, dieselbe vielmehr in der Strophe finden muss. Sonst hat der Dichter in der zweiten, mehr noch in der dritten Periode die Dehnung der Längen mässiger, als im Anfang, angewendet. Nicht einmal auf das klagende ὦ παῖ παῖ fällt eine gedehnte Länge; vielmehr wird es, wie in der Elektra 121, ⏗ ⏑ ⏗ betont.

Die zweite Periode schliesst mit der Sentenz: 'Ja stets waltet die Allmacht des Geschicks furchtbar.' Dieser Gedanke findet in der letzten Periode eine weitere Ausführung: 'Nicht Reichthum, nicht Kriegsmacht, keine Befestigung, keine Flucht zur See schützt vor ihr.' Der Dichter hat die in kurzen Worten angedeuteten Bilder durch den Rhythmus charakterisirt. Zwei hurtige iambische Dimeter werden durch eine iambische Hexapodie, welche an drei Dehnungen festen Halt gewinnt, abgeschlossen.

Die Gegenstrophe erzählt die Sage vom König Lykurgos, der zur Strafe für seine Frevel an Dionysos in einer Felsenhöhle angefesselt wurde. Die Erzählung zerfällt in drei Theile, von denen jeder einer rhythmischen Periode entspricht. Zuerst wird der Vorgang kurz angedeutet, und es folgt dann eine zweifache Ausführung, in der einerseits der Sünder in seiner Raserei gekennzeichnet, andererseits die Sünde selbst geschildert wird. Der erste Theil ist leicht verständlich; die Dehnungen im Anfange der Glieder fallen auf betonte oder vollklingende Worte. Die Schilderung des rasenden Sünders im Mittelsatze ist aber durch die Ueberlieferung arg entstellt. Dass nicht ἀποστάζει das erste Glied schliessen konnte, zeigt der unerträgliche Hiatus; an einen Periodenschluss ist aber hier nach dem Zusammenhang und nach Ausweis der Strophe nicht zu denken. Ausserdem sind die Worte μένος μανίας ἀποστάζει als selbständiger Satz, man mag das Verbum activisch oder intransitiv nehmen, unverständlich oder unpassend. 'Er lässt die Wuth des Wahnsinns verrinnen' oder 'es verrinnt die Wuth des Wahnsinns' wäre an sich verständlich, aber unpassend. Denn das folgende κεῖνος ἐπέγνω würde seine ganze Kraft verlieren; es würde in anderer Form dasselbe sagen, was das Bild von der hinschwindenden Wuth viel effectvoller, wenn auch nicht schön sagt. Nauck's geistreicher Einfall: 'So fliesst aus dem Wahnsinn blutiges Unheil (μένος ἀποστάζει eigentlich: *es träufelt Blut hernieder*') ist nicht haltbar; denn wenn diese concrete Bedeutung von μένος auch unverkennbar ist (*Ai.* 1412), so muss doch die an unserer Stelle vorausgesetzte Uebertragung bedenklich bleiben. Jedenfalls setzt sie mehr Schlussfolgerungen voraus, als dem Zuhörer zugemuthet werden können, und ist daher unverständlich. Die Lesart hebt aber auch den Hiatus nicht. Letzterer wurde zwar durch Bothe's und Seidlers Conjectur ἀποστάζειν entfernt; jener verband: οὕτω μανίας ἀποστάζειν μένος κεῖνος ἐπέγνω, was wegen der folgenden Worte unmöglich ist, dieser fasste den Infinitiv selbständig, jedoch mit innerer Beziehung zum Vorhergehenden. 'Infinitivo maior vis conciliatur his verbis. Indicatur tum consilium Bacchi, quem ipsum quasi audis succensentem et ulciscentem . . . ἀποστάζειν igitur activo significatu accipiendum, *damit er so seine schäumende Wuth abgeifere*' (Wex). Wie passt das Epitheton δεινὸν μένος in den Mund des Bakchus? Höchstens ironisch. Aber die ganze Abgerissenheit des Infinitivs, so schön sie ausgedacht ist, stimmt mit dem getragenen Ton der ernsten Erzählung nicht überein. Können wir aber das ἀποστάζειν dem Gotte nicht in den Mund legen, so erscheint wieder die lästige Tautologie, die im Verschwinden der Raserei und der Rückkehr zur Einsicht liegt.

Die Worte μανίας μένος ἀποστάζει führen uns den Lykurg lebendig vor 'triefend vor Zorneswuth'. Wir schreiben mit Dindorf, jedoch in einem andern Sinne als er, ἀποστάζων und verbinden das Particip mit ἐπέγνω; denn οὕτω fordert eine Schlussfolgerung: 'so, d. h. an der Strafe, erkannte er, als er vor Wahnsinn wuthtriefend sündigte, den Gott'. Das Vergehen wird angedeutet durch μανίαις ψαύων τὸν θεὸν ἐν κερτομίοις γλώσσαις. Zunächst ist μανίαις unmetrisch, dann ist die Construction zweifelhaft, endlich der Gedanke matt. Denn als wahnsinnig ist der König hinlänglich und kräftig geschildert im Bilde vom triefenden Geifer — man mag es fassen, wie man will. Zu ψαύων erwartet man einen Genitiv oder Dativ, und statt des amphibrachischen μανίαις ein kretisches Wort. Versuchsweise habe ich ein solches eingesetzt, welches zugleich die Entstehung des Fehlers erklären würde. Der Gedanke bei diesem Verbesserungsvorschlag ist folgender: 'so erkannte er, als er triefend vor grausiger, schwellender Wuth des Wahnsinns sich an den Mänaden vergriff, unter seinen Lästerungen den Gott.' Hieran schliesst sich das nun seine Beziehung findende γὰρ des Verses παύεσκε μὲν γὰρ ἐνθέους γυναῖκας. Und in der That war Lykurgs

Frevel zunächst an den Mänaden verübt, wie schon Homer erzählt Il. VI 132–135:

ὅς ποτε μαινομένοιο Διωνύσοιο τιθήνας
σεῦε κατ' ἠγάθεον Νυσήϊον· αἱ δ' ἅμα πᾶσαι
θύσθλα χαμαὶ κατέχευαν, ὑπ' ἀνδροφόνοιο Λυκούργου
θεινόμεναι βουπλῆγι.

Diesen Vorgang erzählen denn auch die Iamben der letzten Periode.

Der Gliedschluss innerhalb des Tactes ist in der zweiten und dritten Periode wirksam, weil dadurch lebhafte anakrusische Bildungen entstehen. Die Einheit des Rhythmus wird aber nicht gestört:

[illegible]

[illegible]

Die ganze Strophe hat folgende eurythmische Anordnung:

I	6	6	4	6
II	6	4	4	6
III		4	4	6

Zweiter Theil

966 στρ. παρὰ δὲ Κυανεᾶν σπιλάδων διδύμας ἁλὸς
ἀκταὶ Βοσπόριαι
ἠδ' ὁ Θρῃκῶν – ⏑ –
970 Σαλμυδησσός, ἵν' ἀγχίπολις Ἄρης
δισσοῖσι Φινεΐδαις
εἶδεν ἀρατὸν ἕλκος
τυφλωθὲν ἐξ ἀγρίας δάμαρτος
ἀλαὸν ἀλαστόροισιν ὀμμάτων κύκλοις
975 ἀραχθέντων ὑφ' αἱματηραῖς
χείρεσσι καὶ κερκίδων ἀκμαῖσιν.
ἀντ. κατὰ δὲ τακόμενοι μέλεοι μελέαν πάθαν
κλαῖον, ματρὸς ἔχον-
980 τες ἀνύμφευτον γονάν·
ἁ δὲ σπέρμα μὲν ἀρχαιογόνων

Ueberlieferung. Versabtheilung 966—970 παρὰ — | ἀκταὶ — | ἠδ' ὁ — | ἵν' —. 977—981 κατὰ — | μελέαν — | κλαῖον — | τας — | ἁ δὲ σπέρμα — | sonst wie oben.

966 κυανέων πελαγέων πετρῶν cod. verbessert von Wieseler.

968 ἠδ' Triclinius pro ἠδ'. Den kretischen oder daktylischen Fuss ergänzte Böckh passend durch Θρῃκῶν. 970 ἀγχίπολις cod. verbessert von Dindorf. 975 ἀραχθὲν cod. ἀραχθέντων Lachmann. 981 ἀρχαιογόνων — Ἐρεχθειδᾶν cod. verbessert von Dindorf.

ἀντᾶ' Ἐρεχθεΐδα,
τηλεπόροις δ' ἐν ἄντροις
τράφη θυέλλαισιν ἐν πατρῴαις
Βορεὰς ἅμιππος ὀρθόποδος ὑπὲρ πάγου
θεῶν παῖς· ἀλλὰ κἀπ' ἐκείνᾳ
Μοῖραι μακραίωνες ἔσχον, ὦ παῖ.

περίοδος δίκωλος η'
α I [illegible]
II [illegible]
III [illegible]
IV [illegible]
β V [illegible]
VI [illegible]
VII [illegible]
VIII [illegible]

Die Sage von Danae und Lykurg ist in ruhigem Tone dem Schicksal der Antigone an die Seite gesetzt. Nur die Hauptpunkte, zumal das ähnliche Unglück, sind mehr angedeutet als erzählt, und dadurch erhält der erste Theil des Stasimons eine tiefsinnige Bedeutung. Am wirkungsvollsten ist die erste Strophe, welche mit der Betrachtung der Schicksalsgewalt abschliesst. Weniger gelungen erscheint der Schluss der ersten Gegenstrophe; denn nach dem gewaltigen Bilde vom Wahnsinn des Thrakerkönigs ist die schlichte Erzählung von dem begangenen Verbrechen matt. Ungünstiger muss unser Urtheil über die zweite Strophe und Gegenstrophe ausfallen; nicht, weil der Erzählung von Kleopatra unverhältnissmässig viel Raum gegenüber den beiden andern Sagen gewidmet ist, sondern weil der Dichter die innere, die Gedankeneinheit zu Gunsten einer äusserlichen Wirkung verletzt hat. Denn es ist geradezu eine Sünde an dem tiefen Gedanken, welcher dem Chorliede zu Grunde liegt, dass Sophokles die zweite Strophe fast ganz der Ausführung einiger an sich farben- und effectreicher Details widmet, und dann die Gegenstrophe missbrauchen muss, um dieselbe nothdürftig mit dem Hauptbilde in Einklang zu setzen. Nachdem nämlich durch die Strophe beim Zuhörer die Theilnahme für das furchtbare Unglück der geblendeten Phineiden auf das lebhafteste geweckt ist, bricht der Dichter plötzlich ab mit den Worten: 'es vergingen die Armen im Leid und beweinten das Unglück der Mutter.' Hierdurch ist der Uebergang auf die Hauptfigur des Bildes zwar gewonnen, aber der Dichter hat die Mittel zu ihrer Ausmalung bereits vergeudet; er kann nur einige äussere Züge ausführen und muss sich dann behelfen, mit einer kurzen Wendung den Zusammenhang des Ganzen herzustellen. Dass das Leid der Kleopatra nicht ausdrücklich geschildert wird, ist zwar kein Fehler, da mit der Erwähnung ihrer Kinder dem Athener gewiss die alte Sage in ihren finstern Hauptzügen vor die Seele trat. Aber ein Fehler gegen die Composition ist es, dass der Dichter die ihm vorschwebende Hauptfigur durch mangelhafte Gruppirung zurückdrängt, dass er die Seitenfiguren zu sehr in den Vordergrund rückt, dass er zwischen jener und diesen keinen sichtbaren Zusammenhang herstellt, dass er durch überladene Ornamentik die Einheit des Ganzen stört. Wie konnte ein sonst so feinfühlender Künstler solch' offenbare Fehler begehen? Nur im Streben nach Effect. Denn dass Sophokles sich unbewusst in der Erinnerung an die athenische Stammgenossin habe gehen lassen, ist bei seiner sonstigen Masshaltung unglaublich, in Bezug auf die vorliegenden Strophen aber schon deshalb nicht denkbar, weil er ja nicht der Heldin selbst sein Schilderungstalent widmet, sondern es in Nebendingen glänzen lässt. Der Dichter — diesen Vorwurf können wir ihm nicht ersparen — hat den Effect berechnet, den die brillante Darstellung einer Stammsage auf seine Landsleute ausüben musste. Und wahrlich, brillant sind die mit leeren Augenhöhlen geisterhaft stierenden Kinder und das luftige Spiel der Boreade gezeichnet.

Fragen wir nach der metrischen Form, so zeigt sich Sophokles hier als Meister. Denn wenn auch die zweite Hälfte des Stasimons so verderbt ist, dass wir nicht über alle Einzelheiten mehr urtheilen können, so schimmert dennoch durch die entstellten Worte eine dem eigenartigen Inhalte vollkommen entsprechende Versform durch. Die sechsmal wiederkehrende indifferente Silbe am Schlusse der Verse ist ein hinlänglicher Beweis, dass die Strophe stichisch componirt war. Also dem ausführlich erzählenden Inhalt ist eine charakteristische, an das Epische erinnernde Form verliehen.

Die Ueberlieferung in der Handschrift hat die Spuren der stichischen Composition deutlich erhalten; denn es werden mit nur fünfmaliger Ausnahme je sechs Tacte in einer Zeile vereinigt. Die Ausnahmen selbst sind aber auch wieder lehrreich. Abgesehen von den Versen 977/8, in denen die Abtheilung nur entstanden ist, weil die letzten Worte sich nicht mehr in die Zeilenlänge fügten, zeigen die Brechungen eine Gliederung von je drei Tacten; so V. 967/8, 971/2, 979—980, 982/3. Da aber diese Verse wesentlich nicht verschieden sind von den übrigen theils logaödischen, theils iambischen Perioden, so ist der Schluss gesichert, dass die hier zu Tage tretende Zweigliederung auf die ganze Strophe Anwendung findet, in den meisten Versen aber deshalb nicht äusserlich durch Zeilenabtheilung angezeigt ist, weil die ganze Periode so klein ist, dass sie bequem als ein στίχος eingetragen werden konnte.

Im Einzelnen ist die Messung wegen der Textzerrüttung nicht überall scharf erkennbar. Das Metrum des ersten Verses hat bereits richtig W. Dindorf als das 'äolische' bezeichnet: drei Dactylen mit vorhergehendem trochäischen Tact und nachfolgender katalektischen trochäischen Dipodie, statt welcher durch die Indifferenz der letzten Silbe äusserlich ein Daktylus erscheinen kann. Der zweite Vers ist gleichartig, nur dass der letzte Daktylus durch einen Spondeus vertreten ist. Die vollkommene Uebereinstimmung der Zeilenabtheilung in Strophe und Gegenstrophe, selbst mit Wortbrechung, lehrt, dass der Vers aus zwei dreitactigen Gliedern besteht. Das erste Glied schliesst mit dem letzten des dritten Fusses, so dass das zweite anapästisch anlautet und Variation in den Rhythmus bringt. Der dritte Vers ist in bedenklicher Form überliefert; doch lässt er immerhin eine Theilung in zwei Tripodien mit zweimaliger Dehnung zu. Er hat mit dem folgenden gemein, dass das erste Glied mit vollem Tacte schliesst. Der vierte Vers ist in der Handschrift richtig in die zwei Glieder zerlegt; er zeichnet sich durch Anakrusis, welche im dritten Tacte ihre Ergänzung findet, und durch Vollständigkeit der trochäischen Dipodie am Schluss aus. Letzteres bedingt einen gewissen rhythmischen Haltepunkt, zumal da der folgende Vers, wie die drei übrigen, mit einer Anakrusis beginnt. Die vier letzten Zeilen laufen dagegen in wesentlich identischem iambischem Bau fort, und somit erscheint die ganze Strophe in zwei gleiche Versgruppen getheilt, eine Abtheilung, die jedenfalls musikalische Bedeutung hat. Zwar lässt sich letztere ihrem melodischen

Werthe nach nicht definiren; nur so viel ist bei der stichischen Composition bestimmt, dass nicht je eine Versgruppe als melodische Einheit erschien. Also kann beim vierten Verse nicht der Schluss einer melodischen Periode angenommen werden; vielmehr tritt mit dem Rhythmenwechsel vermuthlich nur ein Wechsel in dem Charakter der Melodie ein. Der Rhythmenwechsel bei der fünften Zeile ist freilich kein starker; äusserlich treten Iamben ein, deren Tacteinheit mit der vorhergehenden Versgruppe durch Abschneidung der anlautenden Kürze sich zeigt.

§ 7.

Gebet und Reigen.

Erster Theil.

στρ. πολυώνυμε, Καδμείας
νύμφας ἄγαλμα καὶ Διὸς
βαρυβρεμέτα γένος,
κλυτὰν ὃς ἀμφέπεις
Ἰταλίαν, μέδεις δὲ παγ-
κοίνοις Ἐλευσινίας
Δῃοῦς ἐν κόλποις,
Βακχεῦ, Βακχᾶν
[1123] ὁ ματρόπολιν Θήβαν
ναιετῶν παρ' ὑγρὸν Ἰσμηνοῦ
ῥεῖθρον ἀγρίου τ'
ἐπὶ σπορᾷ δράκοντος.

ἀντ. σὲ δ' ὑπὲρ διλόφου πέτρας
στέροψ ὄπωπε λιγνύς, ἔν-
θα Κωρύκιαι νύμφαι
στίχουσι Βακχίδες,
Κασταλίας τε νᾶμα, καί
σε Νυσαίων ὀρέων
κισσήρεις ὄχθαι
χλωρά τ' ἀκτὰ
πολυστάφυλος πέμπει.

Ueberlieferung. Versabtheilung, wie oben, ausser 1116—1118 Διός — | ὃς βακχεῦ — | ναίων 1132—1136 κισσήρεις — | πολυστάφυλος — | ἀμβρότων — | Θηβαΐας —.

1119 Ἰταλίαν cod. 1121 ὦ βακχεῦ cod. ὦ von Hermann getilgt. 1122 ὁ von Musgrave beigefügt. 1125 ναίων cod. ναιετῶν Dindorf. ῥέεθρον cod. von Hermann verbessert. 1129 στείχουσι cod. στίχουσι Dindorf.

1134 ἀμβρότων ἐπέων εὐαζόν-
[1135] των Θηβαΐας
ἐπισκοποῦντ' ἀγυιάς·

I περίοδος τρίκωλος [illegible]

II „ [illegible]

III [illegible]

IV „ [illegible]

Dieses Lied ist in den Ausgaben durch falsche Versabtheilung arg entstellt; denn, indem man den einfachen, eurythmischen Bau der Perioden mit ihrem scharfen Wechsel zwischen drei- und viertactigen Gliedern verkannte, hat man willkürlich die verschiedenartigste Versgrösse angenommen und ein buntscheckiges Ganze erzielt, dem auch die neuesten eurythmischen Versuche keine rechte Einheit wiederzugeben vermochten. Die richtige Anordnung ist in der Ueberlieferung wohl erhalten; die kleinen Abweichungen, d. h. die zweimalige Vereinigung zweier Glieder in eine Zeile und die Vernachlässigung der Silbentrennung in εὐαζόντων sprechen nur für die Genauigkeit der sonstigen Zeilenabtheilung.

In der That haben wir einen stetigen und ausserordentlich effectvollen Wechsel zwischen Tripodien und Tetrapodien, welcher nur einmal und zwar behufs eines befriedigenden rhythmischen Schlusses variirt wird. Für die Erkenntniss der Periodisirung haben wir einen vollkommen sicheren Anhaltspunkt, nämlich den Hiatus zwischen den Versen 1134 und 1135. Durch ihn wird die letzte Gliedergruppe von 4—3—4 Tacten abgeschnitten. Die vorhergehenden neun Verse theilen sich wieder so genau in drei gleiche Gruppen, von denen jede mit vollem Worte schliesst, dass in dieser Gruppirung nur Perioden gesehen werden können.

Die Glieder sind aus Daktylen und Trochäen, zum Theil mit Anakrusis, gebildet. Die viertactigen mit einem Dak-

1135 Θηβαΐας Hermann. Θηβαίας vulg.

tylus sind Glykoneen (1119. 1125 = 1130. 1135), aus den Elementen des Glykoneions mit Kürzung um einen trochäischen Tact sind die Verse 1117. 1120. 1122 — 1126. 1131. 1134 gebaut. Sonst wechseln trochäische und spondeische Glieder, bis auf den Eingangsvers, welcher durch Doppelanakrusis das Ansehen einer anapästischen Dipodie mit nachfolgendem ionischen Spondeus erhält. In der That ist es eine auch aus den Elementen des Glykoneions gebildete Tripodie, nämlich Daktylus und katalektische trochäische Dipodie mit zweisilbiger Anakrusis. Die trochäische Dipodie hat eine irrationale Länge statt der Kürze, wie so häufig in Glykoneen; daher ist der erste Vers unverdächtig und nicht etwa der Diphthong αι zu trennen in Καδμείας oder in der Gegenstrophe zu ändern διλόφου πέτρας. Ferner hat die irrationale Messung des Trochäus im dritten Glied, welche sich in der Gegenstrophe findet, ...αι νύμφαι (1128) zu irrigen Annahmen geführt; man glaubte, den Vers auf diese Weise nicht schliessen zu können, obgleich man doch dieselbe Messung innerhalb der Verse 1120 und 1131 ertragen wollte. Vollends die Häufung der Spondeen in den Zeilen 1121, 1123 — 1132, 1134 hätte von einer willkürlichen Behandlung des Versbaues wegen eines spondeischen Schlusses abmahnen sollen. Kurz eine ungezwungene Beobachtung des gesammten rhythmischen Ganges lehrt, dass nicht nur nichts der überlieferten Gliederung entgegensteht, sondern dass sie vielmehr eine schöne und wirkungsvolle Ordnung in sich trägt.

Allerdings ist diese Ordnung wirkungsvoll. Denn der Reigen wird durch die kurze, knappe Gliederung wahrhaft begeistert. In den ersten zwei Perioden fliessen die Worte mit inniger Andacht dahin. Wie in heisser Inbrunst der Betenden steigern sich dann die rhythmischen Schläge in den gedehnten Längen der dritten Periode, wenn die erneute Anrufung des Gottes leidenschaftlich eintritt Βακχεῦ. Βακχεῦ [illegible]. Und hurtig rollen die Worte weiter, bis sie einen jähen Tonfall in den reinen Trochäen des Schlussverses finden. Ausser jener Anrufung sind gedehnte Längen sparsam, Pausen, wie sich bei der lebhaften Bewegung denken lässt, gar nicht verwendet. Eine Dehnung tritt ein am Schluss der zweiten Periode, wo eine Pause schon wegen des Zusammenhanges unmöglich wäre, ferner im letzten Tacte des folgenden Gliedes, wodurch die drei Dehnungen der Worte Βακχεῦ Βακχᾶν eine kräftige Gegenwirkung erhalten. Das Schlussglied der dritten Periode hat auch eine Dehnung, die man am besten im letzten Tacte annimmt, weil auf diese Weise ein gleicher Schluss der zweiten und dritten Periode erzielt wird. An sich können die Worte ὁ ματρόπολιν Θήβαν auch so gemessen werden [illegible].

In der dritten Periode der Gegenstrophe fällt die Dehnung der drei Längen nicht auf so gewichtige Worte, wie in der Strophe. Es musste also der Inhalt des Ganzen die melodische und rhythmische Wirkung tragen, wie ja überhaupt bei strophischer Composition nicht in allen entsprechenden Stellen dieselben Effecte durch Worte erzielt werden können.

Die Strophen bilden ein so inniges Ganze, dass nicht alle Glieder, nicht einmal die zweite Periode, mit einem besondern Tact anfangen.

Zweiter Theil.

1137 στρ. τὰν ἐκ πασᾶν τιμᾷς
ὑπερτάταν πόλεων
ματρὶ σὺν κεραυνίᾳ·
καὶ νῦν, ὡς βιαίας
ἔχεται πάνδαμος ἁ
(σὰ) πόλις ἐπὶ νόσου,
μολεῖν καθαρσίῳ ποδὶ Παρνασίαν
ὑπὲρ κλιτύν, ἢ στονόεντα πορθμόν.

ἀντ. ἰὼ πῦρ πνειόντων
χοράγ' ἄστρων, νυχίων
φθεγμάτων ἐπίσκοπε,
παῖ Διὸς γένεθλον,
προφάνηθ' Ναξίαις
σαῖς ἅμα περιπόλοις
Θυίαισιν, αἵ σε μαινόμεναι πάννυχοι
χορεύουσι τὸν ταμίαν Ἴακχον.

Ueberlieferung. Versabtheilung, wie oben, ausser 1141—1147: ἔχεται πάνδαμος πόλις | ἐπὶ — | 1145 ὑπὲρ — | πορθμόν. 1150—1153 σαῖς — | Θυίαισιν — | πάννυχοι — | χορεύουσι — | Ἴακχον.

1137/8 τὰν ἔκπαγλα τιμᾷς ὑπὲρ πασᾶν πόλεων Dindorf, um genauere Responsion herzustellen. ἁ σὰ Kayser zur Ausfüllung der Lücke. σὰ Böckh. 1147 χοράγε cod. καὶ νυχίων cod. verbessert von Brunck. 1149 Διὸς] Ζηνὸς Bothe. 1150 προφάνηθ' ὦ Musgrave. προφάνηθ' ὦναξ σαῖς Dindf. Θυίαισιν Böckh.

I περίοδος τρίκωλος [illegible]

II „ [illegible]

III „ δίκωλος [illegible]

Derselbe frische Gliederwechsel, wie im ersten Theile, ist in der zweiten Strophe durchgeführt. Auch hier weist die Ueberlieferung den eurythmischen Bau in unverkennbaren Spuren auf. Der Wechsel zwischen vier- und dreitactigen Gliedern ist einfach umgekehrt. Rein erhalten ist er in der Zeilenabtheilung der ersten drei Verse; die folgenden sechs Zeilen sind in Strophe und Gegenstrophe auf verschiedene Weise abgetheilt, jedoch so, dass in der Verschiedenheit selbst das Richtige durchschimmert. Uebereinstimmend ist die Tetrapodie der Zeilen 1140 und 1149; dann aber folgt eine durch die lückenhafte Tradition verschuldete Abweichung:

1141 ἔχεται πάνδαμος πόλις | ἐπὶ νόσου μολεῖν | καθαρσίῳ κ. τ. λ.
1150 προφάνηθ' Ναξίαις | σαῖς ἅμα περιπόλοις | Θυίαις

In der Gegenstrophe sind diese Verse richtig erhalten, während in der Strophe nach dem Entstehen einer Lücke die Worte πόλις und μολεῖν aus der folgenden Zeile heraufgerückt sind. So ergänzt sich die beiderseitige Zeilenabtheilung und führt zu einer harmonischen Versgliederung. Die Unterschreibung der Wörter πορθμόν und Ἴακχον 1145 — 1153 ist zufällig durch den Raum bedingt.

Die rhythmischen Elemente sind dieselben, wie in der ersten Strophe, nämlich die glykoneischen. Ein erstes Glykoneion tritt hervor in den Versen 1143 und 1152, erweitert durch eine vorausgehende hyperkatalektische iambische Dipodie, aber mit Unterdrückung einer Trochäenkürze, ein Glykoneion mit gleichartiger Erweiterung schliesst die Strophe 1145 — 1153. Die übrigen Zeilen sind trochäisch oder spondeisch, haben aber, bis auf zwei, Anakrusen. Aus dem gesammten Charakter dieser logaödischen Composition erklärt sich der Wechsel irrationaler Längen und Kürzen. Am stärksten tritt derselbe im ersten Verse hervor, der mit wahrer Wucht einherschreitet: in der Strophe hat er nur Längen, von denen zwei gedehnt sind, in der Gegenstrophe ist dagegen der mittlere Trochäus rein. Es ist unnütz, durch Conjecturen auch in der Strophe einen Trochäus einführen zu wollen, da sich dieselbe irrationale Responsion noch an vier andern Stellen der Strophe findet. Ebenso unnütz ist es, in der Gegenstrophe einen Spondeus herzustellen durch die Schreibart ἀντιόντων. Der bewegte Ton des ganzen Gebetes erhält einen breiten Abschluss durch zwei um *je* zwei Tacte vermehrte Glykoneen; diese beiden Hexapodien wirken, ohne die Lebendigkeit des Ganzen zu beeinträchtigen, beruhigend und befriedigend.

Die Eintheilung in drei Perioden ist gegeben: das Ende der ersten erweist sich von selbst durch die indifferente Schlusssilbe des dritten Verses in der Gegenstrophe, die zweite muss nothwendig vor der eigenartigen Hexapodie schliessen. Vier Glieder endigen nicht mit dem vollen Tact, darunter ist das letzte Glied der Mittelperiode. Die Tacteinheit ist:

[illegible]

Das ganze Lied hat also folgende charakteristische Tactgliederung:

στρ. α' I—IV 3, 4, 3. 3, 4, 3. 3, 4, 3. 4, 3, 6.
στρ. β' I—III 4, 3, 4. 4, 3, 3. 6 6.

Excurse.

1.
Ueber die Pause.

(Zu Seite 23.)

Die von mir empfohlene möglichste Vermeidung der Pausenzeichen hebt den Anschein einer mechanischen Tactschrift, welcher durch die Striche entstehen könnte, auf. Die Striche dienen also ausschliesslich zur Bezeichnung der betonten Tacttheile, und nur in den unter die Dochmien gemischten Iamben schien es rathsam, den Strich vor die unbetonte Kürze zu setzen, weil sonst die Einheitlichkeit der Composition gestört wird (S. 85). Die Vermeidung der Pausenzeichen hat aber noch einen Grund in der Beschaffenheit der überlieferten Perioden. Diese sind nämlich nur Vocalphrasen, und zwischen je zwei Perioden konnten Accorde und Gänge der begleitenden Instrumente liegen, über deren Dauer wir nichts wissen. Es ist also ein ganz unnützes Unternehmen, die Perioden unter sich der Zeitdauer nach ausgleichen zu wollen; denn, abgesehen davon, dass die verschiedene Grösse der Perioden sich mit einer eurythmischen Gliederung verträgt, ist uns kein Anhalt für die Bestimmung etwaiger Vor- und Nachspiele gegeben. Betrachten wir aber die erhaltenen Vocalphrasen, so erklärt sich die Ungleichheit ihrer Grösse durch die Charakterisirung, die einem jeden Satze seine individuelle Gestaltung geben muss, wenn nicht die Musik in die jämmerlichste Langweiligkeit verfallen soll. In dem Punkte unterscheidet sich die antike Kunst nicht von der modernen. Aus diesen Gründen halte ich es für gerathen, die Perioden offen zu lassen und nicht mit beliebigen Pausen eine Ausfüllung der Schlusstacte zu erzwingen. Wenn z. B. eine Vocalperiode aus 4 + 4 + 5 Tacten besteht, so kann sie sowohl mit der begleitenden Instrumentalperiode identisch sein — dann ist der Fünfer eine einfache Verlängerung des Vierers —, oder die Instrumente können noch 1 oder 3 Tacte weiter spielen — dann sind musikalisch 4 + 4 + 6.

4 + 4 + 4 + 4 Tacte vorhanden. Dem Uebelstande in der Notirung wird dadurch abgeholfen, dass wir den Anfang einer neuen Periode besonders, etwa durch Zahlen, kennzeichnen und die Zwischenpausen unbestimmt lassen.

Wichtiger ist die Frage, ob wir die Pausen innerhalb einer Periode bezeichnen sollen. Ich halte das allerdings für passend, sobald die Dauer der Pause unwiderleglich fixirt werden kann. Z. B. in den Worten der Trachinierinnen 218—219

[illegible]
[illegible]

ist die Pause durch Rhythmus und Hiatus motivirt und bestimmt; sie darf daher mit Zuversicht notirt werden. Dagegen wird in vielen Fällen auch innerhalb einer Periode die Pause unbestimmt bleiben, wenigstens so oft sie mit gleichem Rechte im Anlaute, wie am Schlusse der Phrase eintreten kann. In solchen Perioden habe ich auch von der Setzung der Pausen Abstand genommen, z. B. S. 115, wo die einzelnen Glieder übergross erscheinen, in der That aber durch Pausen zur nächst grösseren Gliedform zu dehnen sind, etwa [illegible]. Die Wirkung dieser Strophe beruht auf dem Wechsel von ungeraden und geraden Vocalphrasen, zwischen welchen die Begleitung höchst wahrscheinlich mehrmals ganze oder halbe Tacte ausfüllte. Ich habe eine genaue Zeitmessung nicht gewagt, weil sie zu leicht illusorisch wird. Zwar auch so ist die erste, vorletzte und letzte Reihe sehr problematisch. Eine Notirung mit den möglichen Dehnungen und Pausen würde anders ausfallen:

I [illegible]
II [illegible]
III [illegible]
IV [illegible]
V [illegible]
VI [illegible]

Der Wechsel zwischen geraden und ungeraden Tacten tritt so erst in der zweiten Hälfte der Strophe ein, anders als in der S. 115 f. vorausgesetzten Anordnung. Dort habe ich mich indessen begnügt, die nothwendigen Dehnungen zu notiren und die rhythmische Ausgleichung, als unsicher, unversucht zu lassen. Nur die Notirung der beiden letzten Hexapodien beruht auch dort auf Conjectur. Auf eine Weise war diese gewiss gedehnt (S. 114); doch wäre es unverständig, auf eine sichere Ermittlung dieser Weise zu hoffen.

Gleiche Ungewissheit, wie in dieser Strophe, tritt häufig bei der Notirung ein. Aber darum sind unsere metrischen Reconstructionen nicht werthlos, vorausgesetzt, dass wir den thörichten Wahn fallen lassen, in den Texten sei mehr als die vocalische Phrasirung erhalten. Wollen wir aus diesen Texten ganz fertige Musikstücke mit vollkommener Ausgleichung und Ausfüllung aller Tacte herstellen, so begeben wir uns in das Reich einer illusorischen Reproduction. Diese kann geeignet sein, die Phantasie in eine lebendige Auffassung antiker Gesänge einzuführen und einzuschulen (S. 8); aber sie darf nicht als objective Reconstruction, als wissenschaftliche Arbeit auftreten. Dagegen hat die Erforschung der vocalischen Phrasen einen objectiven Werth, indem sie uns eine Vorstellung von der dichterischen Charakterisirung der einzelnen Sätze gibt. Glücklicherweise sind innerhalb der Perioden Pausen von längerer Dauer wohl selten vorhanden, wie aus der sorgfältigen Vermeidung des Hiatus und der unbestimmten Silbe hervorgeht. Es bieten die meisten Glieder des Textes auch musikalisch abgeschlossene Sätze, ohne Pausen von mehr als zwei Zeiteinheiten. Einzeitige Pausen im iambischen Tacte und zweizeitige im daktylischen und päonischen Tacte lassen sich fast immer fixiren. Geht die Pause über diese Zeitgrenze hinaus, so ist sie problematisch. Für die ästhetisch-kritische Behandlung der Rhythmen reicht aber auch gewöhnlich die einfache Feststellung der Vocalsätze ohne die problematischen Zwischenpausen aus, da sie uns die zum Urtheil erforderlichen Merkmale: Tactform und Betonung, sicher angibt. Nur wo Dehnungen von etwaigen Pausen abhängig sind, ist die Ueberlieferung unzureichend. Die Wiederherstellung des Originals fällt aber ebenso sehr in das Gebiet der Kunst, wie die Ergänzung einer verstümmelten Statue oder eines verletzten Bildes. Die strenge Philologie hat hier die Grenze ihrer Arbeit erreicht.

Solche Betrachtungen haben mich veranlasst, die Notirung der Pausen möglichst zu vermeiden, und dieselbe der künstlerischen Reproduction zu überlassen. Ich habe es vorgezogen, nur die vocalische Phrase zu bezeichnen und aus ihr die vom Dichter beabsichtigte Charakteristik zu erschliessen. Dass dieser Weg allein objective Kritik ermöglicht, bedarf keiner Versicherung; dass er aber auch zu Resultaten führen kann, wird derjenige ermessen, welcher dieselbe Methode an der modernen Vocalmusik erprobt.

II. Die überlieferten Verszeilen.

(Zu Seite 26.)

Dass die Zeilenabtheilung der Florentiner Handschrift La auf die Originaltheilung zurückgeht und nur, wie auch der

Text, stellenweise verderbt ist, ersieht man aus der stark überwiegenden Uebereinstimmung der Zeilenlängen mit den nach Aristoxenus erforderlichen Gliedergrössen. Es sei gestattet, hierfür den Beweis an hervorragenden Beispielen zu führen.

Richtig

sind folgende Partien überliefert (einschliesslich der Verse, welche unbedeutend in der Silbentrennung entstellt und durch die Responsion corrigirt sind):

O. T. 192 f. 196—199. 201. 205. 212 f. 649—659. 678—688. O. C. 191—210. 215—253 u. a. 1447—1450. 1453—1455. 1462—1465. 1468—1470. 1480—1485. 1495—1498.

Ant. 100—104. 107—109. 117—120. 124—126. 134—138. 149—153. 331—335. 337. 341—345. 347. 354—355. 360—363. 364—365. 370—373. 582—603. 606—616. 619—628. 781. 785—790. 791. 795—800. 839—850. 858—870. 876—881. 944—965. 971—976. 983—987. 1115—1120. 1124—1132. 1135—1141. 1143. 1146—1150.

Tr. 94—111. 136—140. 497—504. 506—515. 517—530. 633—653. 821—840. 879—895. 947—952.

Aias 221—257. 693—718 u. a.

Phil. 135—158. 160—190. 201—218. 829—836. 846—850. 855—863 u. a.

El. 121—150. 472—450. 1398—1441 mit je einem Fehler durch vernachlässigte Silbentrennung. 504—515. 849—870. 1058—1081. 1082—1097. 1232—1272. 1272—1287. 1384—1397.

Vorhandene Fehler werden durch die Responsion ganz oder grossentheils ausgeglichen: O. T. 151—166. 190—215. 463—481. 482—510. 660—697. 863—910. 1086—1107. 1186—1208. 1205—1221. 1313—1315=1321—1324. 1329—1368.

O. C. 117—169. 510—548. 1463.

Ant. 966. 977. 1141. 1142. 1145. 1151—1153.

Tr. 112—132. 841—862. 953—970, nur theilweise 1004—1042.

Ai. 172—193. 316—393.

El. theilweise 823—849.

An sich richtig, aber dem Grundgesetz nach inconsequent, ist die Lostrennung von Gliedertheilen, besonders Dipodien, z. B. Ant. 585. 595. Ai. 600. 601. 605. 611. 612. 616. 625. 630. 636. 641; ferner die Zweitheilung der Hexameter O. T. 151—166, wo aber mehrere Fehler unterlaufen, vgl. Tr. 1004—1042. Der Periodenbau ist richtig (mit einer Ausnahme) eingehalten, dagegen die Glieder nicht getrennt Ant. 806—816. 824—836.

Falsch

sind häufig die Silben eines Wortes getrennt, wenn es zwei Gliedern angehört, z. B. O. T. 863—881. 1187—1202. O. C. 197. Ant. 335—336. 345—346. 604—605. 617—618. 782—784. 792—794. 838—857. 870. 1135. Tr. 106. 120. 131. 207. 505. 516. Ai. 193—200. 608. El. 502. 1429.

Falsche Glieder sind gebildet O. T. 155. 467—469. 477—479 (Tetrapodien). Die Trennung der Glieder in zweigliedrigen Perioden führt leicht Fehler mit sich, z. B. in den Hexametern O. T. 151—153. 156. 161. 165—166.

Fehler in einzelnen Versen und ganzen Strophen stellen sich auch ohne naheliegende Veranlassung ein: O. T. 167—184. O. C. 178—186. 210—211 (vgl. die Logaöden der Antigone S. 137 ff. Tr. 133—135 vgl. 1004—1042. Ai. 596. 608. Phil. 827. 836 f. 843—846. 850 ff. Die meisten Fehler finden sich im König Oedipus.

Berichtigung.

S. 10, Z. 27: W. v. Humboldt, statt A. W.
79, Z. 19: 235, statt 495.
115, Z. 36: 2 + 2 + 2, statt 3 + 3. Der dreimalige Doppeltact wiederholt die Wirkung der ungeraden Theilung im Anfange.
117, Z. 13: [illegible], statt [illegible].
160, Z. 10—12. 15. 16. Die Hexapodien haben den Hauptictus in dem dritten Tacte, nicht in dem zweiten, wie die Tetrapodien Z. 13. 14. 16. 17.

www.ingramcontent.com/pod-product-compliance
Lightning Source LLC
Chambersburg PA
CBHW020108170426
43199CB00009B/449
* 9 7 8 3 7 4 4 6 8 1 8 1 0 *